华南师范大学经济与管理学院学术著作出版基金资助

打造企业的可持续竞争力：

"组织·文化资本"研究

邬锦雯·著

人民出版社

目　录

表图索引

表 索 引

图　索　引

前　言

在网络经济时代反思理性和理性经济人的后现代竞争背景下，由于后现代市场中的竞争缺乏可操作的文化战略理论支持，经济全球化带来的多元文化冲突导致组织的伦理规范缺失，可持续的内涵增长文化经济缺少微观企业层的文化论支撑，而产生的问题是：中国中小企业的平均寿命不到 3 年、创新力不足、人力资本水平低。这种现象从一个国家的劳动力收入水平、社会关系、就业和发展以及竞争力来说都是潜在的危机。

解决这个问题就是沿着科斯的法学企业本质向人性和意识文化方向深入，定义并证明组织文化降低成本产生收益成为未来竞争中的重要资本，从而导出一个可持续创新发展的企业生产方式——组织文化资本战略，现实地倡导中国市场化的企业、特别是超过企业总数一半的约 200 万家民营企业，迈向"有文化"的企业，突破理性经济人假设下的长期利润为零的企业模型，建立科学的社会责任型企业模式，让中国的 GDP 不断创造奇迹。三个命题的提出是关键：1. 组织文化资本是一种连接异质个体的价值网络，2. 组织文化资本是专有创新的知识共享，3. 组织文化资本是持续激励的利益均衡。这个定义以组织的协同知识为核心本质，包含物质基础、精神本质、制度形式三个层次，导出包括生产力和生产关系两个方面的知识管理和制度变革战略途径。

研究的方法主要是规范理论分析。在缺乏高匹配度研究的情况下，进行相关主题文献的分析，分别对三个假设进行包括逻辑和数学模型的理论论证，即从异质个体到组织文化资本——网络价值，从个体知识到组织文化资本——专有创新，从企业制度到组织文化资本——长期激励，从而构造全新的组织文化资本概念，并以此作为实施操作战略的依据。这个使企业可持续创造价值的组织文化资本概念模型，有别于行为科学学派、CI设计、跨文化研究、传统文化论等管理学和社会学领域中的组织文化研究视角，它同时也是建立在经济学和信息学等基本原理之上，特别是经济学前沿的基于个体异质性假设的竞争意义企业异质性观点。

从理论意义或价值来看，组织文化资本概念假说首先从经济学分析出发解释了企业竞争力的秘密，当代企业的本质就是一个创新知识包，同时是一个利益调节器，也是一个共享价值网。这体现在三个特点上：1. 信息对称性，解释了减低风险或减少交易成本的成员共有文化意识是企业增值的源泉；2. 异质存在性，揭示了在竞争中满足市场需求的专用性创新文化价值大小受到投资转换成本的影响；3. 载体流动性，描述了动态文化资本产权配置的制度文化能够解决创新的外部性带来可持续性能力。其次在管理实施的应用理论方面，通过文化建立竞争力的观点发展了企业理论，从文化角度对劳动关系理论进行实用的拓展，并通过经济分析导出新的人力资源管理实施战略。这集中体现在组织文化资本的四个基本性质结论上：1. 制约性。其内涵主要包括、也受制约于组织中每个个体的协作知识和价值观，以及连接个体的组织管理流程和制度体系两个方面；2. 层级性。组织文化是与社群文化、区域文化、民族文化、阶级文化、国家文化、时代文化等同时存在的，内涵不同的大文化构成部分，这是其外延规定性；3. 独创性。没有完全相同的组织文化，能够交易和模仿的就不是文化资本，也没有一个案例能用于任何时代和环境；4. 养成性。组织文化资本是投入和时间的积累，正如社会行为都有规则可循，其战略管理途径、必要的背景知识和关键经验的探讨也是可能和重要的。

通过对新的现实环境下企业竞争规律的深度提炼，并把提高效率的规律给出技术和人文方法的资源管理导向设计，这体现了经济学与管理学互相结合渗透的研究方向。进一步研究可以包括结合更多学科的国家文化资本假说，和不同文化资本假设下的个体价值观测量工具及其实证研究，并最终形成竞争力研究的宏观、中观和微观体系。

1

导论：让文化成为
可操作的经济要素

"独立思考是科学工作中的主要力量；它的作用并不在于提
出抽象的假设，而在于使广大范围内发生作用的现实经济力量的
错综影响相联起来。"

——马歇尔

经济行为是与资源配置有关的选择行为，文化被人们多次思考过，与
选择行为相关，却又被经济学家们视为"不可操作的东西"①。本文关注
的组织文化资本，一个文化经济浪潮的微观初探，一个对信息社会和网络
经济的反思，一个现实的后现代非理性主义主题，试图解释人们在不自觉
地运用的文化规律并提出能动选择配置人的意识资源实现可持续竞争力，
从而把组织文化范畴的研究带进经济学的"炼金术"时期，并向"化学
式"的方向作努力②。理论存在不完全性，这个规范主义的探索所谨遵的

---

① 汪丁丁在 Y. 巴泽尔著《产权的经济分析》（1997）一书的序中写道：他基本上是一个微观
　经济学家，他不喜欢空谈诸如"文化"、"心理因素"、"意识形态"这类不可操作的概念。
　本文认为文化主题在观察和计量上的难度或分歧使得微观的规范研究对其操作性更有意义。
② 杨小凯在《经济学原理》中把现实复杂实用的经济学称为"炼金术"阶段，而把数学公式
　化解释性的经济学称为化学试验阶段。

"不强加"于人原则，正如实证主义的缺陷"数字没有说谎，但说谎者在使用数字"一样，需要被时间检验。

1.1　研究问题和意义

企业是市场的主体。据统计：中国民营企业的平均寿命只有 2.9 年，中国每年约有 100 万家民营企业破产倒闭，60％的企业将在 5 年内破产，85％的企业将在 10 年内消亡，能够生存 3 年以上的企业只有 10％，大型企业集团的平均寿命也只有 7.8 年。其中有 40％的企业在创业阶段就宣告破产。在中国每天有 2740 家企业倒闭，平均每小时就有 114 家企业破产，每分钟就有两家企业破产。日本企业的平均寿命为 30 年，是我们的10 倍；美国企业平均寿命为 40 年，为中国的 13 倍。这样短命的企业整体上表现为缺乏文化传承、产业创新力不足、人力资本水平低，劳动力收入水平不高。

20 世纪末，国外学者在一本《企业文化与经营业绩》的著作中做出过这样的推测——"企业文化在下一个 10 年内很可能成为决定企业兴衰的关键因素。"国内学者也有过相类似的断言："21 世纪的经济赛局将在很大程度上取决于'文化力'的较量。"一个没有文化沉淀的企业，不可能拥有长青的生命力。正如人类早期的自然力和超人力崇拜那样，文化被人们称为神奇的咒语，如同人的精神一样，是我们破译企业生命现象密码的"解"，也是一个我们要破解的"谜"。

市场经济中，有两只"看不见的手"：一只叫抽象的"经济规律"，一只叫具体的"文化制度"。如果左手是"客观的"，那么这只右手就是"主观的"。我们都相信物质是第一性的，往往忘记了没有设计和蓝图就不会有大厦这样的存在，正如没有主观选择的特有"改革开放"就没有今天的市场经济一样。事实上主观在特定的条件下选择着客观（规律）。因此本书根据现实的异质性社会人假设，利用抽象理性经济人假设下的经济规律，试图解决：在新的竞争环境下，如何解释和投入可持续创新的文化资本生产方式，选择文化资源来构造企业的长期生命力？

结合新的网络化竞争环境背景分析，这个组织文化主题的企业竞争力研究具有以下三大现实意义：

1.1.1 后现代市场中的竞争要求非理性的文化战略理论支持

工业化的载体"现代"，首要特征在于主体自由[①]，在这里黑格尔坚持了启蒙辩证法把理性作为宗教凝聚力的替代物而发挥作用。从尼采开始的对（无法修正的）理性进行批判的后现代主义思潮，用科学主义的同时却把艺术上升到了本体的高度，巴塔耶深入探讨了反个体化原则的酒神力量，提出反一元化的"普遍经济学"，认为异质性是普遍的，而同质性（经济人）是有限的，只是普遍中的一个特例。这就是说：工业化大规模批量生产只是分工专业化的特例，个别地响应客户才是以融合经济为原则的更深层的普遍规律。

巴塔耶作为思想导师，身后有福柯、德里达和鲍德里亚这样显赫的大师级继承者，可以说照亮了当代法国思想的半边天空。主流经济学对情感缺乏合适的分析工具，主要是"效用"这个概念一开始就排斥了异质性分析的可能，由此，卡尼曼《回到边沁》一文正中要害：从马歇尔的同质化效用，回到边沁的异质性价值，是一个商业价值连城的命题。巴塔耶漂亮地指出，"在异质现实性中，负载着情感价值的符号与基本要素（按：如货币）同样具有重要意义"。主流经济学无法从逻辑上得出这种符合实际的判断，从而解释不了"有钱不快乐"的现象。

姜奇平（2006）认为，在前现代状态，人与自然的关系是天人合一，人与人的关系是原始依附，生产方式是自给自足的直接经济；在现代状

---

① 即一种否定宗教统治的法律面前人人平等的自由，后文关于异质性下效率和公平的问题将会说明这种自由必将带来人性的不自由，这种自由也就是马克思所批判的观念统治。

态，人与自然的关系是天人对立，人与人的关系是社会化异化，生产方式是庞巴维克说的迂回经济；在后现代状态，人与自然的关系是循环经济意义上的天人合一，人与人的关系是和谐，生产方式是社会化的直接经济。

再看工业化与信息化的差异，不是在效率这个层面上，而在效能这个层面上。也就是说，对科学主义的工业化来说，当系统越庞大越复杂时，效率开始越变越低；而对信息化来说，系统越庞大越复杂，它的效率相对越变越高，人文价值突现出来。前者是机械事物的特征，后者是信息和生命现象的特有标志。因此后现代的异质性经济中，企业面临的竞争大大加剧并遵循了不同秩序，管理理论中的竞争能力、创新能力等成为最频繁的热门关键词。这就是说不同生产方式下的企业本质在变化，新古典的长期利润为零的理性模型不能解释和支持企业的长期成长，在现实中异质性成为企业可持续竞争力的代名词，因此，坚持后现代人文的角度出发思考企业的存在和发展是一个必然的方向，本文提出建立可持续创新的组织文化战略正是出于企业竞争的最本质要求的。

1.1.2 经济全球化带来的文化冲突需要组织的伦理规范研究

"全球化"并没有统一的界定。经济学家用它表示世界经济一体化，政治学家视之为建立新的世界格局的全球战略，社会学家用它来解释世界市场经济活动的标准化、国际交往使用同一工作语言、以同样的规划建立类似的国际机构等国际化现象，而更多的人一提起全球化，便会联想起人类共同面临的难题，即全球性问题：人口、毒品走私、恐怖主义、环境污染、核武器扩散……美国学者 A. 麦格鲁提出，全球化是指民族国家之间超越现代世界体系的联系与结合。全球化作为人类历史长河中的一个特定的发展阶段，如同其他历史发展阶段一样，具有自己典型的时代特征和基本内涵。这便是：世界经济的一体化、国际政治的多元化和各国民族文化的世界化等①。从当代经济格局来看，经济在走向国际化的同时，也出现

---

① 国际货币基金组织：《世界经济展望》，1997 年。

了一种以文化为界碑的区域化的特征。

在这样的整体市场中，企业的管理也面临新的革命[1]。美国企业界对危机的反应是：竞争失利、组织理论、社会意义（Krell，1988）。诺思从交易成本的角度指出中国的企业被西方耻笑的就是缺乏"诚信"，说明在国际化的道路上，并存于奴性的机会主义文化成为市场运作的巨大成本。在多元价值观的冲突文化环境下，个体缺乏先天的凝聚力，"有德无才德可用，有才无德不可用"，这个"德"本文解释为代表团队精神的组织文化。

近年来中国的市场传统文化管理理论和跨文化管理论也纷纷兴起，这说明当代的企业需要新的理论支持下的文化凝聚力。从信息传递的角度看，（文化）网络的价值越来越显著，在竞争条件下更成为关键的因素，后文分析并提出了知识平台和动态制度是组织文化战略的核心。同时全球化和阶层多元化等问题是当前政治伦理寻求共同的价值观的社会根源，企业内部能够用组织文化资本理论实现科学的发展，建立善于协同和开放式思维的方式，就能在微观组织层面建立主动性与创造性的和谐劳动关系，这也是对马克思提出的人的全面发展的实践，从现实的意义上实现企业社会责任。

1.1.3　可持续的内涵增长文化经济需要微观企业层的文化论

关于增长的宏观模型有很多观点和信心，如果将视野放到经济生产的主体上，一个很尖锐的问题是，理性经济人假设下的企业模型长期利润为零，人们很渴望地探索着新的可持续增长的生产方式出现，文化经济就是这样一个很模糊的非理性概念之一。

文化经济作为新世纪的经济战略构想，必须从本质、地位、功能和作用等方面准确揭示了人类社会未来发展的新趋势和新动向，即文化与经济的相互依存及一体化。一般认为，文化经济就是建立在人文精神和知识、

---

[1] 韩巍：《基于文化的企业及企业集团管理行为研究》，机械工业出版社 2003 年版。

技术高度发展基础上的新型经济。从这一规定性来看，它具有下列显著特征：经济发展以文化内容为主导；社会生产方式以人文精神为主导；文化"经济化"和经济"文化化"；文化经济的内涵和外延本身突出了以人为本。其中以新型工业化为主导推进经济"文化化"、以发展文化产业为枢纽推进文化"经济化"是两条具体的实现途径[1]。

2004 年的中央经济工作会议提出增长模式转变、可持续发展、以人为本的目标。这个目标仅理解为一个年总产值 2000 亿元的包括了多个行业的大文化产业是根本不可能实现的。因此，建设创新型国家，必须大力发扬中华文化的优良传统，大力增强全民族的自强自尊精神，大力增强全社会的创造活力。要坚持解放思想、实事求是、与时俱进，通过理论创新不断推进制度创新、文化创新，为科技创新提供科学的理论指导、有力的制度保障和良好的文化氛围。[2] 反过来看，一个国家的文化，本身也是建立在企业文化基础之上的，是企业文化的宏观体现。企业文化同科技创新有着相互促进、相互激荡的密切关系。创新文化孕育创新事业，创新事业激励创新文化。真正的经济增长不仅仅取决于财、物资本，更取决于文化资本，从企业的角度看，这就是说创新依赖文化、中国文化是企业文化之本、文化需要开放创新。企业主体是经济"文化化"，是中国经济可持续发展的基础。

引起关注的一些实践问题：

- 做企业文化是办一场运动会吗？
- 是在墙上挂上雅致的字画吗？
- 是穿上统一的制服吗？
- 是把 logo 做得很艺术很味道吗？
- 为什么要做这些，其经济学基础是什么？

大量实践说明，盲目的文化概念投入，对企业来说可能是致命的消

---

① 谢名家、单世联、肖海鹏：《文化经济是以人为本的经济》，《南方日报》2004 年 4 月 14 日。
② 参见胡锦涛总书记在全国科学技术大会上的讲话。

耗，我们需要知道文化是否真的带来收益……

1.2 研究目标与内容

在新的竞争时代，寻找企业可持续创新发展的生产方式，是本文要解决的有重大意义的实践问题。在理性经济人假设下，我们观察的企业是个原子，是长期利润为零的同质生产函数，因此企业在竞争中长期优势可能性并没有答案，事实上，许多工业化开始就诞生的企业历经数百年长青。交易成本理论解释了企业存在的根源，对产权及其治理效率具有开拓性，专用性资产的研究也成为发展潜力巨大的研究方向。沿着这条路我们再把视野拉到科学的始祖——哲学世界观，当今哲学界的热点问题是后现代的研究，回到人的本身从人的异质性进行文化角度的经济学分析，我们可以发现企业内部的专有创新和激励制度的相互促进的关系，通过螺旋促进形成准租降低成本来解决企业的竞争力和长期性问题。

组织文化是每个管理理论和实践者都认为很重要的概念，可是对它的定义却众说不一，各自的理论依据和解决方案都有差异。从本体论、认识论、方法论出发，文化哲学的描述包括物质、精神、制度三方面，本书沿着这个方向深入分析，从经济学视角提出组织文化资本概念的三个假设命题，在此基础上导出一个企业竞争力管理实施战略。企业生产方式问题的解决因此分解成四个子目标来实现。

1.2.1 解析组织文化资本的物质基础：信息对称的价值网络

分析物质基础实际上是从整体上回答组织中文化是如何形成价值的问题。基于人的个体异质性假设，本文提出假设一：组织文化资本是连接异质个体、并带来收益的共同属性或价值网络。这个命题的经济学基础可称为信息对称性——文化作为组织成员共有的意识，通过降低风险，或者减少交易成本带来物化的收益和增值，因此组织文化是一种一般意义上的能带来回报的资本要素。

理性是指有一个很好定义的偏好，在给定的约束条件下最大化自己的偏好——使经济学可以利用数学工具描述人的行为，实现资源的有效配置。理性经济人假设下的企业模型，解释不了在完全相同条件下，企业的竞争力会存在巨大的差异，或者找不到完全模仿得了的企业，这就像经济人同样解释不了人有钱不快乐一样；只有当企业不再被假定为像原子那样是同质和严格按理性主义原理进行决策的最小经济单位，而被假定为是具有自身内部结构，而且决策和行为差异显著的有机体的条件下，才可以讨论所谓企业的"核心能力"、"企业理念"、"企业家精神"等，导致企业间差异的"不可模仿"、"不可交易"的因素。在这样的假设条件下，人和人是不同的，企业和企业也是不同的，企业的异质性得到彻底的肯定，企业竞争力的根源找到了原始性的起因。再进一步，就是完全放弃对个人和企业行为的经济人理性主义假设，而假定个人和企业都是社会人[①]。于是，人的信仰、道德、知识、理念，以及企业文化、企业价值观、企业传统等都被视为影响甚至决定竞争力的重要因素，而进入跨学科的研究视野。

1.2.2 解析组织文化资本的精神本质：专有创新的知识共享

分析精神本质是深入一步回答文化在组织中怎样实现专有的创新？基于反映个体决策异质的西蒙满意原则（有限理性），本文提出假设二：组织文化资本是源于异质个体且存于组织的专有知识或能力。这个命题的经济学基础可以叫做异质存在性或者不可交易性——组织能力的专用性使其价值大小受到投资转换成本的影响，并且存在投资不足的问题。这是生产力维度的定义。

创新不可能离开人，知识创新则是异质个体的认知过程，也是异质的决策过程。群体里知识转化或创新的 SECI 模型，即知识共享的场理论，

---

① 金碚：《竞争力研究的经济学方法》，工经所举办"竞争力的理论分析讨论会"，2003 年。

说明了文化的存在意义，即从个体禀赋差异到组织核心知识的异质性，从而解释了核心能力或竞争力不可复制模仿，这也是当代企业的本质。进一步引入专用性准租概念，我们可以解释如同人力资本一样异质不可替代的组织文化资本，其价值大小的影响因素。值得注意的是，论证企业的本质就是专有的核心知识，是整个概念假设中最关键的一环，没有这个判断，网络价值讨论就没有了源泉，制度激励讨论也失去了意义。

1.2.3 解析组织文化资本的制度形式：持续激励的利益均衡

制度形式实质是再深入一步分析创新具有可持续性的激励问题。基于反映个体需求异质的激励层次理论，本文提出假设三：组织文化资本是均衡异质个体的利益产生持续激励的管理制度。这个命题的经济学基础称之为载体流动性——即通过专业的制度变革进行动态文化产权配置，实现长期均衡的合作博弈。这是生产关系维度的定义。

理性经济人假设下的完全市场中，人们发明了最重要的产权和价格制度提供合作生产的激励，但现实的市场不完全引起利益失衡的冲突，导致激励不足低效率的各种表现。组织内知识创新共享的外部性，同样引致利益冲突或不公平，表现为激励不足的低效率。如果将组织看做一种内部市场，可以根据外部性及其内部化来解释和解决激励问题。对于个人，其创新产生的收益可能在组织中由于共享而产生外部不经济。假定某个人采取某项行为的私人利益为 V_p，该行动由于被人共享而给他人带来的利益为 V_s。由于外部性问题的存在，所以私人利益小于给他人带来的利益：$V_P < V_s$。如果该人采取行动所遭受的私人成本 C_p 大于私人利益而小于给其他人带来的利益，即有 $V_p < C_p < V_s$，这样，这个人采取行动，所受损失部分为 $(C_p - V_p)$，而给其他人带来的好处为 $(V - V_P)$。由于后者比前者大，就必须从（组织里）其他人所得到的好处中拿出一部分来补偿行为者的损失。组织制度的功能就是从这个意义上实现了对行为者的补偿，即以制度变革的形式将这种外部性内部化从而可以成功地解决外部不经济，解决知识共享带来的冲突。

另外，合作和冲突的问题也是博弈论的研究对象，决策互相影响下，非合作博弈强调个体理性、最优；合作博弈具有约束力协议，强调团体理性，即共同利益的最大化和内部均衡，因此能实现合作长期化。面子博弈模型反映出非经济利益支付能促进组织的合作博弈，因此组织文化资本是使得每个个体（认为）付出与收益均衡的激励规则集合，即利益共享的各种规则体系。因此，只有自适应型的制度文化，才能够保持竞争力长期性。

1.2.4 导出组织文化资本战略：可持续创新的企业生产方式

组织文化战略就是回答如何实现可持续创新的生产方式。基于战略管理理论的发展，本文的组织文化投入实施分为知识管理和制度建设两个方面。这种文化生产方式相对于资本生产方式而言，充分体现了以人为本的异质性观点。

本文归纳了组织文化资本的四个基本性质，这是使文化可操作性的关键结论。1. 制约性。从内部看，影响组织文化的因素主要包括个体的协作知识和价值观，以及组织的管理流程和制度两个方面。这构成了组织文化的内涵；2. 层级性。同时，组织文化是在区域文化、民族文化、国家文化、时代文化等条件下存在的，是内涵不同的构成部分。这是其外延规定性；3. 独创性。没有完全相同的组织文化，能够完全模仿的就不是文化资本，因此没有一个组织的案例能用于任何时代和环境；4. 养成性。组织文化资本是投入和时间的积累，正如社会行为都有（游戏）规则可循，探讨其战略管理途径、必要的背景知识和关键经验也是必要的。

舍弃了具体的异质性观点，可以说组织文化本身也就失去了存在的意义，变得混沌不可捉摸。组织文化战略是坚持满足人的发展和需要，是人本的文化。在改革创造了一流的经济数据的 21 世纪，开创世界一流的马克思主义研究是中国经济理论研究的前沿。经济和文化发展的目的都是为了人，马克思主义坚持以人为本的基本观点，这也是和西方人权具有共性的观点。本文还坚持把马克思主义作为一个开放的体系，发展关于人的自由而全面发展观点，同时尝试在微观上把生产方式进行改革性探索。

1.3 研究框架和方法

1.3.1 分析框架和章节安排

1. 分析框架

总体设想是在网络经济时代反思理性和理性经济人的后现代研究背景下，从人本的角度提出一个能解决企业长期性竞争力问题的组织文化资本概念假说，并在此基础上形成一个新的生产力和生产关系统一的企业生存竞争解决方案。

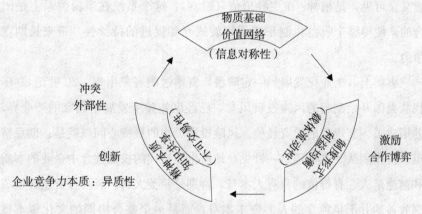

图 1.1　组织文化核心概念的关系①

图 1.1 中，在个体异质的观点下作为全体成员共同意识形态的文化②，由于信息对称性降低了交易成本带来的收益，这是以盈利为目标的

---

① "文化是个筐，什么都可以往里装"，本文把组织文化定义为组织可持续创新发展的资本要素；组织文化是能降低成本带来收益的共同意识；本质是满足客户需求的核心知识与创新能力；核心能力的可持续性有赖于动态的制度文化。
② 文化的本义就是共同遵守、认可和传承的意识形态。

企业存在的基础，但是物质基础本身还不能说明企业的本质，因为并不能回答具有共同偏好的社团、旅行团、兴趣组等群体形式为什么不是企业。文献和现实观察表明，只有能为客户提供效用的知识才具有企业的文化意识本质，在人的决策异质观点下组织的知识是异质存在并带来准租价值，这就是核心竞争能力或精神本质，也就是说企业的范围以拥有核心知识的员工为界，而不是空间、地域等标准为边界。但是，企业的寿命边界还无法解释，拥有核心知识的长期性还需要制度文化的保障，在人的需要异质观点下组织需要均衡知识共享带来的外部性，动态配制文化资本产权，产生持续激励作用的企业制度形式。

在这个物质基础、精神本质、制度形式三个方面的定义中，知识创新是企业竞争力的必要条件，也就是说没有创新就没有了准租价值源泉，企业也将随之失去生命力而消亡，制度形式作为充分条件的讨论也就失去了意义。可见，是精神①在主导价值（财富）。这个系统在逻辑关系上是闭合的，使得整个收益机制形成了螺旋式互相促进的持续性，带来长期竞争力。

事实上，工业化发展到一定阶段，资本过剩现象出现，20 世纪 80 年代从美国开始刮起的风险投资风暴，已经席卷整个发展中国家的产业界，并形成了一套规范的投资经验。风险投资关注的最核心问题就是：创意精英＋协作团队。这个理念一针见血地道出了当代的投资理念中企业的本质和前途是人，有价值的只有人本身，特别是精英人物。风险投资想转换成高收益的并不是独立的人力资本本身，而是一个整合协同的文化资本概念，这也是本文论证中得出的一个非常重要的观点。后文的知识共享形式就是个中心环绕型和互动型的网状结构，最后在实施中还关联到了组织的服从精神的重要性。

2. 章节安排

全书共包括 6 章，分为三个部分。

---

① 这里的文化精神和马克思所指的脑力劳动一词有对应的含义。

第一部分：导论和文献回顾。提出企业竞争力和生命力问题及其文化根源，同时提出解决问题的目标假设和分析方法。

第二部分：第 3、4、5 章，是难点部分。论证组织文化资本的三个假设：组织文化资本是对称收益的价值网络；组织文化资本是专有创新的知识共享；组织文化资本是激励持续的利益共享。

第三部分：第 6 章。在组织文化资本概念假设的基础上，通过引入战略管理理论思想，结合信息学和社会学原理提出知识管理和制度变革两方面的投入和实施途径，建立企业可持续创新的生产方式，构筑以人为本的竞争力。

1.3.2 研究方法：从抽象到具体

1. 研究思路

抽象的文化主题一直为经济学家们所回避，但是我们始终要鼓起勇气去面对它。文化在很多学科都有一定的研究基础，这是本文的思考出发点。因此，本文以哲学方法为选题指导，经济学方法为框架结构，管理学方法为论证形式，心理学方法为分析基础。此外，具体到不同角度人（个体）异质性观点并说明了其与组织的异质性的关系是贯穿全书的宗旨。

因此涉及的理论面较宽，主要包括：

- 微观经济学的框架，新制度经济学基础，异质性经济学前提；
- 后现代、人的个性发展观、决策路径依赖、势理论、社会系统论；
- 个体心理和行为科学中的认知、知识、能力、创新等范畴；
- 组织与管理理论中激励、组织行为与权力、劳动关系管理等。

2. 研究方法

由于组织文化资本概念本身缺乏以往的研究作为基础，这个探索性质的研究主要是采用了规范的理论分析。思想实验和现实检验相结合。经济学重于从现象中抽象出规律认识指导实践，但是本文认为，文化本身属于抽象的意识范畴，只有利用经济规律和相关原理将其具体化，才能指导和操作经济行为，无论是市场层面还是组织层面。从研究的逻辑上看，仍然是观察现实矛盾和问题，从各种理论研究的进展和前沿思辨归纳出组织文化资本的具体含义，得出观点结论并应用于指导实践。

文献分析是理论分析中最重要的部分，对中国学术期刊网 CNKI 等中文期刊多个数据库的关键词搜索中没有完全匹配范畴的研究，对相关关键词的搜索跨度很大，涉及了经济学、管理学、社会学、哲学、信息学、甚至法学等多个领域的数百篇论文，其中管理学中的组织行为理论具有较高的契合度，社会学的文化资本研究有宏观角度的启发性，哲学的进展则是对经济学方法突破的重要支撑点。对专著的分析主要是针对近年来的新作，以及经典著作五十多部。对全国优秀硕博士论文全文数据库 CDMD 的检索没有找到组织文化资本主题的研究。

另外具体的方法也包括比较分析法、案例分析法、访谈法等。例如通过联系部分企业组织访谈，观察企业在文化建设中的难点和效果以及企业文化的分工管理情况，发现缺乏经济分析为基础的文化建设缺位的地方，与组织理论为基础推导提出的团队精神和规范，最后得出现实的文化资本内涵。

1.4　主要创新点

1.4.1　探索企业黑箱：经济学视角的组织文化资本概念假说①

文化范畴在经济学中没有专门的分析工具，目前组织文化文献缺乏坚

---

① 到目前科斯对企业本质的定义最权威的——企业是一种市场的替代、交易成本的降低是企业存在的原因。市场的替代从历史的角度来看或横向来看都还有很多种形式，这个本质说并不能把企业和封建庄园区别开来。可见经济学中企业本质的含义主要是指特定意义下能产生利润的因素，并指导资源的配置。沿着科斯从法学角度打开企业本质的方向，本文从人的意识的角度解释企业竞争力的问题，把企业本质定义为创新知识包和利益调节器，提出后现代竞争的利润核心点是组织的文化资本，我们可以从现实中的很多企业找到证据，比如全球开发技术独创领先和规则新颖的腾讯。

实的经济学分析，管理和社会学著作中的企业文化理论在各种视角下，既存在合理又存在交叉争议，实施中常常产生目标的片面性，所以使这个概念总是被定义理解为"间接"地作用于企业的盈利。本文将组织文化作为作用于决策创新和公平激励的共同价值创造生产要素，来进行开发和管理实施，这个选题的意义填补了文化的企业经济绩效目标的定义这个空白。通过后文组织文化资本的经济学分析表明在竞争意义下，企业的本质是一个协同知识包和一个利益调节器，并表现为一个共享价值网。

三个新命题的提出是本文核心：1. 组织文化资本的是一种连接异质个体的价值网络；2. 组织文化资本是专有创新的知识共享；3. 组织文化资本是持续激励的利益均衡。这个假说实现了组织文化资本概念模型的架构：作为一种企业的专有网络属性，包括共享价值创造的物质基础、专有知识创新的精神本质以及利益均衡激励的制度形式三个方面。这个模型的目的是告诉我们应该做什么。在文中，信息不对称与资本成本的关系、专用性准租价值与投资转换成本的关系、非经济支付与合作博弈的关系等数学模型分析，分别间接和初步用于描述组织文化资本的信息对称性、异质存在性和载体流动性，为下一步的更系统化模型建立奠定了基础。

1.4.2 对相关理论的贡献：现实的和走入企业的经济学范式[①]

除了运用理想的经济人假设下的原理，组织文化资本假说还基于对主流公共知识的广泛分析，包括：现代企业理论和企业能力基础理论关于企业的性质研究进展；和谐社会、人的发展、国学伦理、后现代主义相关理

---

① 范式（paradigm）的概念和理论由美国著名科学哲学家托马斯·库恩（Thomas Kuhn）提出并在《科学革命的结构》（1962）中系统阐述。英国学者玛格丽特·玛斯特曼（Margaret Masterman）在《范式的本质》（The Nature of Paradigm）一文中对库恩的范式观作了系统的考察（1965），她概括了库恩21种范式分为3个方面：一是作为一种信念，这是哲学范式或元范式，二是一种科学习惯、传统以及成就等社学学范式，三是一种示范工具、解决问题的方法、类比的图像等人工或构造范式。本文的范式一词在这里用于表达主观选择着客观（经济）规律，并建立客观价值的信念，异质性本身也是一种经济哲学信念；另外还表达了一种以人的意识为核心的交叉学科研究和解决现实问题的竞争资源探索。

论研究；组织与管理理论中人本 HR、组织行为与权力、组织学习问题；个体心理和行为学中认知、激励、心理所有权、心理契约等问题。学科在细分的同时又在迅速交叉整合发展，实际上经济学在市场层面的个中模型成熟的今天，正与具体性的管理学交叉、渗透和结合。

1. 通过文化建立竞争力的观点发展了企业理论

企业理论的发展进入了竞争力研究阶段，对竞争力的解释也出现了交叉学科带来进展的现象。本文从文化资本在企业的生产性、契约性、异质性框架中的意义，阐述了其与现代企业理论的一致性；解释了组织文化在企业异质性形成中的作用，从企业决策的有限理性分析角度解释了企业核心能力源于解决经济理性冲突的文化范畴的机理。

2. 从文化角度对劳动关系理论进行应用性拓展

对劳动关系的研究方面，大量的讨论集中在市场层面管理方、工会、政府、集体谈判、法律等宏观的和争议事后治理方面。本文将角度放在微观的组织层面，从劳动关系的合作与冲突并存的本质出发，解释了文化在人力资本产权实现中的作用方式，成为冲突的事前解决手段和构建以人为本的和谐劳动关系的战略手段。具体从就业选择的角度来看，评价一个企业的是否有竞争能力，是否有以效率下文化构建的和谐劳动关系成为员工选择企业的重要指标。从文化资本与人的发展、人力资本价值、合作与冲突的关系说明了其与当前以人为本的政治伦理（制度）的一致性。

3. 通过经济分析导出新的人力资源管理实施战略

组织文化资本的战略管理是一个人力资源管理的新视角，从企业的成长来看，市场竞争加速加剧使企业竞争能力、创新能力成为企业关注的焦点。非理性的文化的思考视角，在个体激励理论、产权重构成长等方法之外，逐渐成为一个管理方法中的热点。在支撑理性信息决策的系统工程技术发展日趋成熟的今天，从资本的意义上探索文化战略问题，成为大企业的创新发展战略，同时也是小企业的长期化战略选择。本文在组织文化资本假说基础上，针对在竞争的环境变化中企业在人力资源管理的规划、招收、培训、薪酬、绩效、设计等基本理论逐渐深化的同时，变得越来越重要的是文化管理。① 通过知识管理和制度建设的组织文化战略，打造"有文化"的企业，整个资源观建立在人力资本提高以及提高劳动力收入水平的前提下。

总的来说，整个研究是现实的和具体的，注重了理论前沿和交叉性，从不同的学科验证相同的假设。不但从后现代的大背景中确定文化主题，而且讨论了目前经济和管理界中关注的关键词——核心能力、创新、文化经济、人力资本、劳动关系等，建立了概念间的对话，适应了现实对理论的要求，具有明显的时代性和创新性。

---

① 人力资源管理的热点问题包括，Top—10 practice areas in HR：HRIS, 360 Degree Appraisals, Employee Self-service, Technology in Training, Strategic HR, Balanced Scorecard, Change Management, Internet Recruiting, Outsourcing, Team Development。

2

相关文献综述

本章对三个基础的相关领域进行了回溯、评论和总结，勾勒出重要概念的形成过程或含义，为组织文化资本假设提出可以说是起到了打桩的作用。一是关于文化（精神本质、制度形式、物质基础）、文化资本（教育、财富），组织文化（成员共同的认知、公共属性）；二是作为假设起点的异质性观点从哲学、物理学到经济学的发展过程；三是对企业性质的研究，包括企业理论基础的生产性阶段，企业理论飞跃的契约性阶段，企业理论的前沿解释企业长期利润为零到长期竞争优势的异质性阶段。最后以文献为基础归纳了后文所要论证的主要观点。

2.1 启发性的文化、文化资本、组织文化研究

2.1.1 文化概念的多元化

文化是什么？由于其语意的丰富性，多年来一直是文化学者、人类学家、哲学家、社会学家、考古学家争辩的一个问题[①]；美国学者克罗伯和

---

① 马惠娣：《解读文化、文化资本与休闲》，《解放日报》2005 年 10 月 16 日。

克拉克洪在《文化，概念和定义的批判回顾》中列举了欧美对文化的一百六十多种定义。例如，牛津现代辞典"文化"解释是：人类能力的高度发展，借训练与经验而促成的身心的发展、锻炼、修养。卢梭的《社会契约论》对"文化"一词的定义是：文化是风俗、习惯、特别是舆论。它的特点有：一是铭刻在人们的内心；二是缓慢诞生，但每天都在获得新生力量并取代权威力量；三是能够维持人们的法律意识，激活已经疲软的法律或取代已经消亡的法律。据英国文化史学者威廉斯 Raymond Williams 考证，从 18 世纪末开始，西方语言中的"culture"一词的词义与用法发生了重大变化。他说，"在这个时期以前，文化一词主要指'自然成长的倾向'以及根据类比人的培养过程。但是到了 19 世纪，后面这种文化作为培养某种东西的用法发生了变化，文化本身变成了某种东西。它首先是用来指'心灵的某种状态或习惯'，与人类完善的思想具有密切的关系。其后又用来指'一个社会整体中知识发展的一般状态'。再后是表示'各类艺术的总体'。最后，到 19 世纪末，文化开始意指'一种物质上、知识上和精神上的整体生活方式'。"① 就西方而言，基本能够达成共识的，在最宽泛的意义上，文化指特定民族的生活方式。

国内文献搜索有关文化的定义多达几百种，其中几个要素被公认，诸如教养、教育、信仰、生活方式等。文献记载中的"文化"，在中国有两千多年的历史。古代本指"以文教化"。《周易》"贲"卦《象传》曰："观乎天文，以察时变；观乎人文，以化成天下"，可看做文化的原始提法。古人以为"经纬天地，道德博闻，勤学好问，慈民惠礼，锡民爵位"皆为"文"。而凡以道业诲人谓之"教"。躬行于上，风动于下谓之"化"。

文化的这种内涵与外延常常通过显形文化和隐形文化、主流文化和亚文化等形态传递出来。随着社会的进步，文化结构凝聚为物质文化、制度文化、精神文化三个大的方面。当代社会人们又把文化区分为高雅文化、精英文化、通俗文化、大众文化、流行文化、产业文化、商业文化等新概

---

① 韦森：《文化与秩序》，上海人民出版社 2003 年。

念。概括地说，文化就是人文之化，以人为本，以道德、仁爱、教育、信仰、游憩、科学、艺术、审美等多种形态传承悠久历史的载体。

表 2.1　和谐劳动关系文化认同的三元结构

状态＼结构	表现特征	作用方式	文化观念整合	协调机理
物质层面	利益关系（显性）	博弈竞争与合作	为己利他合作双赢求利有道见利思义	通过博弈，实现观念与行为的求同过程，整合各方利益，缓解矛盾，解决纠纷与冲突。
制度层面	契约关系（显性）	法律规范行政调节	合法合规尊重法律公平执法权利平等	通过法律条文对主体行为进行规范，划定其行为界限，限制违法行为，实现主体人格地位，保证各方合法利益。
精神层面	文化关系（隐性）	价值认同道德制约心理契约情感寄托舆论导向	传统习俗和睦相处归属意愿和衷共济互惠互利	通过主体各方价值观念、伦理观念的认同与道德制约，培育新型的企业文化（雇佣文化、雇主文化）和劳动者文化，实现劳动关系的和谐稳定。

本表引自：吕景春：《企业社会责任运动与和谐劳动关系的构建》，《经济学动态》2006 年第 8 期。

文化作为一定历史阶段中人类物质文明和精神文明的总和，包括人们的生产方式、生活方式、行为方式、组织制度、思想观念、传统习俗和价值取向等。因而，文化作为人类历史活动的方式、过程和结果，也可以看成是一种特定的社会关系的具体存在形式。从这一意义上讲，文化具有利益性、目的性、社会性、群体性的特点。利益性，即文化是一种利益的反映；目的性，即文化的创造、实施、传播都是人们有意识的活动，是为了实现一定的目的；社会性，即任何文化都是在一定的社会关系中并具体反映和代表这一社会关系；群体性，即文化的载体是人，但不是个体的人，而是代表一定社会利益和社会关系的群体的人，是不同阶级，不同阶层、民族、地区、国家等不同群体的人。涉及文化的利益关系，李永杰、吕景春（2006）总结了和谐劳动关系的文化结构、特征、作用，见表 2.1。

人们不厌其烦地定义文化、解构文化、重构文化，表明了文化之于人类社会的密切关系。一方面，探寻文化与人类社会进程的内在逻辑关系，揭示文化对于每一个人的权利、利益、自由、生存状况的关注；另一方面，表明人的社会实践和生活实践不断创造人类新的文明，新的文化历史、文化定义。

2.1.2 文化资本（与社会资本）的研究

人类对资本的定义，从最初的研究开始，尽管有人文主义的内涵，却始终没有超越经济主义的范畴。但现代思想大师皮埃尔·布尔迪厄对于资本的见解非同凡响。他认为：资本可以表现为三种基本的形态：（1）经济资本，它是以财产权的形式被制度化的；（2）文化资本，它是以教育资格的形式被制度化的；（3）社会资本，它是以某种高贵头衔的形式被制度化的。

对文化资本的衡量，布尔迪厄非常看重"早期家庭教育投资"、"能力"和"节约时间"。他认为"文化资本"首先要强调教育，特别是早期教育和家庭教育尤其重要；这种教育非但是技术技巧的教育，更重要的是教养、德行、人性的教育。其次，强调能力，即认知能力、思考能力、社交能力、行为能力、创造能力、欣赏能力等的培养。第三，要人们学会节约时间，学会合理地利用闲暇时间，因为充裕的闲暇时间是个体获得自由而全面发展的必要条件。第四，要人们学会止欲，学会摆脱功利主义、物质主义对个体精神的羁绊，学会放弃对物的贪婪和占有，进而投入更多的时间去欣赏生命、生活，有能力促进身心平衡、社会经济文化和谐。在布尔迪厄看来，教育与教养，是最大的资本，是最有能力转化为经济资本的资本。

布尔迪厄"以教育资格的形式被制度化的"文化资本，可以有三种存在形式："（1）具体的状态，以精神和身体的持久性情的形式；（2）客观的状态，以文化商品的形式（图片、书籍、词典、工具、机器等），这些商品是理论留下的痕迹或理论的具体显现，或是对这些理论、问题的批判等；（3）体制的状态，以一种客观化的形式，这一形式必须被区别对待（就像我们在教育资格中观察到的那样），因为这种形式赋予文化资本一种完全原始性的资产，而文化资本正是受到了这笔资产的庇护。"布尔迪厄是用隐喻的方式来定义文化资本。

北美学者埃里克森（Erickson）则从文化资本的有效性来定义文化资本。埃里克森认为，文化资本的有效性（useful）在于文化资本的多元化程度，即文化多样性（cultural variety）。她认为文化多样性是文化资本的一个组成部分：文化资本不仅仅包括对社会上层文化运用自如（familiarize and practice），还包括另外一种她称之为"文化多样性"的表现形式。贝克尔和福尔克则在1992年从体系化角度思考自然资本和物质资本的关系，认为"文化资本"指的是人类利用和改造自然环境的适应性能力。

保罗·迪麦哲（Paul DiMaggio，1968）将文化资本和社会资本[1][2]联系了起来，解释文化资本对地位取得的作用机制，提出文化资本之所以有助于获得较高的教育成就和职业地位，原因在于文化资本有助于社会资本

---

[1] 在2005年版的《社会资本》中，林南强调了通过社会联系与社会关系来实现目标的重要性。社会资本或者说通过社会联系与社会关系所获取资源（与人力资本或者说个体或组织实际所拥有的资源），促进了个体、社会群体、组织以及社区的目标的实现。林南将社会资本理论放在资本理论（古典资本理论与新古典资本理论）的体系之中，详细阐述了社会资本的要素、命题和理论发现，（在对首属群体、社会交换、组织、制度转型和数码网络的论述中）对个体行动与社会结构之间的互动意义进行了理论说明。林南开创性地提出并且令人信服地解释了为什么"你认识谁"和"你知道什么"在生活与社会中具有重要意义。

[2] 尽管不同的学者对社会资本有着不同的界定，但是它们之间还是存在着某种共性。林南认为，"布迪厄、科尔曼、我、弗莱普、博特、艾利克森、波茨和其他一些学者都赞同这样一种观点，那就是社会资本是由嵌入在社会关系和社会结构中的诸种资源构成的，这些资源可以被行动者用于增加其目的性活动的成功的可能"（Lin，2001）。博特1992年在《结构洞》一书中做了全面的阐述。结构洞之所以能够产生社会资本存在于两个方面的优势：一是信息优势，结构洞可以区隔非冗余性的信息，因此资源是增加的，而非重叠的；二是控制优势，也就是第三方优势，可以从作为中间人的位置上获取收益（Burt，1992）。科尔曼却看到了作为中间人的风险，提出了网络闭合的观点。他认为，网络闭合具有两个方面的优势：一是信息获取的优势，社会资本的一个重要形式是嵌入在关系中的信息潜能。二是信任优势，网络的闭合有利于交易，由于网络中人们彼此信任，可以减少交易的风险。在测量方面，边燕杰（2000）把测量层次放在了个体的层面，把企业家的关系网络等同于企业的社会资本。刘林平把测量层次放在组织的层面，也就是把企业作为一个整体来测量企业的非技术性干股和公关费用。

的累积。他强调的文化资本是一种阶层文化（status culture），其意义在于能起到阶级识别的作用。对文化资本和社会资本的研究，目前正在国内兴起一个"社会网"的网络流派。

可以说，上述几位学者关于文化资本的定义都或多或少受到布尔迪厄关于文化资本理论的影响，他们所关注的群体或组织现象并没有离开社会学的优势观框架。关于文化资本的研究还可以有以下的角度：

1. 文化资本与政治分析和社会发展的研究

阶层和政治分析方面的著作主要有亚历克斯·摩尔的《文化资本、符号暴力与专制——布迪厄对制度文化主义的揭露》、比尔·马丁、伊万·撒列尼的《超越文化资本：走向一种符号支配的理论》、约翰·霍尔的《文化资本：等级地位、阶层、性别和种族的不全面研究》、安妮特·拉鲁的《家庭—学校关系中的社会阶级差异：析文化资本的重要性》等。

教育和社会发展方面，布尔迪厄（Pierre Bourdieu）《文化资本与社会炼金术》里首先论述了这个问题，其他关于文化资本与个体发展方面研究的著作主要有大卫·斯沃茨的《文化资本与个体发展教育、文化与社会不平等》、保罗·迪马哥约翰·摩尔的《文化资本、教育程度与婚姻选择》；关于文化资本与学业成功方面的研究著作主要有保罗·迪马哥的《身份文化对美国高中生学业成绩的影响》、简·卢普、罗布·兰格的《社会秩序、文化资本和公民权利——关于教育等级、教育权利与初等教育综合性的论文》。

后科学方面的著作主要有戴维·思罗斯比的《文化资本与后科学文化资本》、玛丽·弗兰西斯·霍普金斯的《学术市场中的文化资本：文学在行为研究中的地位》、苏珊·拉伯格的《把性别整合到布迪厄的文化资本概念中去》、道格拉斯·怀特、弗兰克·哈拉里的《群体动力学、文化资本和社会网络》。

2. 文化资本与经济增长和投入构成的研究

戴维·思罗斯（David Throsby）将文化资本定义为是以财富的形式具体表现的文化价值的积累，它是和物质资本、自然资本、人力资本并列的第四种资本。他指出了文化资本的 4 种内涵：（1）文化资本是一种经济现象；（2）推测文化资本在经济产出和经济增长中的作用；（3）文化资本有助于对可持续性的理解；（4）将文化资本应用到投资分析技术。

罗纳德·弗莱尔写的《文化资本》、克利斯朵夫·克拉格的《文化资本与经济发展导论》、维维纳·罗亚斯、德巴斯米塔·罗伊科胡里、奥兹拉姆·奥库尔、约·斯特等人写的《超越机会：文化资本和数字鸿沟的根源》，都是论述文化资本与经济发展的关系的。

学者高波和张志鹏则从经济增长理念的角度深入地分析了文化资本的内涵和特性。他们认为文化"意识形态"和难以"操作化"的特性导致其不能被经济学主流所接受，所以在整个 20 世纪都有人试图用文化来解释各种问题，但它总是一种比较不受欢迎的解释范畴之一（对种族因素论者而言）。因此，在分析文化和资本的内涵后，高波和张志鹏给出了文化资本的定义：文化资本是能为人们带来持续收益的特定价值观体系，它是决定经济增长的一种关键性生产要素和最终解释变量。

3. 文化资本的管理作用方式研究

清华大学的张德认为，无论是社会学角度的"文化资本"，还是经济学角度的"文化资本"，都存在着被认为与"人力资本"概念相似的问题。例如，科斯坦萨和戴利（Costanza & Daly）就将人力资本看做是人类本身所具有的教育、技能、文化知识以及经验积累。某些经济学家在对各种不同的现象寻求经验解释的过程中，也将人力资本的概念明确扩展到包括文化因素在内。例如，在解释劳动力市场中本土工人和外来移民工资差异的时候，西斯维克（Chiswick）就将用一般的人力资本概念解释后仍然存在的收入差距问题归因于文化因素。

张德的文化资本就是要从管理学角度来定义文化资本。它不仅仅是企业家个人的文化资本，也不是人力资本和文化简单的结合，而是企业作为一个整体所显现出的隐性能力，正如布尔迪厄提到的"文化能力"一样，是当今激烈的市场竞争中企业所需的"物以稀为贵"的资本，是能够为企业带来不断增值的资本。作者认为，文化资本是企业不可替代的关键因素。

　　企业文化资本是指持续地投资于培植企业所特有的价值观念和行为规范而形成的一种能够给企业带来潜在收益的资本形式。通过国内相关文献（主要是 ASQ、AMJ 等国外核心期刊，《中外企业文化》、《中国人力资源开发》等国内核心期刊）的检索和关键词提炼，张德提炼出组织中文化资本的四个维度（见图 2.1）。

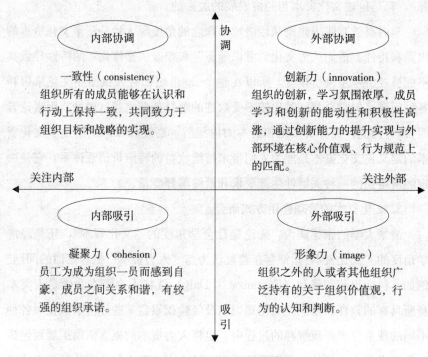

图 2.1　文化资本的四个维度

本图引自：张德、潘文君：《企业文化》，清华大学出版社 2007 年版。

　　a. 内部协调——一致性（consistency）

　　组织所有的成员能够在认识和行动上保持一致，共同致力于组织目标和战略的实现。这里所说的一致性包括两个方面。一是企业各层管理人员对经营理念、管理理念和企业文化的认识和理解上的一致性。

　　b. 外部协调——创新力（innovation）

组织的创新、学习氛围浓厚，成员学习和创新的能动性和积极性高涨，通过创新能力的提升实现与外部环境在核心价值观、行为规范上的匹配。除了学习，创新力维度还包括另一要素——变革。

c. 内部吸引——凝聚力（cohesion）

员工为成为组织一员而感到自豪，成员之间关系和谐，有较强的组织承诺。高度的凝聚力能够使企业所有成员都紧密地团结起来，形成命运与共的坚强整体；而高度的一致性则能使高度团结的队伍在共同的战略、共同的经营理念和管理理念驱使下，心往一处想，劲儿往一处使，使这种凝聚力转化为竞争力，取得优秀的业绩，达成企业的最终目标。

d. 外部吸引——形象力（image）

组织之外的人或者其他组织广泛持有的关于组织价值观、行为的认知和判断。现在提得比较多的是品牌资产，这与我们所说的形象力有点类似，但不完全相同。形象力是从资本的角度来定义的，而品牌资产是从顾客的角度而言，而且前者涵盖的内容比后者要广，包括企业家形象、产品种形象、服务形象、符号形象、员工形象等。

总的来看，文化资本的研究从社会到政治问题的宏观问题，逐渐发展到微观的组织能力问题，全方位地被视为一种最新未来的资本形式。我们相信，文化是明天的经济，但同时今天的经济必须依赖文化。文化资本日益浮出水面是社会经济运行的必然结果，是以商品为中心向以人为中心的价值转变。任何一个政府的发展政策目标应当满足人的多方面需求，经济增长的最终目的不再是 GDP，而是以人为中心的社会经济发展。这就是说，经济的增长是为人服务，而不是人为增长服务。早在 20 年前，就有学者预言：21 世纪将是文化制胜的时代。

2.1.3 组织文化的研究：从有效到价值

泰勒 1911 年的《科学管理》模式和韦伯的"科层制"的提出，适应了西方工业化以大机器和生产流水线为主要生产方式的阶段，面向企业经营者主要关心的问题是生产效率和投入产出比，促进了理性化的管理实践并产生了深远的影响，它们都是基于"理性经济人"的假设，认为人的行为动机是为了满足自己的私利，工作是为了得到经济报酬。

1935年梅奥发表了《工业文明中人的问题》一书，系统阐明了人群关系理论与观点，"霍桑实验"使人们注意到组织中的人际关系、非正式群体等因素对组织效益的影响，开始关注包括自我实现在内的人的社会性需要，于是导致了一系列新的激励理论出现。这些理论强调人际关系在管理中的重要性，以人的社会性为基础，提出用"社会人"的概念来代替"经济人"的假设，并且从20世纪60年代起，逐渐出现了组织微观文化以及产业次文化的有关主题研究。随后系统论的应用和权变理论的发展，导致了西方组织管理在20世纪70年代的"战略热"和"系统热"，重点由组织内部的管理转向战略管理，强调组织结构和系统的协调与适应能力。这被称为形成了比"社会人"更深入的"复杂人"假设。

20世纪80年代初，企业竞争的日益国际化和日本经济的腾飞与日本特有的管理模式对美国产生冲击，使得管理学界和企业界开始反思传统管理模式的有效性，力图创新组织行为理论。恰在此时，佩迪格鲁（Pettigrew，1979）在"关于组织文化研究"一文中首次提出"组织文化"的概念，它犹如一根导火索，引燃了组织心理学有史以来影响最广泛的一场"运动"。

四本经典著作奠定了组织文化研究的基础：第一本是日裔美国学者大内（Ouchi，1981）的《Z理论》发现了以信任、敏感与亲密为特征的日本管理方式更适应现代生活，能带来更高的生产率，大内把典型的美国管理模式称作A型（AmericanModel），把典型的日本企业管理模式称作J型（Japanese Model），并在两国成功经验结合的基础上提出Z型模式；第二本是帕斯尔和奥得斯（Pascale & Athos，1981）的《日本管理艺术》（The Art Of Japanese Management）通过对日本松下电器公司和美国电话电报公司的比较分析，阐明了日美企业管理的不同特点，并且提出了著名的"7S"管理模式；第三本是迪尔和肯尼迪（Deal & Kennedy，1982）的《公司文化》提出杰出而成功的公司大都有强有力的企业文化，还提出企业文化的要素有五项：企业环境、价值观、英雄、仪式、文化网络，其中价值观是核心要素，还提出了企业文化的分析方法，应当运用管理咨询的方法先从表面开始逐步深入观察公司的无意识行为；第四本是彼得斯和沃特曼（Peters & Waterman，1982）的《追求卓越》研究并总结了43家优秀的革新型公司的管理，发现这些公司都"有一套独特的文化品质，是这种品质使他们脱颖而出，鹤立鸡群"，因而取得了惊人的成就，这就是企业文化的力量。这四本著作奏响了这场"运动"的最强音，被称为组织文化的"新潮四重奏"，见表 2.2。

表 2.2　组织文化理论的演进过程

发展阶段	代表作者及著作	主要特征或贡献
萌芽阶段（60—70 年代）	1969 年 Nadler 的组织微观文化概念；1971 年 Turner 的产业次文化研究	将组织视为一个整体的形态，用描述性方法分析单个组织的风貌与特征，他们是组织文化研究的先驱。
奠基阶段（70 年代末—80 年代初）	1979 年 Pettigrew 的《组织文化研究》；1983 年 Pondy 与 Mitroff 的《跨越组织开放系统模式》	提出了组织文化和文化模式的研究概念，为组织文化的发展奠定了基础。
发展阶段（80 年代初）	1981 年 Ouchi 的《Z 理论》；1981 年 Pascales & Athos 的《日本经营管理艺术》；1982 年 Deal & Kennedy 的《公司文化》；1982 年 Peters & Waterman 的《追求卓越》；1985 年 Schein《企业组织文化和领导才能》	理论框架在这个阶段形成。以特有的角度，全新的思路，丰富的例证和精辟独到的见解阐述了文化在企业运行中的重要作用，从而促使人们对组织文化理论进行新的探索。
成长阶段（80 年代中后期至今）	圣吉德《第五次修炼》；1992 年 Kotter 和 Heskett《组织文化与经营业绩》	研究开始转向对组织文化在组织中的总体作用的理论研究和实证研究。

20 世纪 80 年代，关于组织文化方法的研究出现两大学派：以 Schein 为代表的定性化研究学派，和以 Quinn 为代表的定量化研究学派（赵琼，2002）。20 世纪 90 年代后，组织文化研究呈现四个走向：基本理论的深入研究、与企业效益和发展的应用研究、组织文化测量研究、组织文化诊

断和评估研究。其中定性的理论研究从对企业文化的概念和结构的探讨发展到企业对文化在管理过程中发生作用的内在机制的研究，如：企业文化与组织气氛（Schneider，1990）、企业文化与人力资源管理（Authurk. O. Yeung，1991）、企业文化与企业环境（Myles A. Hassell，1998）、企业文化与企业创新（Oden Birgitta，1997）等，先进行定量的研究，后文再进一步分析。进入 21 世纪以后，对组织文化及其相关研究变得更加丰富、深入和细分，总的来看从组织文化的有效性和影响[①]，逐渐发展到关注其业绩价值等方面。

1984 年，美国麻省理工学院教授艾德佳·沙因（Edgar H. Schein）发表了"对企业文化的新认识"一文，1985 年出版了其专著《企业文化与领导》（*Organizational Culture and Leadership*），他从事社会心理学研究，在组织文化领域中，他率先提出了关于文化 Assumptions 本质的概念，对于文化的构成因素进行了分析，并对文化的形成、文化的间化过程提出了独创的见解。他认为企业文化是在企业成员相互作用的过程中形成的，为大多数成员所认同的，并用来教育新成员的一套价值体系。沙因教授还提出了关于企业文化的发展、功能和变化以及构建企业文化的基本理论，他把组织文化划分成三种水平：表面层，指组织的明显品质和物理特征（如建筑、文件、标语等可见特征）；应然层，位于表层下面，主要指价值观；突然层，位于最内部，是组织用以对付环境的实际方式。沙因提出的概念和理论为大多数研究者所接受，但是难以测量。

1984 年，奎恩（Rrobert Quinn）和肯伯雷（Kimberly）将奎恩提出的用于分析组织内部冲突与竞争紧张性的竞争价值理论模型扩展到对组织文化的测查，以探查组织文化的深层结构，和与组织的价值、领导、决策、组织发展策略有关的基本假设。该理论模型有两个主要维度：一是反映竞争需要的维度，即变化与稳定性；另一个是产生冲突的维度，即组织

---

① 组织文化对组织有效性有直接的影响，又包括强势文化理论、文化特质理论、适应型文化理论、对立价值观模型和过程模型等角度的研究。

内部管理与外部环境。在这两个维度的交互作用下，存在四种类型的组织文化：群体性文化、发展型文化、理性化文化和官僚式文化。竞争价值理论模型为后来组织文化的测量、评估和诊断提供了重要的理论基础。但是，这种被归为现象学的方法，被认为只是研究组织文化的表层，而不能深入组织文化的深层意义和结构。罗伯特·奎恩从事的研究主要是组织的有效性和领导，出版了众多著作，代表作如《诊断和改变企业文化：基于竞争价值理论模型》（*Diagnosing and Changing Organizational Culture：Based on the Competing Values Framwork*）。

G. 霍夫斯坦德（Geert Hofstede）是一个定量研究的杰出代表，他从社会人文化出发，1984 发表的专著《文化的影响力》、1991 年发表的专著《文化与主题：思想的远见》，被译成多种语言版本，他是社会科学刊物索引首一百位最常被引用的作者，他认为组织文化就是"集体的思维模式"。① 他提出的民族工作文化的四个特征（权力范围、个人主义—集体主义、男性化—女性化和不确定性回避）扩展到对组织文化的研究，通过定性和定量结合的方法增加了几个附加维度，构成了一个企业文化研究量表。

基于资源基础理论，巴尼（Barney，1986）给出了文化可以作为维持竞争优势的一个源泉的条件。首先，文化必须对企业是有价值的。其次，作为维持竞争优势的一个源泉，公司文化必须是企业所特有的。最后，组织文化必须是很难被模仿的。林肯（Lincoln，1990）认为文化可以影响组织活动、管理活动，也会影响企业的主导价值观。彼得斯（Peters，1982）认为成功的公司都被中心价值观所主导，诸如服务、质量、创新，反过来又成为竞争优势。这些理念的提出，为组织文化从微观到宏观层面的发展提供理论上的支持，为从战略角度研究组织文化奠定理论基础。

凯特（Kotter，1992）对组织文化与企业绩效关系的实证研究表明，组织文化的类型与企业绩效之间存在着一定的关联度。Kotter 和 Heskett

---

① A summary of national culture differences. A summary of organizational cultures.

通过对美国 22 个行业 207 家企业的调查，提出了适应性文化理论。认为组织文化对环境的适应性体现在两个方面：首先，组织文化必须与外部环境相匹配；其次，组织文化必须根据外部环境的变化适时进行变革。符合这两个条件的文化，才是有效的组织文化。他列举了强力型、策略合理型和灵活适应型三种类型的企业文化对公司长期经营业绩的影响理论，并用一些著名公司成功与失败的案例，表明企业文化对企业长期经营业绩有着重要的影响，并且预言，在近十年内，企业文化很可能成为决定企业兴衰的关键因素。

孙兵（2004）认为价值的持续健康增长是企业文化建设的根本目的。企业文化建设的目的是通过总结成功基因，清晰核心价值，理顺价值差异，统一管理思想，澄清共同语言和准则，通过对内的整合达到对外部竞争环境的适应，提高组织运作效率，塑造整体形象，提高企业核心竞争能力，实现企业经营业绩的持续健康增长。因此，文化在管理中的渗透和深植（内部整合与外部适应）比文化体系的语言雕琢本身更重要。

目前，我国的企业文化建设已经出现从局部向系统、从自发向自觉、从表层向深层、从传统向现代的转变。跨国经营、重组、并购引发的企业文化融合和跨文化管理，知识经济推动的人力资源管理备受重视。企业管理从以物为中心的管理向以人为中心的管理转变，从传统管理向文化管理升级，可以说正开始迈向文化管理新阶段[①]。但是在中国文化背景下，探讨中国企业文化的基础理论，研究企业文化与中国传统文化和现代社会文化的关系、企业文化与企业管理、企业环境、企业发展和企业创新的关系等还是显得苍白。

---

① 第四届全国企业文化年会主题：《迈向企业文化管理新阶段》，2005 年。

2.2　前瞻性的异质性经济学基础

2.2.1　"现实的"异质性从哲学到经济学的发展

异质经济学并非凭空产生，它是在反思主流经济学背后的理性主义的过程中，在哲学上首先成熟的。在现代思想中，异质性的证明有三个思想来源。第一个思想来源是柏格森的生命主义，它是对理性主义的第一个基于异质性的拨乱反正。柏格森在《时间与自由意志》中，用"绵延"这个概念，第一次把异质性提高到本体高度。在他看来，世界的本原不是一，而是多；生命的本质就在于多样性的统一，即创新、创造①。第二个思想来源是德勒兹，他的理论重心放在异质性问题上，差异是德勒兹理论的中心词。值得注意的是他对于差异概念的两个发挥，一是虚拟性，二是块茎（分布式联接），与互联网根本规律完全暗合。他在《柏格森的差异观念》中指出："绵延，不可分化的东西，并不是确实不可分化的东西，而是在分化自身的过程中发生性质变化的东西，而发生这种性质变化的东西界定了虚拟性或主体。"另一个核心概念"块茎"，哲学界都认为十分古怪；这是在互联网出现之前，与 TCP/IP 最接近的概念，一是强调分布式，二是强调联接。第三个思想来源是德里达，他将柏格森的绵延，发展为另一个生造的词"延异"（différance），同样是在本原层面，论证异质性的根据。在德里达看来，延异就是"产生差异的差异"；他也把文字称为延异，认为延异不能用同质化的货币表现，而是一种异质性的语言现象②。霍金在题为《膜的新奇世界》的北京讲演中，亮出了"我们可能生活在一个更大空间的膜（Brane）或者面上"。而托夫勒在同时出版的《财富的革命》

---

① 伯格森：《时间与自由意志》，商务印书馆 1998 年版。
② 德里达：《书写与差异》英译本，芝加哥大学出版社 1989 年版。

中，也做出了类似的判断，认为新的文明"正是围绕着创建财富的一种革命方式而展开的"，这一革命正好也是建立在 Brane（脑子）基础之上①。

经济学兴盛于理性经济人的抽象，又在发展中走向现实的人本身。异质性的研究是从哲学、物理、到经济都在广泛关注的一个前沿基础概念。巴塔耶冷静地指出："异质要素的现实性与同质要素的现实性并不属于同一秩序。"② 基于效用这个同质化起点的经济学，从一开始就不可能与异质经济学在同一个空间内对话。但这不意味着异质性的现实性弱于同质性，比如，不意味着个性化经济不现实而只有批量化经济现实。当代的亚当·斯密、诺贝尔经济学奖获得者卡尼曼，在其著作《回到边沁》中，提出了从马歇尔效用回到边沁价值的重大命题。革命性的财富，来自对不确定性和创新的把握。

巴塔耶在"异质的社会存在"中，准确预见到基于异质性的经济的几个主要趋势，这些趋势基本已经被实践验证。

1. 异质性经济具有自我实现特征

巴塔耶认为"异质世界大体上是由神圣世界构成的"，异质事物"从同质的日常世界分离出来"③。

2. 异质性经济具有"非生产性"精神特征

精神生产就是这种"非生产性"事物的典型。在人均收入 3000 美元之前，木子美、芙蓉姐姐和超女注定被当做不会"挣工分"的"废物"；到柏林听一场交响乐注定是"高级的先验价值"的超前消费。

3. 异质性经济具有情感反应特征

经济人理性是不讲情感反应的，巴塔耶却准确预见到，"依存于个人的异质要素能激发不同强度的情感反应"；"可以推论，一切情感反应的客体也一定是异质的（但不一定是普遍的，至少在相对于主体的情形下是这样）"。经济学对情感缺乏合适的分析工具，主要是由于效用这个概念一开

---

① 托夫勒：《财富的革命》，中信出版社 2007 年版。
② 乔治·巴塔耶：《乔治·巴塔耶文选》，吉林人民出版社 2003 年版。
③ 乔治·巴塔耶：《乔治·巴塔耶文选》，吉林人民出版社 2003 年版。

始就排斥了异质性分析的可能。由此，更可见卡尼曼《回到边沁》一文是多么正中要害：从马歇尔的同质化效用，回到边沁的异质性价值，是一个商业价值连城的命题。

4. 异质性经济具有高峰体验特征

巴塔耶说："暴力，过度，精神错乱，疯狂，在不同程度上就是异质要素的特征。"作为经济学的尼采，巴塔耶经常胡言乱语，这就是典型的例子；不过，"完整准确"理解巴塔耶，他想说的实际是高峰体验，即"酷"的感觉。把"暴力，过度，精神错乱，疯狂"套用在网络游戏上，人们就可以知道网民从异质性经济中想得到的是什么了。这不是不正常，而是很正常。

巴塔耶作为思想导师，身后有福柯、德里达和鲍德里亚这样显赫的大师级的继承者，可以说照亮了当代法国思想的半边天空；然而作为经济学家的一面，由于经济学界敌意的忽视，从来不为人所知。巴塔耶把自己创立的学说，命名为"普遍经济学"。认为异质性是普遍的，而同质性（经济人）是有限的，从而只是普遍中的一个特例。这无异于在说：工业化大规模批量生产只是特例，个别地响应客户才是更深层的普遍规律。他骄傲地宣称："从有限经济学到普遍经济学的观点变化，实际上完成了某种哥白尼式的变革：思想的逆转，伦理的逆转。"本文的组织文化研究，如果否定了人的异质性，也就失去了可以解构的意义。

2.2.2 个体异质性的研究

经济学异质性的研究处于一个起步的阶段，也从解决不同问题出发出现了越来越丰富的内涵，在这些研究的基础上，后文各章节的论证分别对个体异质性与企业异质性赋予了文化视角的多种具体含义和应用，其中还通过创新知识的异质性解释了企业异质源于个体异质的关系。

个体异质性的研究在基础原理和应用方面已经逐渐深入：

1. 认知心理学揭示的"异质行为人"

将个体异质行为纳入经济学的分析体系，意味着在经济学假定中恢复个体本来具有的丰富人格。心理学却可为重塑个体的真实人格提供科学依据,从而为规范"异质行为人"的定义提供可能的理论工具(贺京同、那艺,2007)。斯密就已注意到心理学在刻画个体行为人格特征方面的作用,在《道德情操论》中,斯密认为人类的一切行为都是情感与理智的斗争产物:虽然行为动机由情绪主导,但人们却会在理智的驱使下"审视自己的每一步行动"。在对自我控制、过度自信和利他主义的论述中,斯密的许多观点甚至与当代行为经济学不谋而合。然而,在随后的一百多年里,斯密的后继者们并未在这条道路上开拓下去。他们认为,纯粹的"研究逻辑行为"的经济学不应把自身的理论立足于"尚未成熟"的其他学科,因此经济学开始与心理学分道扬镳,而经济学中本来隐含的人格异质性命题也从此销声匿迹了。

直至 20 世纪 50 年代,认知心理学的兴起和成熟使这种现象得以改观。认知心理学将人脑看做一个从"感觉"到"反应"的信息认知系统,包括"感觉"的输入、变换、简化、加工、存储和使用的全过程,而"反应"则是该认知过程的最终产物,并以一定的行为表现出来,故而认知的差异性将决定行为的异质性。这样,心理学就为经济学考察人类经济行为的异质性提供了坚实的科学依据。行为经济学不但从心理学中找到了对行为异质性的理论支持,而且还大量借鉴了心理学中的实验方法。回溯行为经济学的早期研究,许多重大理论发现都有赖于心理学实验的结果,由此所形成的实验经济学也成为行为经济学的重要实证基础。然而需要强调的是,心理学并不是揭示个体异质行为动机的唯一工具。时至今日,一些超越心理学的理论工具正逐步得到采纳,其中包括神经科学、生物学等学科对经济学的渗透,并通过计算机模拟和人脑扫描等方法来探寻个体异质偏好的原始形成机制。行为经济学通过这些理论工具,使其前提假定更加符合"人类真实的动机与行为",而不再拘泥于同质理性的先验假定。

郭文英(2007)对投资行为人的异质性研究[1]认为,有限理性的观点已为越来越多的人所认可,但通常集中在对理性经济人的批评方面,关于

---

[1] 郭文英:《投资行为人的异质性研究》,首都经济贸易大学出版社 2007 年版。

金融市场投资者的有限理性的描述还显得欠缺。研究首先分析了有效市场假说、理性和理性选择理论，从哲学、心理学和社会学的角度讨论了有限理性和异质理念，然后又结合金融市场认知和行为偏差，论述了行为金融学的产生和发展，最后对人类社会普遍存在的异质理念进行了研究。根据心理学和行为金融学对异质的描述，作者认为，异质表现在投资决策中应该包含两个方面：①不同投资者之间的异质，即作为不同的个体，他们对不同的信息给出不同的评价结果，对同样的信息也会给出不同的评价结果，进而采取不同的决策行为；②同一投资者在不同情况下的异质，即由于内在和外在环境的不同，对同样的信息，他可以给出不同的评价结果，进而采取不同的决策行为，因此从这两个方面给出异质的表达方式，并把这些表达方式应用到投资分析中。

2. 个体异质与公共物品的供给问题

公共物品治理如何摆脱囚徒困境？Hardin（1968）提出了"公地悲剧"问题，认为共有资源的治理模型类似于囚徒困境。Olson（1965）强调集体选择过程中团体规模边界，认为除非是集团群体规模较小或存在强制服从，否则有理性的、寻求自我利益的个人不会采取行动以实现他们共同的或集团的利益。关于个体异质性对公共物品产出及集体行动的影响问题，学者们的意见并不统一（Wade，1988；Cernea，1989）。几个因素使得异质性的作用难以确定（Jean-Marie Baland & Jean-Philippe Platteau，2002）：首先，异质性并不是单维的，有时某一方面的异质性会促进集体行动的产生而另一些方面的异质性对集体行动起到抑制的作用；有时，同一方面的异质性对公共物品的产出存在两种相反的作用，最终的结果得看着两种作用的均衡结果；绝大多数关于公共物品集体治理的经验研究都一致地采用了 Hardin 的公共物品的模型，而事实上对公共物品的产出水平有决定作用的激励结构以及个体间的互动类型本身取决于资源和技术的属性。

尽管在对异质性作用的看法上存在着分歧，但并不表明异质性的作用是不可确定的，很多的学者试图通过建立模型对此进行讨论（Theodore

C. Bergstrom，2002；Jean-Marie Baland & Jean-Philippe Platteau，2002；E. Lance Howe，2003)。张小敏（2007）通过建立数理模型讨论个体异质性对公共物品治理成功的作用[1]，梳理了个体异质性与公共物品治理的关系研究思路，基于前人的相关理论模型和实证工作，给出了公共物品治理中如何将个体间异质性纳入形式化讨论、并用经验现实予以检验的一个展望。

3. 个体异质性与集体行动效率问题

曾军平（2004）研究了在古诺—纳什均衡分析框架下，个体异质性对集体行动效率的影响。研究结果表明：个体差异度（偏好差异、供给技术差异以及资源禀赋差异）的扩大有利于公共产品供给量的增加，但搭便车问题却随差异扩大而恶化了。相比而言，个体异质性对于搭便车的负面效应要远远大于对供给量的正面效应；同时，个体异质性也使集体行动呈现出负面的集团规模效应。现实中存在许多支持性证据。[2]

郑耀洲博士的《知识员工的报酬管理》一书，对"解决之道"进行了有益的探索。该书以"异质性"为逻辑主线，以企业竞争战略为逻辑起点，基于企业核心能力和员工异质性整合的视角，通过异质性企业——异质性人力资本——知识员工异质性特征——知识员工差异化报酬的逻辑安排，以高技术企业研发人员为例，构建了企业如何通过差异化报酬满足知识员工的异质性特征，以激励知识员工，进而提升企业核心能力的分析框架。

2.2.3 企业异质性的研究

1. 企业的异质性本质及竞争优势问题

刘刚（2005）认为在现实经济活动中，企业竞争行为或竞争战略的本质是寻求差异，企业竞争行为的多样性及其创新是现实经济增长和持续变

---

① 章平、张小敏：《个体异质性与公共物品治理的关系研究》，《技术经济》2007 年第 7 期。
② 曾军平：《集体行动的个体异质效应研究》，《财经研究》2004 年第 3 期。

迁的根源。面对这样一个重大的现实问题，主流经济理论是缺乏解释力的，其中的关键是为了解释价格理论，新古典经济学把企业假设为完全同质的最优化生产者。而作为历史发展的有机体，现实中的企业则是不同的、异质的和具体的。在有限理性假设条件下，无论是企业对外部环境变化的反应，还是企业自身的行为方式都存在巨大的差异，这些差异最终决定了企业之间拥有不同的生存发展空间和竞争优势。在企业异质性假设条件下，企业的竞争行为或竞争优势是内生性的，企业的创新性竞争中的知识和能力积累是企业持续竞争优势的根本来源。

杨瑞龙（2002）等认为与完全竞争模型的描述根本不同，现实企业之间普遍存在着利润差距。在企业同质性假设条件下，无论是新古典经济学、传统产业组织理论的 SCP 分析范式，还是企业竞争战略的产业分析方法，都把企业的利润归结为外在的市场结构因素。而动态地看，现实企业是异质的，它表现为企业长期发展过程中积累的核心知识和能力的差异。作为企业实施竞争战略的关键性要素，核心知识和能力是非竞争性的，难以模仿和替代。它构成了企业长期利润或竞争优势的真正基础。在企业异质性假设条件下，企业的竞争行为及其竞争优势是内生性的。[①]

陈绍愿（2008）在《企业集群内部异质性的生态学解读》一文中，针对以往企业群落研究中忽视其内部差异性的现象，提出了企业群落复合体的概念。他首先阐述了企业群落复合体的结构尺度和生存方式。继而，在对企业群落复合体客观存在性进行分析的基础上解读其异质性。最后，阐述企业群落复合体的边缘效应和反馈调节两项主要生态功能。

慈向阳（2006）等认为，现实的企业之间普遍存在着市场份额及利润的差距，对这种差距的解释，新古典经济学认为企业是同质的，外在市场结构因素造成了这种差距，因此现实的企业是异质的，造成这种异质性的根源在于企业的核心知识和能力，同时本文还创造性地将分工、内生交易

---

① 杨瑞龙：《企业的异质性假设和企业竞争优势的内生性分析》，《中国工业经济》2002 年第 1 期。

费用纳入分析框架，并相应提出了政策建议。[①]

　　张焕勇、杨增雄（2006）研究了完全竞争模型对于解释企业的竞争优势存在天然的缺陷，企业异质性是企业取得竞争优势的潜在原因，而企业家知识是企业异质性的重要来源。企业家知识的异质性与企业的异质性具有很强的耦合性，企业家知识的报酬递增性、创新性、默会性、资产专用性、市场不完全性等特点分别与企业异质性资源的价值性、稀缺性、难以仿制性、无法替代性以及非竞争性等条件具有一一对应的关系，企业家至少部分地充当了企业异质性的承担者。[②]

　　2. 团队异质性与企业绩效的问题

　　张平（2005）在我国上市公司高层管理团队异质性与企业绩效的关系研究一文中讨论了高层管理团队承担着制定和实施企业战略的使命，对企业绩效和组织发展至关重要，也一直是学者们和企业经理重点关注的研究主题。已有的关于高层管理团队异质性与企业绩效关系的实证研究取得了丰富的成果，但并没有得到一致、明确的结论，出现这种现象的原因是已有的研究中研究方法存在缺陷，在研究中忽略了重要的调节变量或者中介变量。而这种研究结果的不一致也为其他研究者提供了研究机会。同时，已有的研究还存在过分集中于完善的市场经济国家的问题，这限制了理论的应用与推广。他的研究目的是在我国社会环境中，应用高层管理团队的理论基础——高层梯队理论——分析高层管理团队的异质性与企业绩效的关系；同时，为克服国内已有研究存在的局限性，在研究中充分考虑了多个重要的调节变量的影响。

　　陈立梅（2007）认为高层管理团队（TMT）的异质性是通过冲突的产生和发展这一机制来影响企业绩效的。试图从 TMT 的异质性对冲突和认知的一致性影响的角度入手，分析了冲突过程和冲突与企业绩效之间的关系，揭示了 TMT 异质性与企业绩效间的关系，并据此提出通过 TMT

①　慈向阳、阮永平：《企业的核心知识能力与企业异质性研究》，《情报科学》2006 年第 3 期。
②　张焕勇、杨增雄：《企业异质性与企业家知识异质性的耦合性分析》，《财经问题研究》2006年第 5 期。

异质性的管理来合理控制冲突进而提高企业绩效的一些建议。①

张天顶（2007）在《出口、直接投资与企业异质性》一书中研究了出口和直接投资是一国企业进入国外市场的两种重要模式，建立了一个简单的理论模型来分析企业在选择这两种进入模式的选择问题。将企业异质性引入模型分析，同时将企业的 R&D 活动作为内生变量来进行研究。在理论分析的基础上，结合中国出口和对外直接投资发展的实际情况提出了相关政策建议。

一般来说，异质性是对变化的一种把握，是将变化性质化、科学化、规律化。根据异质发生学，世界进化都是物质进化，在一般进化过程中，物质不断组织成新的系统突现出新的性质即异质性。这是一种新的世界观和方法论，也是一种新的变化观。② 变化是复杂的，需要科学的把握方法，也需要世界观和方法论的转变与创新。但我们知道，无论是变化频率、变化速度，还是变化方向都可能或大或小的对异质性形成影响。异质性不是单一因素决定的，而是更大程度上由多因素所成就。③ 异质性已经成为许多复杂现象研究的一个突破点，作为人类赖以生存的基础研究复杂现象的经济学，也需要用异质性予以科学的解释。

经济学属于复杂科学，其复杂性体现在它的异质性上，即经济学所研究对象的变化特性即异质性上。经济学的对象既包括自然成分，也包括社会成分。经济学作为研究集自然成分与社会成分结合于一体并作为自己对象的科学，无疑是一种复杂性很强的科学。因此，经济学研究方法既有适应自然科学的研究方法，也有适用于社会科学的方法。经济学核心就在于把握自然和社会的变化如何更有利于我们人类自己，其实质就是如何让人类社会发展得更好的问题。那么如何做到这一点呢？或者说经济学如何为

---

① 陈立梅：《高层管理团队（TMT）的异质性、冲突管理与企业绩效》，《现代管理科学》2007 年第 7 期。
② 牛龙菲：《异质发生学与一般进化论》，《哲学研究》1992 年第 5 期。
③ 九山孙郎：《异质发生学和形态发生学——通向一种新的科学观》，《自然科学哲学问题》1986 年第 3 期。

这个目标而努力呢？就经济学的使命来说，经济学能够通过对变化的科学阐释进而能够对包括自然和社会的经济现象给予合理的解释，以达到人类合理利用自然和社会能够给予人类的一切东西的最终目的。

目前，经济学已经发展成为一个"帝国"，人类几乎所有的对象性存在都已经或将成为经济学思考的对象，都可以或可能被经济学解释并成为人类谋取发展和进步的手段和条件。从这一点来说，没有什么东西不能纳入经济学的研究范围。所不同的是，经济学的研究是一种"激励式"的研究，通过设计或促成一种机制来激励行为主体更充分的利用或放大其所利用对象的价值。既然经济学的对象性存在是可以通过人的努力无限扩大（相对）其作用和价值的，自然这个对象就是存在不确定性的动态的对象，或者说，这个对象虽然静态可以相对确定但其实是在不断变化，而且只要不是不可知论者，那么就应该认为这种变化是有规律性的并且能够被认识和把握的规律性，因而也是能够通过经济学的科学化来研究和把握，这里用"异质性"来描述或概述这种变化的性质，期望经济学通过对异质性规律的研究，把握经济变化的这种性质。因此，异质性成为经济学的一个重要特点或性质。

经济学是研究解释经济行为的，经济行为有其自身存在和变化的规律性，不同的经济学家对此都有不同的概括和解释。这里用异质性来概括和解释，是否能够相对全面地反映经济学的本质，这不是一个不言自明的问题。异质性这个概念和经济学似乎不搭边，更像一个非经济学概念，或哲学或思辨科学的概念。这是它给人们的第一个感觉。但同时也应该看到，异质性很好地表达了一种变化性质，一种以人的目的为核心（为参照系）的行为选择过程，而且这个具有一定参照系的行为变化过程，最合适的对象就是人的经济行为。所以用异质性来描述经济学的这个性质应该是适当的。虽然其他学科或其他现象也能够用异质性概念来描述，但也不能说明经济学不能利用这个概念。经济学的本质就要利用一切可以利用的东西，包括概念、范畴、思想等。在为人类利益服务方面，经济学是没有不能利用的禁区的。

作为异质性的经济学已经成为当代经济学的一个发展趋势,已为经济学近年的许多发展所证明。经济学在萨缪尔森为代表的新古典经济学之后,又产生了包括现代货币主义、理性预期学派以及 20 世纪 90 年代以来风靡世界的产权经济学、行为经济学、信息经济学以及实验心理经济学等不同学派。这些经济学派的经济理论争奇斗艳,大大冲击了或丰富了现代经济学的内涵,某种程度上改变了传统经济学理论的"同质性质",自觉不自觉地走上异质性经济学的发展道路。罗宾斯早就说过,"大家都谈论相同的事情,却对正在谈论的是什么意见不一"①。

以亚当·斯密的"看不见的手"为例,历代经济学家围绕它作了各种各样的阐述,主要有两条基本线索,一是抵制批判改进思路,主要代表人物有马克思、凡勃伦、凯恩斯以及马尔萨斯、李嘉图等;二是重新表述改进思路,主要代表人物有马歇尔、费雪、米塞斯、弗里德曼等②。虽然各派都宣布自己获得了胜利,但新的思想会继续产生,恐怕没有人能够看到"鹿死谁手"那样的结局。即使就这些理论家所讨论细节来说也可以说明这个问题,比如对货币、对财富的解释,不同时代的经济学家都有自己的解释,给予了这些概念以不同的规定性,体现了质的差异性。理论整体的差异都是通过具体细节差异体现的。虽然我们不能妄断何者更正确,当然我们应该有自己的观点,但它们都是有价值的并且都对经济学的发展做出了贡献。这就是经济学的与生俱来的异质性面目。那么,基于人的异质性假设的组织文化资本模型,可以说正好是经济学异质性和发展性的一个鲜明体现。

---

① 莱昂内尔·罗宾斯:《经济科学的性质和意义》,商务印书馆 2001 年版。
② 马克·史库森:《经济思想的力量》,上海财经大学出版社 2005 年版。

2.3 支撑性的企业本质观点进展

2.3.1 生产性观点：企业理论的基础

古典经济学的基本命题是完全理性与最优化原则，即人的行动持理性（经济人）的假设占据了主导地位，早在 1848 年，斯图亚特·穆勒提出经济学是分析人的经济行为，而不是讨论社会中人类的一切行为，指出把人的各种活动的经济方面抽象出来的必要性，但他并没有明确地使用"经济人"概念。"经济人"概念是由意大利经济学家帕累托第一次明确提出的。

在经济学史上这一思想首先是亚当·斯密表述的，他在《国富论》中写道："我们每天所需食料和饮料，不是出自屠户、酿酒家和面包师的恩惠，而是出于他们自利的打算，我们不说唤起他们利他心的话，而说唤起他们利己心的话。"亚当·斯密关于"自私自利"的"经济人"的最初阐述，尽管没有明确提出"经济人"概念，但是经济学史上关于"追求自身利益的个人行为会导致整个社会丰裕"这个命题的最初论述。人们在从事经济活动时，未必抱有促进社会利益的动机，但在自由放任的社会里，"他受着一只看不见的手的指导，去尽力达到一个并非他本意想要达到的目的。"斯密的一整套分析都是建立在对个人利益动机的认识上，他表明了这样的信念，即理想主义者预想把一种普遍的利益带给社会，而注重个人利益恰恰会给社会带来这种利益。

新古典经济学家继承和发展了古典经济学家完全理性"经济人"的假定。他们认为"理性"是价值最大化的代名词。新古典经济学对人的行为的假定包括（1）个体的行动决定（为达到目的而选择的手段）是合乎理性的；（2）个体可以获得足够充分的有关周围环境的信息（完全信息假定）；（3）个体根据所获得的各方面信息进行计算和分析，从而按最有利于自身利益的目标选择决策方案，以获得最大利润或效用（利润或效用最大化假定）。在理性的假设前提下，借助边际分析的数理分析，新古典经济学家逐渐构建了一个逻辑优美、结构严谨的经济大厦，全面论证亚当·斯密的"无形之手"原理。

奠基于理性假设下的经济主体，从斯密的"经济人"（economic man）、瓦尔拉的"拍卖人"（auctioneer），到马歇尔的"代表性企业"（representative firm）、罗宾逊的厂商（firm），这些原子式的主体都是在既定的成本约束下，追求自身效用和利润的最大化。这些市场主体的每一个行为都是绝对的利益共同体，其组织内部利益具有高度一致性，它们是经济分析的最小单位。通过市场中私有产权和价格信号提供经济激励，古典企业的生产表现为 Q=Q（L，K），企业家通过公共信息的最大化边际计算 MC=MR 来进行生产，企业制度就是对企业家实现这一目标的制度，如斯密《国富论》里的制针工厂。

在此，厂商被视为是一个生产性的"黑箱"，如果其内部有何奥妙的话，也只是一种技术关系。这一基本经济主体假定，有助于建立起"资源配置的市场经济学"，即是说，使经济学的使命是阐释和解决社会资源如何在各经济主体之间进行的配置问题。资源配置与市场均衡既表现为厂商行为的轨迹，又是其相互作用的结果。市场竞争和社会资源配置是由一系列有关市场结构和参与者行为的假设构成的；如果满足了这些假设条件，那它就是有效率的，否则就是无效率的。

但是，长期利润为零的完全竞争模型对于解释企业的长期增长和竞争优势存在天然的缺陷（金碚，2003）。经典的经济学所进行的研究和分析以假定"企业同质"为基本逻辑前提，即假定企业都是具有经济人理性、精于计算的，并按微观经济学的原理和方法进行决策和行动。竞争力研究的目的是要解释"企业异质"，即为什么有些竞争力强，有些竞争力弱？什么样的企业能够具有长久的竞争力，或者，一定不会有竞争力？

2.3.2　契约性观点：企业理论的飞跃

所谓契约，是由双方意愿一致而产生相互之间法律关系的一种约定

（查士丁尼，1989）。契约思想有悠远的历史源头，但现代契约思想的产生，则被认为源自罗马法体系。在罗马法体系中，契约原则得到了全面的规定，为现代契约思想提供了价值判断标准，对现代契约理论产生了重大影响。正如梅因（1984）指出的，罗马法的契约理论在契约法史上开创了一个新的阶段，所有现在契约思想都是从这个阶段发展的。[①]

在新古典经济学中，瓦尔拉斯研究了价格与数量的相互关系，描述了经济逻辑的基本特征，即一般竞争市场的基本机制，并得出了个人行为最大化方程。在完全竞争的市场上，在供给和需求不平衡时，由于保留了交易者重新签订契约的权利，交易者可按不同的价格重新签订契约，其契约的价格由各种商品的供求状况所决定，直到所有商品的价格都相等时实现市场均衡。埃奇沃斯则假设交易者在签订了契约以后，又可以找到更好的机会重新签订契约，而且可以反复进行，直到签约双方对现状满意不再继续签约为止。埃奇沃斯认识到了契约的不确定性，埃奇沃斯重新签订契约的交易模型创立了契约曲线和无差异曲线，并提出了契约的不确定性思想，这成为后来阿罗-德布鲁模型的核心内容。

阿罗-德布鲁模型依赖于理性预期，为基于市场研究的完全契约的界定提供了理想空间。阿罗-德布鲁模型考虑了资源可获得性的不确定性和生产可能性的不确定性，也研究了信息不对称性和非完全问题。但是，由于外在世界的复杂性、不确定性，契约当事人不可能完全预见到与完全契约相关的可能事件，加上个人的有限理性、契约当事人的机会主义和风险规避、信息不对称性和非完全性，契约当事人或者契约仲裁者难以完全了解到与交易契约相关的全部信息。这种情况下，市场失灵无法避免，最优契约无法签订，出现逆向选择和道德风险问题。

上述新古典契约理论主要研究了契约的抽象性、完全性和不确定性。新古典契约是一种长期的契约关系，并且初步认识到了契约的非完全性和事后调整的必要性。但是，新古典契约涉及的一些经济学范畴基本上缺乏

---

① 王国顺：《企业理论：契约理论》，中国经济出版社 2006 年版。

严密的定义和逻辑论证，许多使得市场不能发挥作用的原因，如信息上的困难、外在经济和垄断等，难以圆满解释；交易方行为特征分析、交易形式等没有论述；专用性投资问题，准租金现象等也未考虑；有关产权问题的忽视以及如何解决逆向选择和道德风险问题也是新古典契约理论的明显缺陷。

不完全信息使契约激励变得越来越重要，经济学中一个新的思考组织性质的成本视角渐渐诞生，试图打开企业黑箱效率的秘密。新制度经济学的主要使命是剖析、比较制度环境层次或博弈规则层次的行为约束（尤其是经济制度或经济体制），研究经济组织的背景条件，如产权、契约法、规则、习俗和惯例等，并形成了不同的分支和流派。

组织经济学作为分支之一，关注问题是：假设背景条件不变，为什么以一种方式（如从市场采购产品）而不以另一种方式（如自己生产—层级制）来组织经济活动？分析的主要是市场、企业或其他替代性的治理机制，着力研究的是组织内在构造和组织形式的演变。这种研究已经扩展到了产业组织、政府规制（放松规制）、劳动经济学、融资、公共选择、经济发展和经济史等领域，形成交易费用经济学。

科斯（1937）开拓性地提出交易成本概念，从一个全新的角度把企业的性质解释为降低交易成本的组织形式。人们可以从劳动分工、生产协作、技术联系、规模经济、风险等角度来阐述，科斯的回答舍弃了这些因素，他认为：企业的存在在于交易费用（transaction cost）的存在和比较，交易费用的存在构成企业产生的根本原因。企业是为了节约市场交易成本而建立的以替代市场价格机制的一个行政权威机制，是以相对固定的一个长期合约来替代市场；并认为企业的规模会一直扩张到企业组织交易的边际成本等于市场组织该交易的边际成本为止。

组织经济学的完全合约理论如代理成本、委托代理理论讨论了企业的结构、激励和风险分配等问题，不完全和约理论如交易费用理论、资产专用性理论、剩余控制权理论讨论了交易契约性质、交易费用成因、权利来源等问题，见表 2.3，从不同的角度解释了企业的契约性质：

表 2.3　企业契约性的三个关键问题

交易契约性质	交易费用成因	权利来源
最优激励合同	专用性资产保护	剩余控制权配置
（事前设计和激励）	（机会主义和事后治理）	

　　威廉姆森是推动交易费用经济学的最主要人物。他将交易费用理论进一步操作化：组织内科层越多越好，还是越少越好？如何安排科层？20世纪 60 年代威廉姆森提出了最优科层理论，探索一种办法，找到一种最优层数，这个最优的科层结构决定了企业的规模。威廉姆森（1985）的《资本主义经济制度》是对交易费用经济学的系统化，综合了经济学、法学和组织理论的研究方法。阿尔奇安、德姆塞茨 Alchian & Demsetz (1972) 将企业理论与剩余索取权联系在一起，从团队生产和信息成本的角度研究了古典企业的生产，分析了其他类型的企业，指出企业的实质是一种特殊的合约，把一组联合的投入要素组织起来投入团队生产，这种合约能增进团队生产的效率。詹森与麦克林 Jensen and Meckling (1976) 认为，企业是介于生产要素所有者与消费者之间的一组合约关系的联结，它是令目标不同的个人或组织在一个合约关系框架中达成均衡的法律虚构。他们运用代理成本及委托代理理论来研究企业，深入企业合约内部，探讨企业所有权安排的内部结构。

　　在这期间克莱因与阿尔钦还从另一个角度考察了后契约机会主义行为（post-contractual opportunistic behavior）问题，提出了"可占用的专用性准租"（appropriable specialized quasi rents）：其含义为一项资产为某一人所有并租给另一人，其准租值会超过其残值，即超过另一承租人次优使用的价值。准租产生于专用性。可以说，可占用准租是保护其资产的价值而不受市场进入影响的资产升值；也可以说，资产一旦被安置，再移动成本就非常高昂，对一定的使用者来说是专用的，这种已安置的资产专用性对特殊使用者会产生准租。张五常（1983）指出科斯关于企业替代市场的观点不完全正确，在组织分工方面，企业也是一种市场制度，企业的性质在于以要素市场替代了产品市场，或者说是以一种类型的契约替代了另一种类型的契约，即用劳动市场取代中间产品市场，即劳动买卖与产品买卖的相互替代。"是一种契约形式取代另一种契约形式"。张五常关心的不是交易费用本身，而是契约如何安排。这里的契约安排也就是产权安排，如由计件契约向工资契约的转变。杨小凯和黄有光 Yang and Ng（1995）沿着张五常的思路进一步指出，企业是一种间接定价制度，它把剩余索取权安排给经营者享有，作为对其服务（劳动）的间接定价，从而避免对其直接定价和买卖，因为直接定价成本太高，难度太大。

2.3.3 异质性观点：企业理论的前沿

关于企业利润长期性的问题，1977 年美国经济学家 D. C. Mueller 首先检验了长期平均利润与（传统解释的）企业风险之间是否存在着系统相关性。他应用多种度量风险的方法得出结论，企业之间的风险差异并不能解释利润难以平均化的现象，即企业长期利润的存在或企业间的长期利润差距与风险无关。

为了解释理论和现实的冲突，新古典经济学通过修正完全竞争模型的假设前提，把企业的长期利润归结为市场结构的不完全性。梅森（E. S. Masson）和贝恩（J. S. Bain）在总结上述思想的基础上，提出了产业组织理论的 SCP（市场结构、企业行为和市场效率）分析范式解释企业长期利润的来源。波特（M. Porter，1980，1985）进一步把 SCP 范式引入企业竞争战略分析，提出五种竞争力模型考察企业的优势竞争战略的形成。但是，这些理论的核心观点都是坚持企业利润和竞争优势的外生性，尤其是强调外在市场结构不完全性的决定作用。Rumelt（1982）的实证分析表明，产业内部比产业之间企业长期利润率的分散程度要大得多（统计资料显示，产业内企业之间的利润分散程度是产业之间的 3 至 5 倍）。根据这一统计结果，Rumelt（1982，1987）强调，企业超额利润的来源最主要的不是外在的市场结构特征，而是企业内部资源禀赋的差异。

20 世纪 90 年代以来，许多战略管理学家从企业内部出发探讨企业长期利润或持续竞争优势的来源，提出企业本身的核心能力（Prahalad and Hamel，1990）和企业内部资源基础的特异性（Barney，1991）是企业持续竞争优势的真正基础，与新古典经济学和产业组织理论的 SCP 分析根本不同，他们强调企业竞争优势的内生性特征。1990 年最初由美国学者 C. K. 普拉哈尔德和加里·哈默在《哈佛商业评论》上发表的《企业核心能力》一文中提出的企业发展战略理论，关注基于市场竞争的无形的动态的能力资源，能给企业带来市场竞争优势的技术系统、组织管理系统的有机融合；不同的企业具有不同的核心竞争力，但有着一些共同的特征：（1）价值优越性；（2）异质性；（3）难于模仿性；（4）不可交易性；（5）不可替代性。

企业资源基础理论或能力观可以追溯至 Penrose（1959），甚至马歇尔（1920），当代的主要代表人物有 Nelson 和 Winter（1982），Wernerfelt（1984），Prahalad 和 Hamel（1990），Barney（1991），Foss（1993，1996），Langlois（1995）等，尽管侧重点有所不同，但都认为企业的本质是其所专有的、别人不易模仿和学习的资源或能力，企业的范围可以用能力来界定，企业是异质性的，而这种异质性是企业收益的基础和持续的竞争优势的基础。企业异质性的能力基础理论的提出具有很强的现实意义和解释性，企业间网络不同的交易方式选择，逐渐成为企业理论关注的焦点：

  a. 糊边界组织（Jensen，1993）

  b. 横向分散化（Lamoreauxetal，2002）；纵向一体化（williamson）

  c. 模块生产方式（Baldwin Clark，1997；青木昌彦，2003）

  d. 战略联盟（Strategic alliance）

  e. 分包制（Subcontracting）

企业能力基础理论在战略管理中得到广泛的应用，企业的核心竞争力、知识型企业，学习性组织等深入人心，"基于资源"的战略观成为 20 世纪 90 年代初世界性"回归主业"浪潮的理论基础。这一战略观认为，企业竞争优势（以在产品市场上获得超出正常平均的收益来衡量）的源泉是企业所控制的战略性资源。它以两个假设作为分析前提：(1) 企业所拥有的战略资源是异质的（所以某些企业因为拥有其他企业所缺乏的资源而获得竞争优势）；(2) 这些资源在企业之间不能完全流动，所以异质性得以持续（竞争优势得以持续）。知识管理思想将知识资源要素可分为两类：可整理的知识（可编码化的知识，codified knowledge）和意会性知识（默会知识 tacit knowledge）。前者为通用资源，企业和个人可通过学习和培训学会和掌握；后者为区域内的专用资源，难以为外人所模仿，其存量决定了区域内或组织内进一步积累的潜力，集群（clusters）即可视为是这种形式。

经济学领域的竞争力的实质，就是经济效率、或者说生产率的差异，对竞争力的经济学研究主要集中于成本价格和差异化现象，如果引入不确定性则可以延伸到对"企业家"创新和承担风险能力的研究。如果将竞争力研究深入企业内部，进入管理经济学和企业经济学的领域，即形成经济学同管理学相结合的研究范式。而当深入对竞争力的一些原生性因素的研究，即探讨企业"核心能力"的时候，则是将经典经济所不涉及的因素——理念、价值观、文化等非理性因素引入了竞争力研究的领域，而这些因素资源的稀缺性和不完全流动性并不是获得持续竞争优势的充分必要条件，企业要想建立持续竞争优势必须建立阻止其他企业进行模仿的隔离机制（唐春晖，2005）。这样主观的因素才是真正决定性的。

一个新兴的领域，组织生态理论研究的核心问题是组织的异质性和组织之间的替代问题。它主要关注的不是组织发展的结果，而是组织发展过程的选择：即一些组织组成的一种形式何以被另外一种组织形式替代。罗姆尼力（Ronanelli，1991）指出，新的组织形式总是会依赖组织自身现存的资源、知识和支持结构，客观上受制于该组织建立时的环境状况。一定类型组织建立之后，往往会维持其建立时的基本特征。特定组织表现出的结构形态，与该组织建立时的形态存在着密切的联系。从组织生态理论角度，由于组织本身存在的类似生物遗传性特征，而组织的变迁，并不是既定组织的局部适应性变化，而是一种组织形式对另一种组织形式的替代。

显然，组织生态理论比较充分揭示出组织的核心特征，较好地解释了组织形式的长期变化，也为对组织文化的研究奠定了一定的理论基础。

通过以上文献分析，可以得到一些研究基础、方向和不足：

- 文化在社会发展研究领域，早已被称为一种带来回报的资本；
- 组织文化的研究缺乏系统性经济理论为基础的视角；
- 异质性假设与契约制度分析是进行组织文化资本的理论基础；
- 组织文化资本战略与其他战略理论热一样需要与经济理论接轨；
- 经济学不只看市场，正在一步步走进微观的企业黑箱的内部。

下文建立在文献基础上的具体论述观点和结构如下：

首先以异质性理论为基础，指出组织文化资本的物质基础是一种连接异质个体的价值网络；其次通过组织文化专用性形成过程，揭示组织文化资本的精神本质是知识共享创新；再次按组织可持续的制度文化要求，得出组织文化资本的制度形式是利益平衡激励；最后把具有以上形式多元性的组织文化作为核心资本要素，导出一个重构企业生产方式的实施战略。

先分析第一性的外层——物质层，利润是企业存在的物质基础（企业作为第二部门不同于政府、社团等组织，其法定含义是以盈利为目标的市场主体）；同时，"现实"的异质性假设下，组织由共同网络属性集合连接起来的异质个体构成，没有共性存在就没有组织，基于此提出基本假设：组织文化资本是一种联系异质性个体的专有价值网络或生产要素，其信息对称性（或者说减低风险、减少交易成本）实现了企业增值。具体看，第一，马克思关于人的差异性和自由发展的观点、西蒙关于人的决策常规依赖的观点，都说明了组织中人的不完全理性异质状态；第二，当代管理学和组织生态学的社会网络研究，认为文化是一种基于信息的利益和道德的社会网络系统；第三，席酉民（2007）的和谐管理"势"概念说明，差异最大化和距离最小化能产生高"梯度"（竞争力）的文化力（场）；第四，经济学诞生以来，资本被解释为利息的本钱、价值、财富、收入、利润等，其中价值说最关注人本身的源头作用，因而用于解释文化资本。

　　回到人的个体本身，也使得文化成为具体的，组织文化精神本质内核的解析就从这里开始。第一，个体竞争能力是知识的综合应用，知识创新则是个体认知过程；第二，群体中知识转化或创新的 SECI 模型，即知识共享的场理论，说明了从个体禀赋差异到组织核心知识的异质性，从而解释了核心竞争力不可复制模仿，这也是当代企业的本质，由此定义，组织文化资本是一个组织的专有和创新的知识共享体系，也具有异质存在性；第三，组织文化的要素分析和测度进一步揭示了组织创新文化的学习、沟通、服从、信任等精神特质；第四，引入专用性准租概念，可以解释如同人力资本一样异质不可替代的组织文化资本，其价值大小受到投资转换成本的影响。

　　创新可持续需要激励的有效存续，但组织内知识创新共享的外部性，引致利益冲突或不公平（如同市场的不完全无法实现完全竞争激励），表现为激励不足的低效率；组织文化中间层制度形式通过动态产权配置解决这个问题，呈现出组织文化资本的载体流动性。第一，激励理论反映出人的需求异质性，各种企业制度（文化）如劳动力产权、战略薪酬、人力资本、参与管理、心理契约、争议内部化等正式和非正式的制度，反映了异质性社会人的需要差异，是平衡利益实现公平激励的主要手段；第二，效率和公平的辩证替代关系，反映出利益平衡制度表现为动态扬弃的存在方式；第三，历史和静态分析均反映出劳动关系表现为从约束到激励、从冲突到合作的制度变革，走向更高效率的契约化和法制化；第四，合作博弈具有约束力协议，强调团体理性，即共同利益的最大化和内部均衡，因此能实现合作长期化。面子博弈模型反映出非经济利益支付能促进组织的合作博弈，因此定义，组织文化资本是使得每个个体（认为）付出与收益均衡的激励规则集合，即利益共享的各种规则体系。可见只有自适应型的制度文化，才能够保持竞争力长期性。

　　最后，在总结组织文化资本的制约性、层级性、独创性、养成性等基本性质的基础上，提出以组织文化成为核心资本要素，重构企业生产方式，实现优势长期化的组织文化资本战略思路。现实地倡导中国市场化的企业、特别是超过企业总数一半的 200 万家私营企业（中国民营企业的平均寿命不到 3 年），迈向"有文化"（资本）的企业，突破理性经济人假设下的长期利润为零的企业模型，建立科学的可持续创新的生产方式。

3

从异质个体到
组织文化资本
——网络价值

本章论证假设一：组织文化资本是形成收益的价值网络。异质性假设下，组织是由共同网络属性集合连接在一起的异质个体构成的，没有共性特征就没有组织，后文的论述是基于这样一个基本判断：组织文化就是一种联系异质性个体的专有网络属性集合。

下文通过分析马克思关于人的差异性观点、西蒙关于人的决策常规依赖的观点说明组织中人的异质状态，从和谐管理的"势"概念说明差异最大化和距离最小化产生高"梯度"（竞争力）的文化力（场），再从组织生态学的社会网络或关系的角度讨论文化是一种基于信息的利益和道德的社会系统，从而提出组织文化资本是连接个体的异质价值网络，其信息对称性降低了组织的风险度、减少了内部交易成本，实现了企业增值。见图3.1，这个中心环绕型网络从管理学角度看，组织成员的个性差异越大越自由，联系越多越紧密（或距离越小），则文化势越大；从经济学角度看，组织的协作信息对称度越高（不确定性、风险减小），交易成本越小，文化的价值越大。

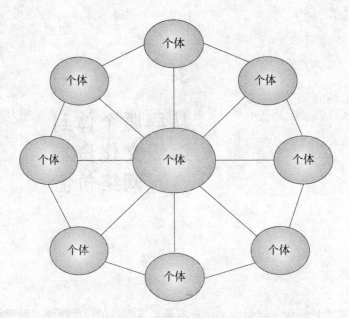

图 3.1　异质的共享网络带来组织的价值增长①

图注：个体：有限理性；组织：共享网络；文化势＝差别/距离＝差别×联系；
文化价值：信息对称，风险降低。

3.1　人的性质：摆脱观念统治的异质性

　　几乎所有国外的著名经济学家，如凯恩斯、萨缪尔森，都没有忽略
《资本论》的存在，它被公认为是一部引起争议最多的著作。经济学中的
科学因素是不可能被党派利益买到的客观，《资本论》的作为一种代表最
广泛的劳动人民根本利益的经济学理论体系，其科学性远远大于批
判性②。

---

① 图中主要说明，组织文化资本的物质基础是连接异质性个体的价值网络。
② 裴小革：《国外学者如何看待〈资本论〉》，《求是学刊》2002 年第 6 期。

写于 19 世纪后期的《资本论》，作为一部揭示社会经济矛盾和运动规律的著作，否定了回避市场经济中矛盾冲突的人人平等、公平竞争假设，把现实社会中人们在财产、社会地位、特长等方面的差异放在经济学的研究体系中。马克思在人的差异前提下，通过对社会生产过程中人与人之间关系的关注，说明社会生产力发展的动力和根源，阐述了人的能力发展的必然王国里，人的自由、个性的自然本性回归，这一深刻全面关注了人本身而不仅仅是生产的理论体系，不愧为对个体异质的客观性进行动态历史分析的启蒙之作。

3.1.1 马克思关于个人的全面发展和自由个性

关于人的本性的经济学论述，至今最全面深刻的是马克思。他指出人的状态从自然经济中人对人的依赖，发展到资本经济中人对物的依赖，并必然走向全面发展的个性自由。从以下的论述中可以看到这些思想：

经济学家自己就说，人们信赖的是物（货币），而不是作为人的自身，但为什么人们信赖物呢？显然，仅仅是因为这种物是人们互相间的物化的关系，是物化的交换价值，而交换价值无非是人们互相间生产活动的关系。任何别的抵押品本身都可以直接对抵押品持有者有用，而货币只是作为"社会的抵押品"才对他有用，但货币所以是这种抵押品，只是由于它具有社会的（象征性的）属性；货币所以能拥有社会的属性，只是因为各个人让他们自己的社会关系作为物同他们自己的相异化①。

在货币关系中，在发达的交换制度中（这种现象使民主主义受到迷惑），人的依赖纽带、血统差别、教育差别等事实上都被打破了，被粉碎了（一切人身纽带至少都表现为人的关系）；各个人看起来似乎独立地（这种独立一般只不过是幻想，确切些说，可叫做——在彼此关系冷漠的意义上——彼此漠不关心）自由地互相接触并在这种自由中互相交换；但是，只有在那些不考虑个人互相接触的条件即不考虑生存条件的人看来（而这

---

① 马克思：《资本论》第一卷，人民出版社 2004 年版，第 106—107 页。

些条件又不依赖于个人而存在，它们尽管由社会产生出来，却表现为自然条件，即不受个人控制的条件），各个人才显得是这样的。个人在这里也只是作为一定的个人互相发生关系。这种与人的依赖关系相对立的物的依赖关系也表现出这样的情形（物的依赖关系无非是与外表上独立的个个相对立的独立的社会关系，也就是与这些个人本身相对立而独立化的、他们互相间的生产关系）：个人现在受抽象统治，而他们以前是互相依赖的。但是，抽象或观念，无非是那些统治个人的物质关系的理论表现。关系当然只能表现在观念中，因此哲学家们认为新时代的特征就是新时代受观念统治，从而把推翻这种观念统治同创造自由个性看成一回事。从意识形态角度来看更容易犯这种错误，因为上述关系的统治（上述物的依赖关系，不用说，又会转变为摆脱一切幻想的、一定的、人的依赖关系）在个人本身的意识中表现为观念的统治，而关于这种观念的永恒性即上述物的依赖关系的永恒性的信念，统治阶级自然会千方百计地来加强、扶植和灌输①。

有人责难李嘉图，说他在考察资本主义生产时不注意"人"，只看到生产力的发展，而不管这种发展牺牲了多少人和资本价值。这正好是他的学说中出色的地方。发展社会劳动生产力，是资本的历史任务和存在理由。资本正是以此不自觉地为一个更高级的生产形式创造物质条件②。

如果我们单独考察资本主义生产，把流通过程和过度竞争撇开不说，资本主义生产对已经实现的、物化在商品中的劳动，是异常节约的。相反的，它对人，对活劳动的浪费，却大大超过任何别的生产方式，它不仅浪费血和肉，而且也浪费神经和大脑。在这个直接处于人类社会实行自觉改造以前的历史时期，实际上只是用最大限度地浪费个人发展的办法，来保证和实现人类本身的发展③。

人的依赖关系（起初完全是自然发生的），是最初的社会形态，在这种形态下，人的生产能力只是在狭窄的范围内和孤立的地点上发展着。以

① 马克思：《资本论》第一卷，人民出版社 2004 年版，第 110—111 页。
② 马克思：《资本论》第一卷，人民出版社 2004 年版，第 288 页。
③ 马克思：《资本论》，人民出版社 2004 年版，第 103 页。

物的依赖性为基础的人的独立性，是第二大形态，在这种形态下，才形成普遍的社会物质变换，全面的关系，多方面的需求以及全面的能力的体系。建立在个人全面发展和他们共同的社会生产能力成为他们的社会财富这一基础上的自由个性，是第三个阶段。第二个阶段为第三个阶段创造条件。因此，家长制的，古代的（以及封建的）状态随着商业、奢侈、货币、交换价值的发展而没落下去，现代社会则随着这些东西一道发展起来①。

事实上，自由王国只是在由必须和外在目的规定要做的劳动终止的地方才开始；因而按照事物的本性来说，它存在于真正物质生产领域的彼岸。像野蛮人为了满足自己的需要，为了维持和再生产自己的生命，必须与自然进行斗争一样，文明人也必须这样做；而且在一切社会形态中，在一切可能的生产方式中，他都必须这样做。这个自然必然性的王国会随着人的发展而扩大，因为需要会扩大；但是，满足这种需要的生产力同时也会扩大。这个领域内的自由只能是：社会化的人，联合起来的生产者，将合理地调节他们和自然之间的物质变换，把它置于他们的共同控制之下，而不让它作为盲目的力量来统治自己；靠消耗最小的力量，在最无愧于和最适合于他们的人类本性的条件下来进行这种物质变换。但是不管怎样，这个领域始终是一个必然王国。在这个必然王国的彼岸，作为目的本身的人类能力的发展，真正的自由王国就开始了。但是，这个自由王国只有建立在必然王国的基础上，才能繁荣起来。工作日的缩短是根本条件②。

人们说过并且还会说，美好和伟大之处，正是建立在这种自发的、不以个人的知识和意志为转移的、恰恰以个人互相独立和毫不相干为前提的联系即物质的和精神的新陈代谢上。毫无疑问，这种物的联系比单个人之间没有联系要好，或者比只是以自然血缘关系和统治服从关系为基础的地方性联系要好。全面发展的个人——他们的社会关系作为他们自己的共同

---

① 马克思：《资本论》第一卷，人民出版社 2004 年版，第 104 页。
② 马克思：《资本论》第三卷，人民出版社 2004 年版，第 928—929 页。

的关系，也是服从于他们自己的共同的控制的——不是自然的产物，而是历史的产物。要使这种个性成为可能，能力的发展就要达到一定的程度和全面性，这正是以建立在交换价值基础上的生产为前提的，这种生产才在产生出个人同自己和同别人的普遍异化的同时，也产生出个人关系和个人能力的普遍性和全面性。在发展的早期阶段，单个人显得比较全面，那正是因为他还没有造成自己丰富的关系，并且还没有使这种关系作为独立于他自身之外的社会权力和社会关系同他自己相对立。留恋那种原始的丰富，是可笑的，相信必须停留在那种完全空虚之中，也是可笑的。资产阶级的观点从来没有超出同这种浪漫主义观点的对立，因此这种浪漫主义观点将作为合理的对立面伴随资产阶级观点一同升入天堂①。

可见，马克思所描绘的全面的、丰富的人，已经不是原始愚昧意义上的，而是能力发展并"合理地调节他们和自然之间的物质变换"的，脱离了人和物的束缚的个性自由的人。

3.1.2　组织文化资本是以人为本思想的经济分析

人本是马克思主义的精髓。马克思的《资本论》批判了牺牲"人"为前提的垄断资本生产，他指出这种生产是靠牺牲已经生产出来的生产力来发展劳动生产力。他详细分析了资本生产方式下人的生产、劳动和需要，"这种生产方式的主要当事人，资本家和雇佣工人，本身不过是资本和雇佣劳动的体现者，人格化，是由社会生产过程加在个人身上的一定的社会性质，是这些一定的社会生产关系的产物。"② 因此，马克思否定了社会性质对人的统治，提出了人性的解放。

在关于生产方式的历史性上，马克思指出：一种生产方式所以能取得这个形式，只是由于它本身的反复的再生产。如果一种生产方式持续一个时期，那么，它就会作为习惯和传统固定下来，最后被作为明文的法律加

---

① 马克思：《资本论》第一卷，人民出版社2004年版，第108—109页。
② 马克思：《资本论》第三卷，人民出版社2004年版，第941页。

以神圣化。但是，因为这种剩余劳动的形式即徭役劳动，是建立在一切社会劳动生产力的不发展，劳动方式本身的原始性的基础上，所以和在发达的生产方式下特别是资本主义生产下相比，它自然只会在直接生产者的总劳动中，取走一个小得多的部分①。

他还指出：更有学识、更有批判意识的人们，虽然承认分配关系的历史发展性质，但同时却更加固执地认为，生产关系本身具有不变的、从人类本性产生出来的、因而与一切历史发展无关的性质。相反，对资本主义生产方式的科学分析却证明：资本主义生产方式是一种特殊的、具有独特历史规定性的生产方式；它和任何其他一定的生产方式一样，把社会生产力及其发展形式的一定阶段作为自己的历史条件，而这个条件又是一个先行过程的历史结果和产物，并且是新的生产方式由以产生的现成基础；同这种独特的、历史规定的生产方式相适应的生产关系，——即人们在他们的社会生活过程中、在他们的社会生活的生产中所处的各种关系，——具有独特的、历史的和暂时的性质；最后，分配关系本质上和生产关系是同一的，是生产关系的反面，所以二者都具有同样的历史的暂时的性质②。

本文提出，组织文化资本是一种共享知识的价值网络，是基于人的自由个性的，是基于人的能力发展的，是基于人的能动创造性的，也是一种平等的理念化，因此，这种生产方式，超越了社会性质的约束，因此具有更广泛的意义。不难分析，这个概念也是符合我国当前提出的科学的发展观。

坚持和发展了马克思列宁主义、毛泽东思想，党的十七大报告中全面系统提出了科学发展观：第一要义是发展，核心是以人为本，基本要求是全面协调可持续，根本方法是统筹兼顾。

——发展是党执政兴国的第一要务。发展，对于全面建设小康社会、加快推进社会主义现代化，具有决定性意义。要牢牢扭住经济建设这个中

① 马克思：《资本论》第三卷，人民出版社 2004 年版，第 896—897 页。
② 马克思：《资本论》第三卷，人民出版社 2004 年版，第 994 页。

心，坚持聚精会神搞建设、一心一意谋发展，不断解放和发展社会生产力，才能更好实施科教兴国战略、人才强国战略、可持续发展战略，着力把握发展规律、创新发展理念、转变发展方式、破解发展难题，提高发展质量和效益，实现又好又快发展，为发展中国特色社会主义打下坚实基础。

——以人为本。全心全意为人民服务是党的根本宗旨，党的一切奋斗和工作都是为了造福人民。始终把实现好、维护好、发展好最广泛人民的根本利益作为党和国家一切工作的出发点和落脚点，尊重人民主体地位，发挥人民首创精神，保障人民各项权益，走共同富裕道路，促进人的全面发展，才能做到发展为了人民、发展依靠人民、发展成果由人民共享。

——全面协调可持续发展。中国特色社会主义事业总体布局，是全面推进经济建设、政治建设、文化建设、社会建设，促进现代化建设各个环节、各个方面相协调，促进生产关系与生产力、上层建筑与经济基础相协调。坚持生产发展、生活富裕、生态良好的文明发展道路，建设资源节约型、环境友好型社会，实现速度和结构质量效益相统一、经济发展与人口资源环境相协调，使人民在良好生态环境中生产生活，才能实现经济社会持续发展。

——统筹兼顾。就是正确认识和妥善处理中国特色社会主义事业中的重大关系，统筹城乡发展、区域发展、经济社会发展、人与自然和谐发展、国内发展和对外开放，统筹中央和地方关系，统筹个人利益和集体利益、局部利益和整体利益、当前利益和长远利益，充分调动各方面积极性。包括统筹国内国际两个大局，树立世界眼光，加强战略思维，善于从国际形势发展变化中把握发展机遇、应对风险挑战，营造良好国际环境。

科学发展观作为包括邓小平理论、"三个代表"重要思想在内的中国特色社会主义理论体系，是马克思主义中国化最新成果，是不断发展的开放的理论体系。特别是以人为本核心思想，强调了人的全面发展，为我国发展异质性假设下的企业发展理论提供了良性的政治伦理宏观环境。

3.2 组织的特性：互利和道德的社会网络

与社会学相交融的研究思路带动了社会网络（Social Network）分析方法的兴起。这派研究认为组织镶嵌于一个复杂的社会关系网络之中，企业之间的关系是一种社会网络关系，企业的内部结构也可以认为是一种社会关系网络，企业集团以及其他一些被现代企业理论认为是市场与企业之间的组织也可以被看做是一种网络形式。

社会关系（Social Relationship）是网络分析的基本概念，目前有两种研究思路，分别是以 Coleman 为代表的社会资本（social capital）理论和以 Burt 为代表的社会空洞（stauctural hole）理论。社会资本可以被看做是企业的社会关系数，而结构空洞则代表了网络内社会关系密集与稀疏地带之间的需要开发的区域。简单说，社会资本理论认为企业发展需要不断地拓展与积累其社会资本，而结构空洞理论则认为企业发展依赖于对其所处网络中的社会关系空白地带的开发。在国内边燕杰、丘海雄（2002）、姚小涛、席酉民（2003）等人从社会网络这一新视角对社会网络与企业发展、企业绩效关系进行了研究。[①]

从 Newstrom，J. W. （1997）对人和组织特性进行的比较，反映了组织的利益和道德网络作用的系统特征。

3.2.1 心理学中人的特性

人在认识和改造客观世界中，各自都具有不同于他人的特点，各人的心理过程都表现出或大或小的差异。这种差异既与各人的先天素质有关，

---

① 阎雨：《企业战略管理理论发展概论》，http：//www. chinavalue. net/article/50856. ht-ml。

也与他们的生活经验和学习有关，这就是所说的人格或个性。

①个体差异

个体差异观点源于心理学。从人出生的那天起，每个人都是独一无二的，而此后的个人成长经历将使其更加有别于其他人。这种人是有差异的观点被称为个体差异法则（law of individual diffevences）。

②知觉

从本质上看，人们似乎都是在说，"我并不是对客观世界做出反应，而是对一个被根据我自己的信念、价值观和期望所判断的世界做出反应。"这种反应方式导致选择性知觉（selective perception）的过程，也就是说，人们倾向于只注意工作环境中的那些与自己的期望相一致或强化自己期望的方面。选择性知觉不仅会导致对工作中某一事件的错误判断，还会使人们未来搜索新经验时陷入一种固定的模式。管理者必须学会预见员工中的知觉差异，认识到员工都是有感情的人，对他们区别对待。

③人的整体性

人的不同特征或许可以被独立地研究，但是在最终分析时，所有特质都是一个系统不可分的部分，从而构成完整的人。技能不可能独立于使用背景或知识而存在，家庭生活和工作并非完全分离，情绪状态与生理状态总有一定关系。人是作为一个整体而存在的。

④动机行为

正常的行为总有一定的原因，这些原因可能和人的需要有关，也可能和行为的后果有关，就需要而言，人们之所以会被激励，并不是因为我们获得了我们认为他们应该需要的东西，而是获得了他们自己真正需要的东西。对于旁观者来说，一个人的需要可能是不现实的，但它确实是决定性因素。这就使管理层有两种基本的方法来激励员工。一方面，可以告诉员工某种行为可以增加需要的满足；另一方面，可以警告员工某种被禁忌的行为将会降低需要的满足。很显然，前者是更好的方法，激励对于组织运营至关重要。无论一个组织拥有多少技术、设备，这些资源如果不由被激励起工作动机的员工所掌握，是不可能被付诸使用的。

⑤渴望参与

人都希望对自己有一个良好的感觉。这种欲望表现为人的自我效能感驱力（drive for self-efficacy），即认为自己有能力完成某项工作，实现角色期望，做出有价值的贡献，或是成功地应付环境的挑战。如今许多员工都主动地在工作中寻求机会，参与有关的决策，为组织的成功贡献自己的才能和智慧。他们渴望有机会与别人分享自己的知识并在获得经验中不断学习。所以，组织应该为人提供参与的机会，这将对个人和组织双方都有利。

⑥人的价值观

人应当同其他生产要素（土地、资金、技术等）区别对待，因为人是宇宙中的高等生物。人的主观能够进行次序的设计，人的能力能够打破和重建秩序，改造世界。

3.2.2 社会学中组织的特性

①社会系统

从社会学中，我们了解到，组织是社会系统；因此，组织中的活动既受心理学规律支配，也受社会法则制约。就像人都有心理需要一样，人也都有相应的社会角色和社会地位。人的行为受到个人驱力和群体的双重影响。实际上，组织中有两种类型的社会系统同时存在，一个是正式的（官方的）社会系统，一个是非正式的社会系统。社会系统的存在意味着组织环境是动态变化的，而不是像组织结构图所描述的那样是一些静态的关系。这一系统中的各个部分是相互依赖、相互影响、相互联系的。将组织视为一个社会系统的观点为分析组织行为学的问题提供了一个基本框架，有助于使许多组织行为问题易于理解和管理。

②互惠利益

组织目标本身就是人的目标。组织是在其成员之间某种利益互惠（mutuality of interest）的基础上构建和维持的。

③道德

当组织的目标和行为符合道德时，互惠利益就会促成一种个人、组织和社会目标都得到满足的三方受益的系统（triple reward system）。

3.3 网络价值：势（差别/距离、差别×联系）与文化力（场、群）

席西民、李德昌（2007）等提出著名的和谐管理的理论，其中"势"概念是这个理论的基石——它联系差异化个体，使距离最小化，并产生（竞争力上的）高梯度，这个概念实际上很恰当地解释了组织文化的管理学意义，并启发了进一步量化其价值的思路。

中国传统文化中有关"势"的词语很多，诸如：势如破竹、人多势众、声势浩大、有钱有势、有权有势、因势利导、顺势而为、势均力敌、势不可挡、气势磅礴、蓄势待发、弱势群体、势不两立、大势已去、仗势欺人、狗仗人势、虚张声势、审时度势、造势、乘势、任势、用势、走势、趋势、形势、姿势、态势、架势、势必、势头、势力等。《孙子》说："激水之疾，至于漂石者，势也"，就是说，湍急的水，飞快的奔流，以至能冲走石头，是由于"势"的缘故。从汉字结构看，"势"是由"执"字和"力"字构成的，一个并不严谨但在中国文化背景下可以允许发挥是：有势才有"执行力"，可见中国文化的文字结构中也隐含了管理理论的力学解读。总的来说，中国传统文化背景下的"势"通常是"道、术、势"语境下的"势"，对管理研究和管理实践一直产生着潜在而又绵厚的影响。

在自然科学中，也存在"势"的概念。在物理学中，有位势、电势、磁势、量子势和超量子势。量子势和超量子势是物理学家戴维·玻姆提出的，洪定国教授称为一级隐缠序（inplicate order）的信息场和二级隐缠序的泛函信息场，在深层次上诠释了非相对论量子力学和相对论量子力学因果率。人们最熟悉的是位势和电势，所谓位势，一般指物理空间中两个位置点由于高低差别形成的梯度；所谓电势，一般指电场中某点至无限远点之间的场强之差，在数值上等于把单位正电荷从某点移动电热为零的点时，静电场力所作的功。所以，电势有时也称为电动势，往往与"能"和"功"联系在一起。一般而论，"势"指"势场"或"力场"，造就一种势场，就具备了一种作功的本领，而且更重要的是势场将产生"非平衡非线性"作用，为事物造就内在的创新分岔进而有序成"群"的动力机制。

席酉民提出，在抽象的数学逻辑中，"势"是一个"梯度"。梯度＝差别除以距离＝差别乘以联系（距离与联系成反比），由图 3.2 可知，梯度在几何中是斜率，在微积分中是导数。

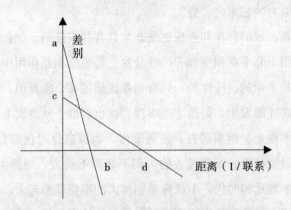

图 3.2　势＝梯度＝差别除以距离（席酉民，2007）

从牛顿定律到麦克斯维方程，从量子力学的波函数到相对论的场方程，都是由导数和偏导数（某种斜率和梯度）构建的势函灵敏，从这个意义上来说，科学是"找势"。

3.3.1　差别的联系："势"的普遍性

席酉民（2007）等认为，从自然扩大到包含人类活动的社会，都可以发现"势"的普遍性。例如：在经济生产过程中，追求相同投入下的产出最大或相同产出下的投入最小，产出最大就是后一时间点与前一时间点间的差别的最大，投入最小就是路径最短联系最紧。因而经济发展的动力需要在生产过程中不断营造经济生产中的信息强势。在文学领域，好的文学作品或小说总是将生活中最世俗的和最向往的景象紧密地联系起来，将最细腻的和最狂暴的情节紧密联系起来，将最软弱的和最强悍的人物个性紧密地联系起来，从而产生打动读者的文学之"势"。在艺术上，好的艺术作品总是用对称性的无元素或对称性的描述方法来营造势：一张具有艺术价值的风景画，其山水和房屋之间总是既具有明显的形象差别，又具有时代背景下人文氛围的紧密联系；一首好的交响乐，其快板和慢板之间总是具有明显的节奏差别，同时又具有紧密的旋律联系，而且在寓意方面，也总是将反叛和顺从、痛苦和幸福紧密地联系起来，从而产生了具有很强的震撼力和感染力的艺术之"势"。

势在创新领域的存在和表现也是非常具有代表性的。创新的本质是系统在势的作用下非平衡相变和非线性分岔。当系统相互作用中势不太大的时候，过程是平衡的、线性的，只有当系统超过某个临界值，非平衡相变和非线性分岔才能发生，创新才能实现。这也有助于从逻辑上理解为什么传统社会技术稳定、创新稀有、发展缓慢，而信息化时代却是技术突变、创新迭出、发展神速。不是过去的人们不聪明不努力，而是由于在科学、交通、网络不发达的时代，不能将差别很大的事物联系起来，不能造就信息强势，在不大的信息势作用下，过程是线性的平衡的，没有过程的非平衡相变和非线性分岔，就不可能有技术的突变和管理创新。在信息化社会，科学的高度发展将差别巨大的事物之间的内在联系起来；发达的各种交通将差别很大的地区紧密地联系起来；信息化、网络化也将许多极不相同的、相距甚远的事物即刻联系起来；全球化将世界经济紧密地联系起来，所有这些都营造了前所未有的信息强势，使信息化社会成了真正的非线性社会，各种非平衡相变和非线性分岔不断涌现，社会各个层面上越来越多的决策创新和改革创业成为时代的基本特征。

宇宙的演化经过了几十亿年才达到今天的个性化，生物的演化经过了几百万年才发展到今天的个性化，工业社会的演化只有几百年人类就出现今天的社会个性化，归根到底是由于演化"信息势"越来越大，所以演化速度就越来越快。如果在物质世界中，"光速"是基本的物理不变量，那么在人类社会中，"光速"是基本的社会不变量，那么在人类社会中，"势趋"是基本的社会不变量。"势趋"不变的意思是"差别促进联系，联系扩大差别"，从而推动着各种信息势以一定速度不断增长，非平衡相变和非线性分岔越来越频繁，从而促进了创新和创业的迅猛增长。

在对"势"进行科学抽象的基础上，人类社会发展可以看做是由"势"来推动的，势等于差别除以距离或差别乘以联系。势的运行规则是差别促进联系，联系扩大差别，所以"势趋"不变，宇宙加速膨胀，社会加速发展；势的稳定增长达到某种临界值，系统就发生非平衡相变和非线性分岔，从而衍生出各种创新和风险；势的成长极限产生对称，对称形成群，无干扰的物质势作用形成物质群，所以宇宙和谐，无阻尼的信息势作用形成社会群，社会才能和谐①。

3.3.2 造势与管理（激励）

席酉民认为，管理是对有人参与的活动的组织和控制，其本质就是降低不确定性，在防止组织结构及功能发生混沌的衰退中不断走向新的有序。如果说管理就是沟通的话，那么，沟通的目标是使差别更大元素联系得更紧，组织中成员的个性化差别越大，联系得越紧，凝聚力越强，组织势变越大。如果说管理就是激励的话，那么，激励就是要使组织成员感觉到未来与现在的巨大差别，可以通过自己的努力将这种差异紧密地联系起来，激励越有效，成员的内在信息势就越大，积极性就越高。从"势"的角度和意义上，沟通就可以看做是对组织求导，使组织关系关生梯度，营造组织发展的动力机制；激励就可以看做是对个人求导，使个人意识产生梯度，营造个人成长的动力机制。

决策则可以看做是对路径变分，选择一条达到目标的最短路径；组织

---

① 李德昌：《新经济与创新素质——势科学视角下的教育、管理和创新》，中国计量出版社2007年版，第133—152页。

和个人的成长过程，是在不断求导营造信息强势中的积分过程。按照耗散结构原理，"非平衡是有序之源"（普利高津）。每一种"活"的有序结构都是在某种"势"和某种"流"的非线性平衡作用中形成的。在管理中只有不断地营造信息强势，才能使管理势和管理中各种信息流产生非平衡非势性作用，使组织结构及功能不断走向新的有序。这种有序在动态上表现为选择分岔和决策创新，在静态上表现为"多元统一，异质同构"①，在宏观整体上则体现为"潜势和则"与"显势谐则"的动态耦合螺旋递进的和谐管理过程②。

3.3.3 创新和同构的"意识造势，文化成群"

"群"是数学家伽罗佤在研究高次方程根的对称性时发现的。群论发现一百年中，没有人知道它有什么用。直到量子力学时代人们才发现，量子力学若没有群论就像相对论没有黎曼几何一样无法完整写出来。然而，群论的应用并不是一帆风顺的。一方面数学家对群论的意义表现出热忱的偏爱，Klein 认为群会把整个数学统一起来，Poincare 曾说过……群论就是那个摒弃其内容而化为纯粹形式的整个数学；另一方面，由于群论的高度抽象却阻碍了后人对它的理解。虽然当今它在物理学中的应用已取得了辉煌的成就，但在群论方法被引入物理（Vegl、Wignor、Neuman 等）的初期，甚至在第一流的物理学家当中也发生过反对"群灾难"的倾向（如 Dirac 与 Slatar)③ 杨振宁指出："20 年代的物理学界许多人反对用群论，特别是李群，斥之为'群害'。有人设法避开 SO（3），SO（2）等，宣称杀死了'群龙'。可是现在的物理学家已把李群当做常识"④。将群的思想引入社会科学各领域，把一个如此抽象的概念化为具体，需要各领域专家

---

① 席西民：《和而不同》，《财经界》2007 年第 9 期。

② 席西民：《和谐管理理论的意义与价值》，《管理学报》2005 年第 4 期。

③ 况慧孙：《物理学中的群论方法》，国防科技大学出版社 1985 年版，第 12—59 页。

④ 宁平治：《杨振宁科教文选——论现代科技发展与人才培训》，南开大学出版社 2001 年版，第 409 页。

学者的努力。

群论为量子力学奠定了基础，从而为半导体、计算机制造了条件，为信息化铺平了道路，然而信息化却催生了更多的"群"和"泛群"。物质作用产生了粒子群、分子点群、晶体空间群及星系泛群、生物泛群；信息作用则生产了各种各样的社会泛群。不同的作用产生了不同的造势结果，形成不同的群：太极造势，阴阳成群（道是恒等元，阴阳是可逆元）；宇宙造势，物质成群（正反粒子）；意识造势，文化成群（东西方文化）；科学造势，理论成群（欧氏几何与非欧几何）；商业造势，经济成群（对称化经营）；制度造势，管理成群（决策统率下的实施和监督）；管理造势，组织成群（领导主持下的研发与加工、经营与生产）；文学造势，情节成群（剧情中的悲喜交加）；艺术造势，音乐成群（主题中的快慢板、高低音部）；教育造势，素质成群[1]。正如 E. T. 贝尔所说："无论在什么地方，只要能应用群论，从一切纷乱与混淆中立刻结晶出简洁与和谐，群的概念是近世科学思想的出色的新工具之一"[2]。也许我们可以期待，在由各种矛盾和现象构成的复杂社会中，只要有效地应用"群"这种"近世科学思想的出色的新工具"，就可从社会的"一切纷乱与混淆中立刻结晶出简洁与和谐"。

席酉民认为从数字意义上，在管理过程中不断营造信息强势的过程是一个求导的过程，沟通是对组织求导，激励是对个人求导，决策是对路径变分，文化管理是全微分造势。组织和个人的成长，就是在不断求导营造信息强势中的积分过程。组织文化的"群"视角，给我们揭开了其管理学的意义和价值，反映出其作用的过程和原理。

---

[1] 李德昌：《新经济与创新素质——势科学视角下的教育、管理和创新》，中国计量出版社 2007 年版，第 133—152 页。

[2] 吴文俊：《世界著名科学家传记》，科学出版社 1994 年版。

3.4 "资本"意义上的组织文化：
信息对称的价值网络

目前的文献中观点一致的是组织文化的哲学意义：以稳定的、共同的价值观体系为核心，是人们很少意识到的、理所当然的行为规范。本文进一步具体指出的是组织文化的经济意义：一种共享的知识和制度网络，一种创新可持续的生产方式，一种创造价值的生产要素或资本。

3.4.1 资本的各种定义

人类对资本的定义，从最初的研究开始，尽管有人文主义的内涵，却始终没有超越经济主义的范畴。在经济学的发展历程中，不同的经济学家从不同的角度对资本下过不同的定义，甚至同一经济学家在不同的场合使用的资本的含义也是不同的。

梳理古今经济理论史上的各种资本定义，在斯密之前，大体上可归纳为以下几种代表性的观点：（1）资本就是产生利息的"本钱"。据奥地利经济学家庞巴维克介绍，资本源于 caput 一词，是用来表示贷款的本金，与利息相对。1678 年出版的《凯奇·德佛雷斯词典》，最早把资本定义为产生利息的"本钱"，也是这个含义。（2）资本等同于货币。例如古典经济学的创立者威廉·配第在其名著《政治算术》中就将资本视同于流通中的货币。（3）把资本视为资本品（实物资本）。例如休谟最早确认了资本除了包括代表物（货币）外，还应包括被代表物（财货）；（4）把资本视为价值额。重农学派的主要代表人物之一的杜尔阁认为，"资本是积累起来的价值"，"是可动的财富"；法国庸俗经济学创始人萨伊认为，资本是产业上装备的已经存在的物品的价值。

斯密是赋予"资本"一词以科学定义的第一位经济学家。他认为资本是一种财富或收入。在《国富论》中，他说："一人所有的资财，若仅足维持他数日或数周的生活，他很少会想从这笔资财取得收入。他将慎之又慎地消费它，并且希望在用完它之前，能依靠自身的劳动，取得一些东西来作补充。在这场合，他的收入完全来自他的劳动。各国贫穷劳动者大部分就是过这种生活。他所有的资财，如足够维持他数月或数年的生活，他自然希望这笔资财中有一大部分可以提供收入；他将仅保留一适当部分，作为未曾取得收入以前的消费，以维持他的生活。他的全部资财于是分成两部分。他希望从以取得收入的部分，称为资本。"①

李嘉图忽视了资本"希望从以取得收入"即获得利润的本质，他只是简单地说："资本是一国财富中用于生产的部分，包括实现劳动所必需的食物、衣服、工具、原料、机器等等。"②

不论在英国或其他国家，给资本下一个严格的定义时多侧重于它的生产力方面，而对资本的预见性却比较忽视。马歇尔总结性地从市场的角度提出资本的生产性和预见性。他认为，以个人看资本是期望获得收入的那部分资产，从社会观点看资本是生产收入的收入。他说，"从抽象的观点来看，费希尔教授和其他学者所主张的法国定义（即资本 capital 是包括全部积累财富，亦即生产超过消费的总差额）立于不败之地。某人的上衣是过去劳作与牺牲的蓄积，是专供给他提供未来满足的一种手段，正如工厂一样；二者都能给他直接遮蔽风雨。但是如果我们寻求一个与市场相合的现实经济学的定义，那么，必须仔细考虑市场上认为资本，但不属于中间品范围的那些东西的总量。倘有怀疑，最好是依据传统。由于这些考虑，使我们从企业和社会观点给资本下了一个上面所述的二重定义"③。

对资本给予最清晰的经济学定义的还是马克思，他批判继承了斯密和李嘉图关于资本的论述，得出资本是一种可以带来剩余价值的价值。在《资本论》中，马克思批评李嘉图说："在李嘉图看来，资本仅仅是不同于

---

① 亚当·斯密：《国民财富的性质和原因的研究》，商务印书馆1961年版，第254页。
② 李嘉图：《政治经济学及赋税原理》，商务印书馆1976年版，第78页。
③ 马歇尔：《经济学原理》，商务印书馆1981年版，第352页。

'直接劳动'的'积累劳动',它仅仅被当做一种纯粹物质的东西,纯粹是劳动过程的要素,而从这个劳动过程是决不可能引出劳动和资本、工资和利润的关系来的"①。

马克思认为资本的实质是:"资本不仅像亚当·斯密所说的那样,是对劳动的支配权,按其本质来说,它是对无酬劳动的支配权。一切剩余价值,不论它后来在利润、利息、地租等等哪种特殊形式上结晶起来,实质上都是无酬劳动时间的物化。资本自行增殖的秘密归结为资本对别人的一定数量的无酬劳动的支配权"②。"资本的实质并不在于积累起来的劳动是替活劳动充当进行新生产的手段。它的实质在于活劳动是替积累起来的劳动充当保存自己并增加其交换价值的手段"③。这种资本方式被社会教育为天经地义的。

以上有关资本的论述,都是从不同的角度给予资本不同的定义,我们认为马克思的论述比较详尽具体。从马克思的论述中,我们看到,资本代表着工业文明,代表着一种新的生产方式。"资本一出现,就标志着社会生产过程的一个新时代。"这种生产方式的存在,本身就是发达的生产力和非理性的剥削制度强制力以及习俗遵守性生产关系相结合资本意义。

这一实质性定义已经超越了纯粹经济学的范畴,同时我们也知道马克思指出的资本制度强制力以及习俗遵守性并不是唯一的形式,生产方式能够用科学的力量博弈和创新,人们能够更"先进"地生产。所以我们首先探讨变革知识共享创新型的生产力,然后生产力的进步需要有相应的利益均衡激励型生产关系与之相适应,迈向一个新的文化生产方式时代。后文将继续从这两个方面去展开阐述组织文化资本,从而揭开一个文化经济时代的序幕。

实际上我们也不难看到,文化社会学家布尔迪厄经典的定义,以教育资格的形式被制度化的文化资本,其实也是同时包含了知识生产力和制度

---

① 《马克思恩格斯全集》第26卷,人民出版社1972年版,第455页。
② 《马克思恩格斯全集》第23卷,人民出版社1972年版,第584页。
③ 《马克思恩格斯全集》第1卷,人民出版社1972年版,第364页。

生产关系两层含义的，这样看的话布尔迪厄对文化资本的定义是延伸了马克思对资本定义，只是更加具体化了。

3.4.2 信息不完全、风险与收益：组织文化资本的网络价值

本节讨论由于信息不对称产生的风险与收益关系。整体的逻辑是：信息不对称，引发逆向选择和道德风险，从而导致企业资本成本增加，收益必然随之降低。而组织文化资本可以发挥其网络价值——即通过企业组织形式进行信息（知识和规则）共享，从而减少由于信息不对称导致的道德风险和逆向选择，降低企业资本成本，使收益增加。

信息不对称理论的主要贡献者是 2001 年诺贝尔经济学奖获得者：乔治·阿克洛夫（George Akerlof）、迈克尔·斯宾塞（Michael Spence）和约瑟夫·斯蒂格利茨（Joseph Stiglitz）。

1. 阿克洛夫与逆向选择理论

市场上广泛存在的信息不对称现象引起了阿克洛夫的关注，他是第一个对存在所谓"逆向选择"信息问题的市场进行正式分析的人，解释了信息不对称可以如何引起市场的逆向选择。在《"柠檬"市场：质量不确定性和市场机制》（The market for "lemons"：quality uncertainty and market mechanism）的论文中，阿克洛夫分析了一个卖者比买者更加了解产品特性的产品市场，并以旧车为例对此进行经典分析。他认为，当汽车卖者或买者拥有不完全的信息时，具有较低偿付能力的借者或较低质量车子的卖者就会因此把市场中的其他人挤掉，阻止互利交易的存在。他就此得出了"市场放开并不能解决所有问题，信息是有价值的"的结论。

阿克洛夫另一个重要的深刻见解，是认为经济主体有强烈的动力去抵消有关市场效率信息问题的逆向效应，许多市场机制可以被认为是在试图解决不对称信息问题中出现的。他主张防止市场失败的方式，是找到某种传递商品真实价值既便宜又可靠的方法。如仅仅与亲戚朋友交易；提供证明合格的服务记录；通过长期的努力建立品牌让消费者认同；通过设立连锁店建立信誉；在交易中提供担保等。他在论文中总结道："这（逆向选

择）可能解释许多经济制度"。这种预言已经成为现实，他成为分析经济制度如何缓和不对称信息后果的重要工具。

2. 斯宾塞与信息显示

斯宾塞对信息经济学的最重要贡献是证明了市场中代理人通过信号显示可以消除逆向选择的不利影响。所谓信号显示，指的是经济代理人采取的可以让对方相信其产品质量或价值的可观察的行动。斯宾塞建立了这一理论并使其模式化，指出，只有当显示信号的成本在信号发送者（senders）之间具有显著差异，信号显示才会起作用。斯宾塞的论文"就业市场的信号显示"和专著《市场信号显示》都研究了教育作为劳动力市场的信号显示手段。假如顾主在招聘新工人时无法区分高生产率和低生产率的人，则劳动力市场就会充斥着低生产率的低工资工人。

斯宾塞还论证了不对称信息条件下各种信号显示的市场均衡和激励机制。例如，劳动力市场上没受教育的均衡情形。假定顾主不要求受教育水平为生产率的信号，也就是说，顾主认为不管教育水平如何，所有市场上的求职者都具有平均生产率。因此，每个求职者选择最低教育水平，顾主的预期实现了。

3. 斯蒂格利茨与信息甄别

斯蒂格利茨与罗希尔德关于逆向选择的经典论文"竞争性保险市场的均衡：不完善信息的经济学"，对阿克洛夫和斯宾塞的研究做出了重要补充。他们的研究要回答这样的问题：在一个不对称信息的市场上，拥有较少信息的一方要改善其结果能做些什么。具体地，他们考察了保险公司对顾客的风险状况不知情的保险市场。保险公司（不知情者）向顾客（知情者）提供各种不同的保险方案，顾客选择自己中意的方案。结果表明：每一投保人根据自己的需要在综合分摊与分项保险两种合同中选择，前者没有免赔额，后者保费低但有免赔要求。在均衡状态下，免赔无法吓退高风险者，他们受低保费的诱惑而不愿选择高保费以避免免赔的损失。这一分项保险均衡与斯宾塞模型中的信号显示均衡相似。信息甄别模型的这种均衡的唯一性具有典型意义。综合分摊与分项保险均衡的分类已经成为微观经济理论特别是信息经济学的标准概念。

斯蒂格利茨在不对称信息的市场研究方面还做出了许多其他贡献。他（和他的合作者）反复强调指出，如果人们不注意信息不对称问题，许多经济模型都可能产生误导。他认为，在非对称信息条件下，我们所看到的市场是被伪装起来的，因此，研究结论往往会误导。

本文对组织文化的网络价值则主要通过信息不对称、信息披露与资本成本理论来说明。信息披露主要是通过影响信息不对称来影响资本成本（verrecchia，2001），进而影响收益。因此，在信息披露和资本成本和收益之间存在如下逻辑：

信息披露→信息不对称→资本成本→收益

上图的整体逻辑是，信息披露将影响信息不对称，减少由于信息不对称引起的逆向选择和道德风险，从而降低资本成本，提高收益。根据这个逻辑，我们主要从（1）信息披露对信息不对称的影响；（2）信息不对称对资本成本的影响；（3）信息披露与资本成本的关系三个方面加以论述。

（1）信息披露对信息不对称的影响

有关信息披露对信息不对称的影响，经过梳理大体上有如下观点：

Welker（1995）考察了公司披露政策对股票流动性的影响。他们发现，在对回报的变动性、交易数量和股价控制后，公司披露和股票竞价差之间存在显著负相关，这表明，好的披露政策可以降低信息不对称程度，从而增加股票流动性。

Marquardt 和 wiedman（1998）则考察了管理层盈余预测的自愿披露和信息不对称之间的关系。他们以管理层预测作为自愿披露的替代变量，他们对信息不对称替代变量采用两种方式：一种方式是分析师预测的准确性；另外一种方式来自 Korajczyk 等（1991）的成果，即股票挂牌交易日和上次盈余宣告日之间的天数。结果他们发现，股票挂牌交易时自愿披露水平增加，信息不对称程度降低。

Healy 等（1999）使用时间序列检验来考察企业是否可以从增加的披露中获益。他们发现，披露评级的增加伴随着企业股票报酬提高、机构投资者增加、分析师跟从增加和股票流动性增加。这表明，增加信息披露可以降低信息不对称。

Lang 和 Lundholm（2000）考察了股票上市前后信息披露和股价之间的关系。他们采取了配对样本检验，这可以使得他们更准确的考察发行股票公司在股票期间怎样改变披露活动，并自然地对行业和规模等相关因素进行了控制。他们发现，在股票上市交易前 6 个月，企业显著增加披露活动。在股票上市前维持增加披露活动的企业的股价会上涨，但是这些企业在宣布他们发行股票意图后又遭到更大的股价下降，这表明企业早期增加的披露旨在"吹捧"股票（hype stock）。这些证据证明了信息披露、信息不对称和资产定价之间的相关关系。利用中国数据，张程睿和王华（2005）也发现了信息披露和信息不对称之间的显著负相关关系。

从上述学者的论述中，我们发现，信息披露在一定程度上与信息不对称之间呈现负相关关系。良好的信息披露机制能够降低企业的信息不对称，从而导致企业交易成本，特别是资本成本降低，收益增加。

（2）信息不对称对资本成本的影响

对于信息不对称与资本成本的关系，不同的学者从不同的角度加以论述。

Admati（1985）分析了多资产模型中的不对称信息的效应。她的分析关注资产均衡价格怎样被相关信息所影响。因为她模型中的代理人有分散的信息，她发现每一个代理人有不同的风险回报权衡。

Wang（1991）表明，在两个资产多期模型中，不对称信息在资产价格中融入了两个效应。首先，不知情者要求风险溢价来弥补来自他们和有信息者交易中的逆向选择问题；其次，有信息交易使得价格更具信息性，于是降低了不知情者的风险，降低了风险溢价。这正反作用使得信息不对称的总体风险溢价效应是模糊的。因为其模型仅仅允许一个风险资产，人们还不清楚信息到底怎样影响资产横截面回报差异。

Easley 和 Hara（2004）则更深入地考察了信息不对称对资本成本的影响。他们构建了一个多资产、多不确定性、包含知情者和不知情者的理性预期模型。结果表明，投资者对于具有更大私人信息的股票要求更高的回报。这个更高的回报产生的原因在于，知情者更能改变其投资组合，以融入新信息，因而不知情者将处在不利的境地。在均衡中，信息的数量和质量都会影响资本成本。

这一类实证文献的一个重要理论基础是 Easler 和 O'Hara（2004），该研究表明资本成本受到信息不对称（具体体现为：私人信息集和公共信息集的比例；知情投资者比例；信息准确性和信息存在性）的影响。Botosan 和 Plumee（2005）对信息不对称的前三个具体表现进行了检验。检验结果表明，资本成本和私人信息交易比例正相关，和知情投资者比例以及信息准确性负相关，这与 Easley 和 O'Hara(2004)的分析完全一致。

Easley 和 O'Hara（2004）还指出，诸如市场微观结构、不同会计处理甚至法律规则等将会影响资本成本。(1) Easley 等（2002，2005）从微观市场结构方面进行了检验。Easley 等（2002）利用来自结构的市场微观结构模型的信息不对称计量措施（基于私人信息交易的概率 PIN），发现信息风险显著影响资本成本。Easley 等（2005）更进一步考察了基于这个信息风险进行交易是否可以获得超额回报。他们发现，基于 PIN 分类的投资组合获得了比 Fama—French 模型预测的更高的超额回报，从而也表明 PIN 是资产回报横截面差异的一个决定因素。(2) Leuz 和 Verrecchia（2000）则从不同会计处理方面进行了检验。他们主要对德国那些由执行德国 GAAP 而转向执行国际会计准则的企业进行考察。检验发现，采取国际会计准则企业（披露要求更高，信息不对称程度更低）的竞价差（bid—ask spreads）更低，股票换手率更高。(3) Bhattacharya 和 Daouk（2002）从法律规则方面考察了信息不对称对资本成本的影响。他们主要考察 103 个国家的内部人交易法律对资本成本的影响。他们采用的四种检验方法都表明，每一个国家的资本成本在内部人交易法律引入后并不改变，但是在内部人交易法律第一次实施（即按照该法律进行了诉讼案件）后却显著下降。

我国学者也考察了信息不对称对资本成本的影响。沈艺峰等（2005）

从法律规则方面考察了信息不对称对资本成本的影响。他们以 1993 年—2001 年之间我国证券市场进行股权再融资的上市公司为样本，采用时间序列分析方法考察了不同历史阶段中小投资者保护法律对公司资本成本的影响。他们发现，在控制公司特征和宏观经济变量的条件下，中小投资者法律保护和上市公司的资本成本显著负相关。王华和张程睿（2005）则利用中国 2001 年 3 月 15 日至 2003 年 12 月 31 日新发行 A 股并上市的 175 家公司为研究样本，证明了在中国证券市场上投资者与 IPO 公司之间的信息不对称程度与公司 IPO 筹资成本间存在显著正相关关系。

综上所述，信息不对称的程度与企业资本成本有着正相关关系。信息不对称程度越高，企业的逆向选择行为和道德风险就会越高，这就增加了企业的交易成本，从而导致企业的资本成本上升，在市场价格一定的情况下，企业的收益必然会受到影响。

（3）信息披露与资本成本的关系

上述学者是从不同角度论证了信息不对称与资本成本的关系的。由于信息不对称的存在，必然导致企业资本成本增加，从而导致收益降低。而信息披露（本质上就是斯蒂格利茨的信息甄别）可以缓和信息不对称。这就需要企业管理层创造出一个提供自愿披露来降低资本成本的激励（Healy 和 Palepu，2001）。

关于信息披露影响资本成本的理论研究主要遵从两个分支。第一个分支表明，更多信息披露会增加流动性，降低交易成本，增加对证券的需求，从而降低资本成本。这类研究包括 Demsetz（1968）、Copeland 和 Galai（1983），Glosten 和 Milgrom（1985），Amihud 和 Mendelson（1986），Diamond 和 Veehia（1991），Baiman 和 verreeehia（1996）。第二个分支表明，披露较少时，投资者将承受预测未来的风险。如果这个风险不可分散，投资者将对该信息风险要求更高回报。因此，披露较少信息的企业成本更高。这类研究包括 Klein 和 Bawa（1976），Brown（1984—1986）、Coles 和 Loewens（1988），Handa 和 Linn（1993），Coles（1995），Clarkson（1996）等。

然而，Verrecchia（2001）指出，如果企业从承诺更多披露中受益，即可以通过更多披露来降低资本成本，那么为什么还存在资本成本的信息不对称部分？即什么因素将阻止企业选择完全披露研究表明这些因素包括风险分担、代理成本和所有权成本。

总之，现有理论表明，信息披露对资本成本的影响主要表现在以下方面：（1）信息披露的数量。通常信息披露的数量和企业资本成本之间存在负相关关系。（2）信息披露的质量。通常信息披露的质量越高，企业资本成本会越低。（3）信息披露的特征。具体又可分为三个方面：第一，信息披露中私人信息和公共信息的构成比例。通常信息集合中私人信息比例越高，资本成本越高。第二，知情投资者比例。当知情投资者比例越高时，资本成本越低。第三，信息披露的方式，即指企业采取什么样的方式披露信息。通常信息披露的渠道越多，信息受众越广，信息的公开化程度越高，资本成本越低。

综上所述我们可以看到，一切人的努力都受制于我们有限和不确定的知识——关于过去、现在和将来的外生事件；关于自然和人为的法则；关于我们生产和交换的机会；关于其他人乃至我们自己可能如何行动的知识。正是由于这些限制，在现实世界中必然产生有关信息的不对称。这种不对称能够产生两种不同的风险：逆向选择和道德风险。而这两种风险都不同程度上使企业各个层次间提高了交易成本，从而导致资本的成本价格调高，在市场价格不变的情况下，企业的收益必然会受到损失。而信息的披露能够在一定程度上减轻信息的不对称，从而降低企业的资本成本，提高收益。

3.4.3 信息不对称对资本成本影响的模型分析

上一节从理论上对信息不对称对资本成本以及收益进行了理论分析，本节在上一节的基础上进行模型分析。有关这个问题的分析，王蓉的论文《信息不对称与资本市场效率》[①] 论述比较详细。其论文借鉴国内外实验

---

① 王蓉：《信息不对称与资本市场效率研究》，西南财经大学硕士学位论文，2006 年。

研究文献的方法，考察在一个模拟资本市场中信息对资本成本，进而对股票价格波动的影响。

在经济学和金融学领域中，企业的资本成本主要可以通过企业股票价格波动体现。股票价格波动越大，则会加大企业的资本成本。众所周知，股票市场的波动体现了股票市场中的价格风险，即股票价格在未来的一定时间内偏离其期望值的可能性，这种偏离不仅指向不利的方向，对于价格的无偏估计，发生有利的偏离和不利的偏离的概率应当相同。

为了说明信息不对称对企业的资本成本的影响，我们主要考察信息不对称对股票价格风险波动性的影响，下面建立一个包含不对称信息的简单股票市场模型进行解释。股票市场有两个重要功能：提供流动性以及价格发现功能。我们将从资产定价，即均衡价格的产生这一角度考虑市场中存在的无信息交易者（又称噪声交易者）对均衡价格产生所带来的影响，分析在市场中存在信息不对称对市场均衡价格的影响。

假设有一个简化的股票市场，市场中包括一种无风险资产 B 和两种风险资产（即股票）S_1 和 S_2，在一般性的情况下，我们只讨论两个时期模型，在 t＝0 时投资者选择所持有的资产，在 t＝1 时投资者获得收益。无风险资产 B 的收益率为 r_0，$R_0 = r_0 + 1$，B 的人均供给量为 b；两种股票在 t＝1 时的价格 v_i（i＝1，2）服从正态的独立同分布，即 $v_i \sim N(V, 1/\rho)$。这两种股票的人均持有量 x_i（i＝1，2）同样服从正态的独立同分布，即 $x_i \sim N(X, 1/\eta)$。在 t＝0 时，三种资产的价格为 x（1，p_1，p_2）假设投资者的总初始财富为 W_0，在 t＝1 时的总财富为 W_1，所有投资者都有同样的效用函数 U（W），且满足 U′（W）＞0，U″（W）＜0，他们的绝对风险回避系数为 δ。在 t＝0 时，这些投资者根据他们所掌握的信息，对股票未来价格进行判断，根据效用最大的原则，选择持有不同资产的量。他们的预算约束为：

$$W_0 = b + p_1 x_1 + p_2 x_2 \tag{3.1}$$

到 t＝1 时刻，根据他们对资产的价格作出的判断，他们的财富量如下：

$$W_1 = bR_0 + x_1 v_1 + x_2 v_2 = W_0 R_0 + x_1(v_1 - p_1 R_0) + x_2(v_2 - p_2 R_0)$$

$$(3.2)$$

同时，由于投资者的目标是在 t＝1 时得到最大效用，有如下的优化模型：

$$\mathop{Max}_{x_1, x_2} : E[U(W_1)] = E\{U[W_0 R_0 + x_1(v_1 - p_1 R_0) + x_2(v_2 - p_2 R_0)]\}$$

$$(3.3)$$

其一阶条件为：

$$E\{U'[W_0 R_0 + x_1(v_1 - p_1 R_0) + x_2(v_2 - p_2 R_0)] \cdot (v_1 - p_1 R_0)\} = 0$$

$$(3.4)$$

经过 Taylor 展开后容易得到：

$$x_1 = (-\frac{u'}{u''})(\frac{\hat{v}_1 - p_1 R_0}{1/\hat{\rho}_1})$$

$$(3.5)$$

同理有

$$x_2 = (-\frac{u'}{u''}) \cdot \frac{\hat{v}_2 - p_2 R_0}{1/\hat{\rho}_2} = \frac{\hat{v}_2 - p_2 R_0}{\delta(1/\hat{\rho}_2)}$$

$$(3.6)$$

其中 $\hat{v}_i$ 和 $1/\hat{\rho}_i$ 为投资者根据自己的信息对股票未来价格的均值和方差做出的估计。

然后我们考虑信息不对称的情况，为了便于比较信息不对称和信息对称的不同情形，设 S_1 存在信息不对称，而 S_2 不存在信息不对称，即 S_2 的信息能做到完全公开，其信息记为 $I_2 \sim N(v_2, 1/\lambda)$，而 S_1 的信息为内部信息，只有一部分比例为 μ 的投资者能掌握，记作 $I_1 \sim N(v_1, 1/\lambda)$。根据 Bayes 公式，对于完全公开信息的 S_2，有：

$$\hat{v}_2 \sim N(\frac{I_2 \lambda + V\rho}{\lambda + \rho}, \frac{1}{\lambda + \rho})$$

$$(3.7)$$

而对于 S_1，由于只有一部分人拥有内部信息，则这部分投资者的估计记为 $\hat{v}_1^1$

$$\hat{v}_1^1 \sim N(\frac{I_1 \lambda + V\rho}{\lambda + \rho}, \frac{1}{\lambda + \rho})$$

$$(3.8)$$

但是对于没有全部信息的普通投资者，他们的估计为 $\hat{v}_1^2$：

$$\hat{v}_1^2 \sim N(V, \frac{1}{\rho}) \tag{3.9}$$

由于所有投资者对 S_2 未来价格的估计是一样的，将（3.7）带入（3.6），根据供给和需求的情况，就可以得到在 t＝0 时刻 S_2 的均衡价格：

$$P_2 = \frac{I_2\lambda + V\rho - x_2\delta}{R_0(\lambda + \rho)} \tag{3.10}$$

而在信息不对称的情况下，由于拥有信息和无信息的投资者对 S_1 未来价格的估计不同，因而不同类型的投资者对 S_1 的需求，从而有如下的均衡状态和均衡价格：

$$x_1 = \mu \frac{(I_1\lambda + V\rho)/(\lambda + \rho) - P_1^A R_0}{\delta/(\lambda + \rho)} + (1 - \mu)\frac{V - P_1^A R_0}{\delta/\rho}$$

$$\Rightarrow P_1^A = \frac{\mu I_1\lambda + V\rho - x_1\delta}{R_0(\mu\lambda + \rho)} \tag{3.11}$$

相比之下，如果 S_1 也不存在信息不对称，则 t＝0 时刻 S_1 的均衡价格为：

$$P_1^S = \frac{I_1\lambda + V\rho - x_1\delta}{R_0(\lambda + \rho)} \tag{3.12}$$

从（3.11）和（3.12）中可以直观地看到，在信息不对称情况下，均衡价格不同于不存在信息不对称情况下的均衡价格，P_1^A 受到持有内部信息人数比例 μ 的影响。因而这一均衡价格随着得到内部信息的投资者比例的变化而经常改变，而且当 $\mu＝1$ 时即全部投资者都了解内部信息也就是不存在信息不对称时，P_1^A 等于 P_1^S，这从许多内部人交易的实例中也可以得到印证。但是当 $\mu＜1$ 时，掌握内幕信息的投资者比例会引起均衡价格从 P_1^S 偏离，即增加市场的波动性。从整体上看如果市场中所有股票都存在一定比例的掌握内部信息投资者，那么就造成市场整体价格的波动增加，因此也影响到市场收益的波动。

经过上述分析可以看到，在市场中信息不能完全公开，存在信息不对称的情况下，市场波动较大。而且信息不对称的程度越高，市场波动就越有可能增大。结论是：信息不对称与市场波动有着重要的影响。在信息不对称情况下，股票市场波动就较大，这就导致企业的资本成本较高，权益资本的收益就较低。因此，信息不对称程度与股票市场价格波动成正比，从而与资本成本成正比，与资本收益成反向变动。

正是由于以上原因，组织文化资本作为异质性组织成员的共同意识，发挥了信息共享披露的作用，降低企业的信息不对称，从而减少逆向选择行为和降低道德风险，导致企业的资本成本降低，提高企业收益，这就是组织文化的网络价值。由此我们可以得出结论：组织文化资本是一种联系异质性个体的专有价值网络或生产要素，其信息对称性降低了不确定性（包括减少逆向选择行为和降低道德风险），或者说减低风险带来收益、同时也是减少交易成本实现了企业增值。

同时我们又看到了问题，球队、旅游团、歌迷、兴趣组等组织形式也具有相同的偏好或公共意识，也具有信息对称的特点，为什么这些组织不是企业？为什么不能产生利润？企业的真正本质是什么呢？因此进一步分析就是回答什么是只有企业才有的共同意识。

知识产权这个词首先进入视野，然后是大量的文献都在讨论的核心知识问题，知识经济问题。无疑人们都认为企业的本质是知识。下文将说明企业满足客户需求的知识是具有原创性，也因为其共享于企业边界内部而存在专用性，并且知识创新效率越高或投资转换成本越低，则价值越大。

4

从个体知识到
组织文化资本
——专有创新

本章论证假设二：组织文化资本是专有创新的知识共享。企业能力说所描述的企业价值体现在核心能力差异上。什么是核心能力？如何形成核心能力呢？为了解释这些问题，本文通过分析认知过程以及知识和能力的关系，说明个体是一切创新的本源，创新知识共享形成生产过程中的"文化"，这种知识共同体才是企业核心能力的基础，见图4.1，知识、文化、能力的关系分别对应于3个经济学研究角度：定义企业生产性的古典经济学，定义企业异质性的新制度经济学，和定义企业异质性的竞争力理论。由于个体的差异，组织的核心能力也是异质性的，组织文化资本表现出异质存在性，也就是不可交易性和专用性。①

本章具体通过知识的来源的传递模式，解释了从个体差异到组织能力的异质性，同时解释了企业创造价值的核心竞争能力是创新决策；然后得出作为组织中核心关系网络属性的知识共享是文化资本精神本质；最后通

---

① 文化意识的元素很多，人们的思想通过很多种方式差异和联系，企业间存在着大量共同的文化，但是这些通用文化不存在竞争企业间优势意义，而在产业群间、或地区间或国家之间文化可能成为文化资本。因此只有组织中专用性的文化才具有形成准租的资本意义，并且是在竞争者范围内的带来收益，本文希望说明一种新的资源配置思想。

过契约经济学的分析，说明知识共享的组织文化资本是一种专用性生产要素，存在着投资不足的问题。这些内容，是后文可持续创新的组织文化资本战略实施的基础之一。

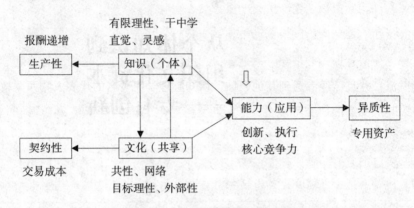

图 4.1　知识共享构造核心能力①

4.1　个体的知识创新与能力

回到个体层面上看，知识、创新的最终来源只能是人本身——人的直觉和灵感对世界的认知，知识的综合应用成为能力。

4.1.1　认知过程与知识创新

现代心理学建立于 1879 年，这一年，德国心理学家冯特在莱比锡建立了世界上第一个心理学实验室，心理学从此宣告脱离哲学而成为独立的

---

① 企业三性的关系解释：组织通过知识共享的文化构造了异质核心能力。其中，文化指从个体差异到组织能力异质；新制度研究对象包括产权、契约、法律、习俗和惯例等规则和安排范畴；目标理性即西蒙所指的组织的效率理性、服从理性或团体理性，是规则公平的合作博弈。

科学。一百多年来兴起了构造心理学、行为主义心理学、格式塔心理学、精神分析等流派。认知心理学是从反对行为主义发端的，同时继承了格式塔心理学的观点，以研究高级心理活动，特别是记忆、思维和问题解决为主要目标。知识是认知中重要的研究内容和概念。

认知心理学称为以信息加工观点为核心的心理学，狭义认知心理学又可称之为信息加工心理学，兴起于 20 世纪中叶，认知心理学成为心理学的主流，并且已经渗透到其他领域，认知心理学家著名的代表人物西蒙教授因其对决策的研究而获得 2002 年度诺贝尔经济学奖就是一个很好的证明。

信息加工的一般原理如图 4.2 所示：人作为信息加工系统，与一般的计算机有着一样结构。人通过感受器获得外界的信息，通过效应器把信息传给外部的世界，人的大脑是加工器和记忆器的结合体，信息在此被进行加工和储存。

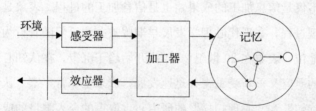

图 4.2 信息加工系统的一般结构

本图引自：加洛蒂著，吴国宏译：《认知心理学》，陕西师范大学出版社 2005 年版。

认知心理学中关于人类认知包括以下主要概念范畴：

知觉：认知心理学将知觉看做是感觉信息的组织和解释也即获得感觉信息的意义的过程。当前认知心理学关于知觉的研究主要集中在模式识别的问题上，实验研究主要是视觉方面的实验。

注意：注意作为心理活动的调节机制，在近代心理学发展初期便普遍受到重视，但其发展曾是一波三折。行为主义心理学统治时期：注意被排除在研究范畴之外。格式塔心理学：注意属于知觉研究范畴。信息加工认知心理学：注意有着自己的独立的信息加工过程和模式。普通心理学：注意是心理活动对一定对象的指向和集中（然而，这种指向和集中是怎样发生的？它为什么发生？注意的多种品质是否具有必然性等重要的理论问题并没有被普通心理学所解释）。

记忆：自 19 世纪末德国著名心理学家艾宾浩斯开创记忆研究以来，记忆问题在心理学发展史上都倍受关注。但是直到 20 世纪 50 年代，心理学对记忆的研究，从总体上看，无论是研究方法还是研究模式、实验材料，基本上沿着艾氏的方向进行的，因而长期以来，人们对记忆的理解还只停留在长时记忆研究的水平上。由此带来许多问题。20 世纪 50 年代以后，在记忆领域中的研究取得了突破，人们认识到了短时记忆的存在，时而认识到了感觉记忆的存在，并由此形成各种记忆信息的加工模型，解释记忆的结构特点。

表象（Medal Image）亦称意象。包括通常所说的记忆表象和想象表象。普通心理学认为：表象是事物形象在头脑中的反映，在认知心理学中，表象不仅是信息加工的成果，也是信息加工的过程。表象是一个富有特色的心理过程，在现代心理学发展早期曾被关注，但随着行为主义心理学占统治地位，表象在 20 世纪 20 年代开始趋于沉寂。在认知心理学兴起后，表象的研究又重新受重视并迅速发展，成果也非常丰富。认知心理学对"心理旋转"和"心理扫描"的研究，也取得的令人瞩目的成果。在心理咨询和心理治疗中，表象的作用也发挥着重要的作用。随着表象研究的不断深入，目前关于表象的实验和功能的讨论正成为关注的热点。

知识：概念的形成是心理学一个重要的研究领域，20 世纪 50 年代，布鲁纳等关于人工概念的研究曾经促进认知心理学的兴起，随着认知心理学的出现，概念形成的研究也发生着明显的变化，其中重要的一点是认知心理学明确提出了概念的结构问题，它表明，人类不仅关心自己的知识是如何产生或获得的，而且关心知识在自己的大脑中是怎样存在的。

语言：言语是人们使用语言进行交流的过程，在人们的生活中起着重要的作用。人的言语活动包含复杂的心理过程，并与多种心理过程密切联系。到 20 世纪 50 年代，心理学家乔姆斯基（Chomsky）提出生成转换法则，对认知心理学和心理语言学的兴起和发展起着重要的推动作用。

问题解决：早就得到心理学的重视和研究，其中影响较大的理论流派为联想理论和格式塔理论。前者将问题解决过程看做一种联想学习过程，带有渐近的性质，学习方式表现为尝试—错误。格式塔心理学则强调问题情境的结构的复杂性，认为问题解决是形成问题情境的新的结构，即所掌握问题情境中诸事物的关系，并且是以突然的方式实现的，表现为"顿悟"。认知心理学兴起以后，将问题解决看做是对问题空间的搜索，并用计算机来模拟人的问题解决过程，以此来检验和进一步发展对人的问题解决的研究。在当前心理学对问题解决的研究中，信息加工观点占据着主导地位。

此外，认知心理学关于创造力、决策和情绪的研究也有了不同程度的进展。其中人类知识的产生或获得以及在大脑中的存在的共性或规律性研究，对我们下面进行的以差别为关键词的能力分析来说是一个重要的基础。

4.1.2 个体能力：知识的综合应用

钟庆才（2007）认为，如果将一个人的能力分为两种：先天能力和后天能力，那么，先天能力是指一个人生来就有的禀赋，即天赋，是一种与生俱来、不经后天努力就具有的能力；后天能力是指一个人出生之后，通过后天的学习、培养和投资而逐渐积累的知识和技能。一般来说，先天能力是获得后天各种能力的基础，而不断接受后天的学习和教育是决定一个人先天能力发挥程度的重要因素。与后天能力相比，先天能力的形成具有更大的不确定性和偶然性，同时，也具有更强的稀缺性。先天能力不仅影响人力资本积累的速度和总量，而且影响人力资本的投资方向、效率和效果，因此，先天能力应该被视为一种人力资本——先天人力资本，这类资本是由自然形成的，并非投资的产物。正由于这种能力是与生俱来的，具有较强的垄断性，所以会显得更为稀缺，市场价值也更高。这种先天能力与俗称本能比较接近，可以近似理解为本文所讨论的个体意义上异质性，而下文所讨论的能力主要指的是先天基础上和后天习得的以知识为基础的能力。

从经济管理的角度讨论能力一词，需要回到组织行为学的研究。人们在认识活动中存在的差别是众所周知的，"能力"的概念就是反映这个差别。正是由于这种差别，我们说，某人某种能力高，有能力，某人能力低，能力差。然而，能力概念如何界定，国内外存在多种不同的说法，举例如下：

①"能力是一种心理特征，是顺利实现某种活动的心理条件。"①

②"能力是个性的个别心理特点，这些特点是顺利实现该种活动的条件，并且表露出掌握该活动所必需的知识、技能和熟练的动态上的差别。"②

③能力是"作为掌握和运用知识技能的条件并决定活动效率的一种个性心理特征。"③

上述诸种定义，认为能力是一种个性心理特征是共同的，根据两种思维（抽象思维、形象思维）、两类技能（内化技能、外化技能）的研究。

参考上述定义，可以将能力的概念重新界定如下：能力是认识活动中一种顺利地完成获取知识和运用知识的活动方式，是技能的高水平的综合。这个定义比较明确地表明能力和认识过程三个基本因素（技能、思维、知识）的关系。

1. 能力与技能的关系

"能力是技能高水平的综合"，也就是说，能力源于技能又高于技能。美国心理学家布鲁纳说："在知识的最前哨也好，在三年级教室里也好，智力活动全都相同。一位科学家在他的书桌上或实验室里所做的，一位文学评论家在读一首诗时所做的，正像从事类似活动而想要获得理解的任何其他人所做的一样，都是属于同一类的活动，其间的差别，仅在程度而不

---

① 彭聃龄：《普通心理学》，北京师范大学出版社2001年版，第390页。
② 彼得罗夫斯基：《普通心理学》，人民教育出版社1981年版，第486页。
③《中国大百科全书：心理学》，中国大百科全书出版社1991年版，第225页。

在性质。"①

2. 能力与思维的关系

能力永远是一定种类活动的能力，是认识活动的一个组成部分，它同技能是属于同一类型的活动。我们研究认为，不论内化技能、外化技能，一般由人体外部动作（感官、肌肉）和内部智力活动（思维活动）两部分构成②。所以，思维是能力的重要组成部分。由于思维活动具有概括性、系统性、灵活性、变通性等特点，思维是技能发展成为能力过程中的关键因素。

3. 能力与知识的关系

人们从外界客观事物获得的信息，经过思维的加工，抓住了事物的本质，形成了知识。这时知识是在头脑里，是主观形态的。而后，头脑中的知识，通过生产、社会实践而表达出来，成为客观的物质形态的知识。在这个过程中，能力是认识活动的过程，知识（主观形态、物质形态）是认识过程的结果。因此，能力与知识，一个是过程，一个是结果。从一次认识活动来说，能力和知识二者似乎是不相干的。然而，人的认识活动是不断发展的，认识、实践，再认识、再实践，以至无穷。在认识发展的长河中，个人的知识（概念、表象）不断地积累着、丰富着。丰富的知识是思维的基础，思维一般是把新、旧知识联系起来加工的。没有丰富的思维材料，再好的加工方法也是徒劳的。作家、诗人要有丰富的语言储备。前苏联诗人马雅可夫斯基说：你想把一个字安排妥当，就需要几千吨语言的矿藏。画家要有丰富的表象积累，他们走遍祖国大川名山，"搜尽奇峰打腹稿"（石涛），刘海粟 90 高龄十上黄山。优秀乒乓球运动员，要接好一个球，就要经过成千上万次训练积累起来的球路的表象。这就是厚积而薄发。这个厚积是指知识来说的，薄发就是能力。知识在能力的发展中形成，能力在知识的活动与运用中不断地发展。这就是知识与能力二者的关

---

① 布鲁纳：《教育过程》，人民出版社 1982 年版，第 9—10 页。

② 温寒江、连瑞庆：《构建中小学创新教育体系》，北京科学技术出版社 2002 年版，第 139页。

系。知识的积累是能力发展的重要因素。

能力既然是认识过程中一种顺利地获得知识和运用知识的活动方式，我们可以按认识过程获取和运用知识将能力加以分类：

获取知识的能力：观察能力、阅读能力（鉴赏能力）、听的能力等；运用知识的能力：语言能力、运算（数学）能力。绘画（绘图、书法）能力、操作（动手）能力、社会交往能力、表演（体育、舞蹈）能力、音乐能力等。上述各种能力，称为一般能力，是多种学科学习、专业活动所共有的能力。如观察能力，中小学学科教学中，有 9 门课程教学大纲要求培养观察能力；阅读能力是各种学习活动必须具备的能力，是获取间接知识的一种基本能力；操作能力包含实验、制作、雕塑、栽培、饲养等生产实践，是科学实验中的动手能力；社会交往能力包括人际交往、组织、管理等社会活动能力。可见，一般能力是广泛从事各种活动、事业应有的能力。

有了一般能力，有利于所从事的活动进展快、效率高。然而，能力又是指具体的活动方式，每一种能力都由于学习、工作、生产的性质、种类的不同，因而不同的技能成分组成，都有其不同的高水平综合的心理特点，这种不同类型的具体的能力，称之特殊能力或学科（专业）能力。一般能力与特殊能力是一种共性与个性的关系，共性寓于个性之中。我们不能脱离不同的学习的、工作的、生产的具体活动来谈论能力的培养。因此，能力的培养与发展，多指特殊能力的培养，是结合具体学科学习、专业活动进行能力的培养。[1]

可见，能力一词表述了人的决策行为过程，伴随着的是知识创新过程，因此，下文的企业能力差异分析，我们抽象为组织核心知识的形成过程加以分析。

---

[1]《能力的概念、结构及其培养》，《北京教育研究》2003 年第 1、2、3、4 期。

4.1.3　个体决策的异质：西蒙的有限理性

人的决策是路径依赖的，因此禀赋异质的人的决策是差异化的。经典决策理论赋予理性"完美的"假定，但这一假定越来越受到许多经济学家和社会心理学家的挑战①。20 世纪 40 年代以来，西蒙从心理学角度出发，论证了人类行为的理性是在给定环境限度内的理性，有限理性是由人的心理机制决定的。

一、个体选择的满意原则

随着行为科学的发展，"经济人"假定不断地受到不同方面经济学家的批判与修正。一些经济学家从根本上反对把人说成是自利的，另一些经济学家则在承认"经济人"追求自身利益的基础上，对"完全理性"指出修正。最早对"经济人"假定进行批判的是德国的历史学派（包括新历史学派），他们认为这个假定实际上把人说成是唯利是图，而否认任何良好动机的存在。另一个有较大影响的批判者是莱宾斯坦的"X 低效率"理论。更大的挑战则是来自西蒙对完全理性与最大（或最大化）原则的修正。

西蒙认为，理性是用评价行为后果的某个价值体系，去选择令人满意的备选行为方案②。在《现代决策理论基石》中，西蒙对理性做了更为概括的定义，广义而言理性指一种行为方式：（1）适合实现指定目标；（2）而且在给定条件和约束的限度之内③。

有限理性（bounded rationality）的概念是阿罗提出的，他认为有限理性就是人的行为"既是有意识地理性的，但这种理性又是有限的"。在诺思看来④，人的有限性包括两个方面的含义，一是环境是复杂的，在非

---

① 西蒙：《现代决策理论基石》，北京经济学院出版社 1989 年版，第 31—36、62—70、51—52 页。
② 西蒙：《现代决策理论基石》，北京经济学院出版社 1989 年版，第 6—8 页。
③ 西蒙：《现代决策理论基石》，北京经济学院出版社 1989 年版，第 3 页。
④ 诺思：《经济史中的结构与变迁》，上海三联书店出版社 1991 年版，第 10—11 页。

个人交换形式中，人们面临的是一个复杂的、不确定的世界，而且交易越多，不确定性就越大，信息也就越不完全；二是人对环境的计算能力和认识能力是有限的，人不可能无所不知。

20世纪40年代，西蒙详尽而深刻地指出了新古典经济学理论的不现实之处，分析了它的两个致命弱点：(1)假定目前状况与未来变化具有必然的一致性；(2)假定全部可供选择的"备选方案"和"策略"的可能结果都是已知的。而事实上这些都是不可能的[①]。西蒙的分析结论使整个新古典经济学理论和管理学理论失去了存在的基础。西蒙指出传统经济理论假定了一种"经济人"——他们具有"经济"特征，具备所处环境的知识即使不是绝对完备，至少也相当丰富和透彻；他们还具有一个很有条理的、稳定的偏好体系，并拥有很强的计算能力，靠此能计算出在他们的备选行动方案中，哪个可以达到尺寸上的最高点。西蒙认为，人们在决定过程中寻找的并非是"最大"或"最优"的标准，而只是"满意"的标准[②]。以稻草堆中寻针为例，西蒙提出以有限理性的管理人代替完全理性的经济人。两者的差别在于：经济人企求找到最锋利的针，即寻求最优，从可为他所用的一切备选方案当中，择其最优者。经济人的具体化——管理人只要找到足可以缝衣服的针就满足了，即寻求满意，寻求一个令人满意的或足够好的行动程序。西蒙的有限理性和满意准则这两个命题，纠正了传统的理性选择理论的偏激，拉近了理性选择的预设条件与现实生活的距离[③]。

二、有限理性与管理行为

完全理性的"经济人"假设的两个致命缺陷，导致从个体角度看人的行为是毫无理性可言的，原因是人们受到其注意的广度、知识的局限等。西蒙提出的有限理性行为理论则是从群体行为角度出发，认为人是处于一定的社会组织中，人从来不是孤立的。人的一般行为是人与人、人与组织

---

① 西蒙：《现代决策理论基石》，北京经济学院出版社1989年版，第17—21页。
② 西蒙：《现代决策理论基石》，北京经济学院出版社1989年版，第20—21页。
③ 西蒙：《现代决策理论基石》，北京经济学院出版社1989年版，第74页。

相互影响、整合的结果。

为什么行为的整合能使人的行为成为有限理性呢？西蒙从心理学和经济学的角度给出了行为的整合机制，并将其分为两类：一是持久机制。它是指注意力和行为一旦被引向某一特定的方向，便趋向于在相当的时间内保持该方向的机制。从这种机制出发，西蒙后来提出了宏观决策是微观决策的积分的论断。二是引导机制。它是引导行为朝向某一方向的机制。西蒙认为主要是心理学问题，即个体的整合问题；人的行为不论多么简单，本质上都是有目的的。

这两种机制导致作为群体成员的个体行为具有有限理性。从广义上说，组织可以视为群体行为的模式，个体参加到这种组织中去，是他某些最基本、最深刻的行为整合的根源。在西蒙看来，组织对个人的影响主要有两类：(1) 组织和制度能让群体内的每一成员稳定地预见其他成员在特定条件下的行为，这类稳定预见是对社会群体行动后果进行理智思考的一个必不可少的前提；(2) 组织和制度向群体成员提供了一般性的刺激因素和注意导向器，它们引导着群体成员的行为，给以刺激行动的过渡目标。

西蒙认为，科学的理论是中立和客观的，不偏向于任何价值观；如果管理理论关注的是效率，那么，有效率的行为就是理性的行为；实际上，我们只有有效率才有理性，我们的行动只有符合特制的设计才能有最高的效率，而达到这一点的最佳途径就是服从设计这一体制的那些人的指令；理性就是服从。成立组织是为了提高人的理性，规范人的行为使其接近抽象的理性。为此西蒙首先指出，我们对所面临的复杂问题做出反应的能力是有限的。"与真实世界中要求我们用客观的理性——哪怕是相当接近客观理性的行为加以解决的问题的复杂程度相比，我们的大脑解决这些的能力是非常有限的"。因为个人的理性程度很有限，所以，他们需要加入群体和组织来共同应对周围的世界。组织可以改造人的行为，使其适合能够实现我们目标理性的模式。所以，"理性的人是而且必须是组织起来和体制化的人"。首先，尽管管理者只具有"有限的理性"，但他也必须寻求理性的（有效率的）组织行动。其次，对管理者的基本推论与"经济人"是相同的，只要有可能，就要使功利最大化。第三，为了消除人类非理性行为的副作用，组织将强迫个人接受组织自己的理性标准。为此，可以用组织的决定前提来取代个人的决定前提，或者以程式化的决定或标准化的程序来改造个人的行为。

在谈到做出留在组织之中的决定时，西蒙指出，可以假定如果每个人留在组织中会比退出组织得到更大的满足（或实际利益），他就会留在组织中。所以，满足的作用可依参与的机会成本来定义。只要组织提供的好处大于人们认为能够从其他地方得到的好处，他们就会留在组织中。

如杨小凯指出，西蒙当年认为有限理性的理论是"考虑限制决策者信息处理能力的约束的理论"。他提议将不完全信息，处理信息的费用和一些非传统的决策者目标函数引入经济分析。虽然近来不少经济学家认为这三方面的研究并不足以构成有限理性概念的核心。西蒙反对主流经济学中的最优决策模型和全部均衡概念的人，但是过去二三十年中，主流经济学却在最优决策和全部均衡的分析框架中将西蒙提到的这三方面研究全部吸收了。首先以 Wald 为代表的主流经济学家将不完全信息引入传统的最优决策模型和全部均衡及对策论模型，使得主流经济学中的最优决策和全部均衡模型可以用来揭示不完全信息对经济行为及其交互作用的影响。Aumann（1997）认为大多数有不完全信息和信息不对称的对策论模型并不是有限理性模型，而是超级无限理性模型。例如有名的 Milgrom 的防止进入的序贯均衡模型中虽然有不完全信息和信息不对称，但这个模型中，没有完全信息的局中人知道对方的生产函数，目标函数以及一个不确定的生产函数参数的所有可能状态，及各种状态发生的事前概率，他可以用动态规划和这些不完全信息算出完全的最优动态对策，并对对手的最优动态对策完全了解。因此这是超级无限理性，比传统的完全竞争模型中对个人理性的要求要高得多。在传统的瓦尔拉斯完全竞争模型中，每个决策人不知道他人的生产条件和嗜好及他们的决策，他只根据价格信号做决策，因此在这种模型中，每个决策者所需的理性和信息处理能力比有不完全信息的对策论模型低得多。足以见有限理性成为整个经济学大厦的基石概念。

本文的宗旨正是通过组织文化来思考有限理性问题——从组织的灵感创新、学习合作、到动态激励等，也就是基于有限理性的，包括从风险降低分析组织文化的信息（对称的）价值、从个体有限理性到组织创新的异质性、从路径依赖分析制度文化的变革等。

4.2 文化"场"：从个体差异到组织核心知识的专有异质性

知识创造理论之父——野中郁次郎（Ikujiro Nonaka，1935~ ），同时也是知识管理的三位奠基人之一，将个体知识和组织知识的关系做了最深入的研究。他率先提出"知识创造螺旋"，说明知识创造主要来自个人的内隐知识，可以透过建立分享的平台，将员工累积的知识不断互动、扩大，从个人、单位、部门，转化为整个组织层次的智能。他将企业知识划分为隐性知识和显性知识两类，所谓隐性知识包括信仰、隐喻、直觉、思维模式和所谓的"诀窍"；而显性知识则可以用规范化和系统化的语言进行传播，又称为可文本化的知识。他提出，在企业创新活动的过程中隐性知识和显性知识二者之间互相作用、互相转化，知识转化的过程实际上就是知识创造的过程。知识转化有四种基本模式——潜移默化（Socialization）、外部明示（Extemalization）、汇总组合（Combination）和内部升华（Internalization），即著名的 SECI 模型。

4.2.1 知识转化的四种模式和两大类型

SECI 模型的最初原型是野中郁次郎（Ikujiro Nonaka）和竹内弘高（Hirotaka Takeuchi）于 1995 年在他们合作的《创新求胜》中提出，并对知识创新的知识场——巴，以及知识创新的结果与支撑——知识资产进行了全面论述，是针对日本企业中的知识管理架构而提出的独特见解，对知识创造和知识管理提出了一个新颖的认识。SECI 模型一个基本的前提，即不管是人的学习成长，还是知识的创新，都是处在社会交往的群体与情境中来实现和完成的。正是社会的存在，才有文化的传承活动，任何人的成长、任何思想的创新都不可能脱离社会的群体、集体的智慧。关于"隐性知识"与"显性知识"相互转化 SECI 模型的"社会化（socialization）、外在化（externalization）、组合化（combination）、内隐化（internalization）"过程，完成一次螺旋上升的每一个阶段都有一个"场（Ba）"存在，分别为"创始场（Originating Ba）、对话场（Interacting/Dialoguing Ba）、系统化场（Cyber/Systemizing Ba）、练习场（Exercising Ba）"。

第一种模式——"潜移默化"（社会化）

它指的是隐性知识向隐性知识的转化。它是一个通过共享经历建立隐性知识的过程，而获取隐性知识的关键是通过观察、模仿和实践，而不是语言。

具体的商务环境中进行的所谓"在职培训"，基本上应用的就是这种原理。例如：（1）公司与供应商及顾客直接交往及互动，因而获得了知识，（2）勤于在公司内部各处走动及视察，因而获得隐性知识。通常在公司内部各个实际职场皆可搜集到最新的资讯。社会化也包括隐性知识的散布。将一个人现存的想法或意念直接传达或移转给他的同仁或部属，强调"大我"的精神，愿意让人分享他个人的知识，因而创造了一个共有的知识转化的场所（Ba）。

第二种模式——"外部明示"（外化）

"外部明示"（外化）指隐性知识向显性知识的转化。它是一个将隐性知识用显性化的概念和语言清晰表达的过程，其转化手法有隐喻、类比、概念和模型等。这是知识创造过程中至关重要的环节。

在商业实务方面，外表化须有下列两项要素之协助：（1）将隐性知识转化成显性知识，这会涉及一些表达的技术，以便将一个人的想法或心意利用文字、概念、比喻性文字与图片或影片等视觉教育器材等，以交谈或对话等方式加以清楚的表达出来。（2）将顾客或专家们高度个人化或高度

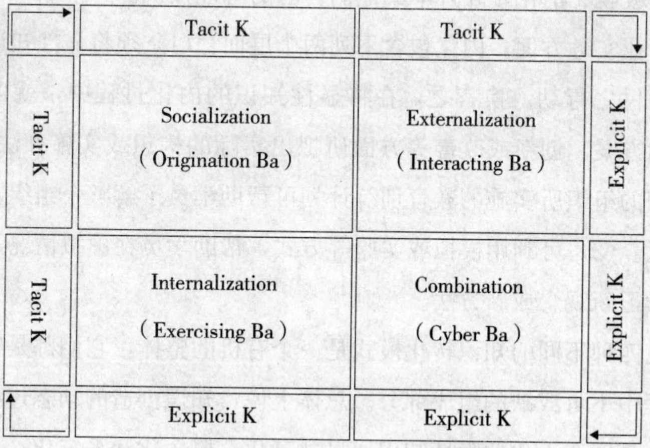

图中文字：

Tacit K	Tacit K
Socialization（Origination Ba）	Externalization（Interacting Ba）
Internalization（Exercising Ba）	Combination（Cyber Ba）
Explicit K	Explicit K

左侧：Tacit K、Tacit K　右侧：Explicit K、Explicit K

图 4.3　SECI 模型中四个知识转化阶段

　　本图引自：［日］野中郁次郎、竹内宏高著，李萌、高飞译：《创造知识的企业》，知识产权出版社 2006 年版。

专业化的隐性知识转变成可以理解的形式。这会涉及演绎或推论技巧，因而需善用创造性推论。

　　第三种模式——"汇总组合"（组合化）

　　"汇总组合"（组合化）指的是显性知识和显性知识的组合。它是一个通过各种媒体产生的语言或数字符号，将各种显性概念组合化和系统化的过程。

　　在商业实务方面，组合阶段包含下列小三项程序：（1）从公司内部或外部搜集已公开的资料等外表化知识，然后加以整合成新的显性知识。（2）利用报告或开会等方式将这种新知识传播给组织成员。（3）将显性知识重新加以汇整及处理，使之变成公司的计划、报告或市场资料，以方便使用。公司成员在组合阶段透过会商可达成共识或协议，以便采行更具体之步骤。

　　最后一种模式——"内部升华"（内化）

　　"内部升华"（内化）即显性知识到隐性知识的转化。它是一个将显性知识形象化和具体化的过程，通过"汇总组合"产生新的显性知识被组织内部员工吸收、消化，并升华成他们自己的隐性知识。

在商业实务方面，内化包含下列两个层面：（1）须将显性知识变成具体措施而付之行动。换言之，在将显性知识的内化过程中，就可针对策略、行动方案、创新或改善等方面研拟出实际的构想或实施办法。例如，在较大型的组织所实施的教育训练计划可帮助学员了解整个组织及全体学员的情况。（2）可利用模拟或实验等方式，帮助学员在虚拟情况下借实习过程来学习新观念或新方法。

以上四种不同的知识转化模式是一个有机的整体，它们都是组织知识创造过程中不可或缺的组成部分。总体上说，知识创造的动态过程可以被概括为：高度个人化的隐性知识通过共享化、概念化和系统化，并在整个组织内部进行传播，才能被组织内部所有员工吸收和升华。

4.2.2 SECI 模型中的知识创新：源于个体存于组织

内化的知识实质上就是组织文化，就是创新，这个共享和升华的过程就是价值网络（场），形成了组织的核心竞争力。到目前为止，野中郁次郎的 SECI 模型堪称是对企业知识生产过程进行的最深入的探究，其对知识转化过程的描述也是最详尽的。SECI 知识转化模型的理论价值主要在于：

①准确地揭示了知识生产的起点与终点，即始自高度个人化的隐性知识，通过共享化、概念化和系统化，最终升华成为组织所有成员的隐性知识。

②清晰地辨识了知识生产模式的常规类别，即"隐性—隐性"、"隐性—显性"、"显性—显性"和"显性—隐性"，并相应地描述了每种类别所对应的具体过程和方法。

③创造了一个全面评估企业知识管理绩效的工具。按照野中郁次郎的实证研究结论，只要对任何企业在四种转化模式上所做的努力进行分析，就可以大致评价这家企业在知识管理上所达到的水平了。

尽管 SECI 模型有着较强的解释力，但在实际应用过程中我们依然发现其有较大的缺陷，主要有以下几点：

①SECI模型尽管详尽地阐释了知识由隐性到显性、由个人到组织之间的多次转化，但并没有揭示这一转化是如何带来企业内在效率的差异，即企业如何通过知识管理拥有竞争优势的。野中郁次郎所阐释的仅仅是知识转化的一个常规过程而已。

②野中郁次郎着重强调了高度个人化的隐性知识，企业知识管理的起点或知识创造的源泉。但在实践中我们不难观察到，来自于企业外部的社会知识对于企业知识生产也有非同寻常的价值。尤其是在信息技术高度发达的今天，任何企业都必须善于快速学习社会知识、快速做出反应，所以SECI模型所揭示的仅仅是企业知识形成过程的一部分，而远非全部。

③按照SECI模型，企业（组织）知识最终必须升华成为全体成员的隐性知识，使之成为员工的"自觉行为"。换言之，企业核心知识的载体是组织全体成员。但在现实生活中我们可以发现，很多企业的员工流动速度极其频繁、流动幅度也相当大，比如经济严重衰退时许多大型制造企业如波音、通用电气等纷纷采取大规模裁员来降低风险，但却并不影响其在核心技术上的优势地位。这也说明组织知识的存储和作用过程相当复杂，SECI模型尚无法完满解释有关企业知识生产过程的很多关键问题。

4.3 异质的组织文化的要素分析与测度

4.3.1 企业文化之七概念和五要素

人们对企业文化的认识经过多年的积累，随环境变化其含义不断增加，并逐渐形成了一些共识性的定义，这里给出本书对几种概念和要素的看法。

①七种概念

一、《辞源》对文化的解释是"文治和教化"。"文"是慢慢积累的意思，所以企业文化是无法一蹴而就的。

二、企业文化是企业的个性：团体的共同信仰、价值观和行为。

三、企业文化是具有象征意义的、整体的、唯一的、稳定的和难于改变的。

四、企业文化既有有形的部分，也有无形的部分，它是由有意识学习与无意识学习组成的，不是书面的理想、愿景和使命，而是日常的实务、沟通和信仰。

五、简单地说，它是指在一个企业里事情如何能够做好。

六、企业文化还可以看做一个循环：哲学表达价值，价值体现于行为上，行为说明哲学。

七、企业文化也可以看做一个系统。

②五大要素

一、差异化。不同的地方有可能产生不同的企业文化，正所谓"一方水土养一方人"。

二、价值观，这是企业文化的核心。

三、英雄人物，即企业的灵魂人物。"物以类聚、人以群分"，什么样的领导就可能带出什么样的下属。

四、习俗与仪式。

五、文化网络。企业内部的信息是通过一定的渠道在传送，这就形成了网络，而文化网络一旦形成，较难改变，除非继任者强行推翻它。这种观点体现出时代性。

4.3.2　工业时代的组织文化特征

不同的时代背景下的组织文化具有明显的不同特征。工业经济时代，以生产资料为主要竞争手段，而在新经济形势下，知识创新的优势逐渐在企业竞争中显现出来。企业间的竞争，更多的表现在知识创新能力的大小以及知识共享的程度，而知识共享是知识创新的基础。随之而来的企业文化，在知识共享下，也显示出其不同于传统企业文化的特征，主要表现在以下几个方面：

①快速高效的文化

市场为王。新经济形势下，谁最先占据市场，或是说提供满足消费者需求的产品，谁就赢得了先机。需求瞬息万变的市场，要求企业能够快速把握市场，紧跟市场脚步，而这就要求企业内部形成一种高效率的工作氛围，充分共享知识，从而得以创新。这种高效率的工作氛围，可以促进企业员工达成高效的反应速度和办事效率。很难想象一个行动迟缓的企业，在知识经济大潮中能有所进步，可能连基本的生存都会出现很大的问题。

②追求创新的文化

创新，是一个企业持续发展的原动力，尤其在新经济形势下更为突出。同质化产品的竞争已经到了白热化的地步，最常用的手段——价格战铺天盖地。更多的企业认识到创新的重要性，创新不仅为企业找到一片蓝海，又能为企业提供后续发展的动力。企业，尤其是高科技企业内部都建立了不同的激励创新的机制，在企业内部营造一种创新的氛围。在这种氛围中，每个员工都会积极参与其中，也许一个很小的细节创新就会赢得市场，赢得消费者。世界著名的搜索引擎公司 Google，就是一个积极倡导创新文化的典范。Google 并不要求其员工在工作期间只做与工作有关的事情，而是允许员工使用 20％的工作时间，做与工作无关的事情。正是这些创新的文化，才使得 Google 一举击败了 Yahoo，成为世界顶级搜索引擎。

③学习的文化

首先，由于外界知识和信息的快速变化，企业要跟得上外界的变化，就必须在企业内提倡以及组织员工学习新的知识，了解最新的发展形势和动态。其次，学习能够很好地整合企业资源、提高知识利用率。通过学习，能够发现组织存在的问题以便改正缺点，增强企业的竞争能力。再次，知识经济的发展，使得以人为本的思想逐渐盛行，管理者也意识到人本思想的重要性。企业的学习能够提高员工素质，也是稳定组织的途径之一。尤其在近年，学习型组织，越来越成为大多数企业所追求的组织形式。

④趋向平等的文化

传统等级森严的企业架构，在知识经济时代已经不能适应企业的发展。随着信息技术的兴起，企业内的沟通越发变得通畅，信息传播的层级逐渐变少，组织结构趋向扁平化。上下级的领导与被领导关系，也不再像过去那么鲜明。在知识共享的环境中，每个人都有自己独特的经验和知识，而不会因为自己的身份卑微而没有发言权。员工对企业贡献的大小在一定程度上与其对知识贡献的大小有关。企业中提倡一种知识共享的氛围，一种平等的氛围。

⑤相互信任的文化

知识共享下的企业文化，透出更多的是企业成员之间的信任。传统企业中，个人为了保证自己的地位或是利益方面的原因，往往不会把自己的经验以及知识等共享出来。而在知识共享的企业中，员工乐于与其他员工分享知识和经验，从分享中得到快乐。而这一切都是建立在相互信任的基础之上，一个充满相互猜忌的组织，暂且不说有无前途，至少不会形成知识共享的氛围。

4.3.3 组织文化与创新文化要素测度

一、Quinn 和 Cameron 的组织文化评价量表 OCAI

美国密西根大学商学院的 Quinn 教授和西保留地大学商学院的 Cameron 教授在竞争价值观框架（Competing Values Framework，简称 CVF）的基础上构建了 OCAI 量表。CVF 是由对有效组织的研究而发展起来的，此类研究主要想回答的问题是：什么是决定一个组织有效与否的主要判据？影响组织有效性的主要因素是什么？Campbell 等（1974）构建了一套由 39 个指标构成的组织有效性度量量表，在此基础上，Quinn 和 Rohrbaugh（1983）考察了这些指标的聚类模式，发现了两个主要的成对维度（灵活性—稳定性和关注内部—关注外部），可将指标分成四个主要的类群，四个象限代表着不同特征的组织文化，分别被命名为团队型（clan）、活力型（adhocracy）、层级型（hierarchy）和市场型（market）。

Quinn 和 Cameron 等通过大量的文献回顾和实证研究发现组织中的主导文化、领导风格、管理角色、人力资源管理、质量管理以及对成功的判断准则都对组织的绩效表现有显著影响（Cameron & Quinn，1998）。OCAI 从中提炼出六个判据（criteria）来评价组织文化：主导特征（dominant characteristics）、领导风格（organizational leadership）、员工管理（management of employees）、组织凝聚（organizational glue）、战略重点（strategic emphases）和成功准则（criteria of success）。OCAI 共有 24 个测量条目，每个判据下有四个陈述句，分别对应着四种类型的组织文化。对于某一特定组织来说，它在某一时点上的组织文化是四种类型文化的混合体，通过 OCAI 测量后形成一个剖面图，可以直观地用一四边形表示。Cameron & Quinn（1998）指出：OCAI 在辨识组织文化的类型（type）、强度（strength）和一致性（congruence）方面都是非常有用的。

OCAI 的突出优点在于为组织管理实务者提供了一个直观、便捷的测量工具。和其他组织层面上的测量量表相比，它在组织文化变革方面有着较大的实用价值，在西方也经过了二十多年的实践检验，系统非常稳定，效果很显著，影响面很广。更重要的是这套系统较为简单，便于操作，实用价值很高。目前，中国企业文化测评中心所采用的企业文化类型的测评，主要理论来源与其有极大的关联。经过修正后的 OCAI 名称为"中国企业文化类型测评量表"，经过了上百家中国企业的检验，反映较好，在中国企业中，认可度较高。

二、Denison 等的组织文化特质模型 TMCT

组织文化特质模型（TMCT）是美国密西根大学商学院的丹尼森（Denison，1990）教授在对一千多家企业、四万多名员工长达 15 年研究的基础上建立起来的，Denison 构建了一个能够描述有效组织的文化特质（trait）模型，他的"文化与有效性模型"被看做是文化特质理论的集大成者。

Denison 从相关的研究文献中归纳出有效组织文化的四种特质：投入

(involvement)、一致性（consistency）、适应性（adaptability）和使命（sense of mission），并以此作为四项研究假设。投入是指组织成员的投入和参与程度，投入程度高的组织文化是有效的文化。一致性是指共享的信念和价值观，有助于组织成员之间达成共识，并采取协调一致的行动，进而对组织有效性产生积极的影响。适应性强调组织文化会影响组织感知外部环境并做出响应的能力、组织对内部顾客做出响应的能力、组织为响应外部环境和内部顾客而进行结构调整的能力，以及将适应性行为和流程予以制度化的能力，进而影响组织有效性。使命是关于组织及其成员的功能和目标的共识，它对组织有效性的影响体现在提供了目的和意义，以及组织工作重要性的非经济意义，明确方向和目标，界定组织及其成员的正确行为过程。其中每个文化特质对应着三个子维度，一共组成了 12 个子维度，每个维度都有特定的解释。

和 OCAI 量表相比，Denison 的 OCQ 量表由于包括的子维度更多，因此在揭示组织文化内容方面显得更为细致，并且在国外经过了 15 年的实践检验，得到了较广泛的认可，Denison 还开设了个人网站，专门从事企业文化的测评研究和服务。但是，相对而言，Denison 的 OCQ 量表显得尤为复杂，加之其西方文化的背景，与中国企业的实际距离较远，甚至在概念翻译的过程中都存在较大的障碍。

三、Hofstede 的文化层次结构问卷

荷兰学者 Hofstede 教授对组织文化的测量研究的基础是他对国家文化的已有研究。和其他组织层面上的大多数研究不同，Hofstede 并没有从组织有效性的角度出发来构建量表，而是首先通过文献回顾提出了明确的组织文化层次结构。他认为：组织文化由价值观和实践（practice）两个部分组成，其中价值观是核心，而实践部分由表及里又可以分为象征（symbol）、英雄（hero）和仪式（ritual）（Hofstede，1990）。

由于 Hofstede 认为组织文化是组织而非个人所拥有的特征，因此组织文化问卷的因子分析是以单元而非个体为单位进行，从而忽略了组织文化对外部环境适应的方面。

四、Chatman 等的价值观量表 OCP

美国加州大学的 Chatman 教授为了从契合度（fit）的途径研究人——组织契合和个体结果变量（如：组织承诺和离职）之间的关系，构建了组织价值观的 OCP 量表。完整的 OCP 量表由 54 个测量项目组成七个维度，分别是革新性、稳定性、尊重员工、结果导向、注重细节、进取性和团队导向。

OCP 量表的测量项目通过对学术和实务型文献的广泛回顾来获得，经过细致的筛选最终确定下 54 条关于价值观的陈述句。和多数个体层面上的研究采用 Likert 的计分方式不同，OCP 量表采用 Q 分类的计分方式，被试者被要求将测量条目按最期望到最不期望或最符合到最不符合的尺度分成 9 类，每类中包括的条目数按 2—4—6—9—12—9—6—4—2 分布，实际上是一种自比式（ipsative）的分类方法。

在西方国家人——组织契合的研究文献中，OCP 是最常用的价值观测量量表之一。OCP 量表在我国台湾和香港地区也有一定的影响，中国台湾郑伯壎以及我国北京师范大学心理学所与中国企业文化测评中心合作进行的员工公民行为（OCB）与企业文化的关联性研究，其理论来源也与 OCP 有很大的关联。但是在如何应用 OCP 量表方面，学者们的意见还很不统一。

五、郑伯壎的组织文化测量量表 VOCS

中国台湾大学心理学系郑伯壎教授认为以往个体层面上的组织文化测量研究缺乏相应的理论构架，他在 Schein（1985）对组织文化的研究基础上构建了 VOCS 量表，共分 9 个维度：科学求真、顾客取向、卓越创新、甘苦与共、团队精神、正直诚信、表现绩效、社会责任和敦亲睦邻。

郑伯壎（1993）发现 9 个维度经过因子分析可以得到两个高阶维度：外部适应价值（包括社会责任、敦亲睦邻、顾客取向和科学求真）与内部整合价值（包括：正直诚信、表现绩效、卓越创新、甘苦与共和团队精神）。

作为完全本土化的量表，OCVS 在中国组织文化测量研究方面具有开创性。郑伯壎还应用 OCVS 量表，通过不同的契合度计算方式，考察了组织价值观和个体结果变量之间的关系，但是比较抽象，不易得到被访者的理解。

六、NEWLEAD 的文化冲突分析工具 C. A. T. （I）（II）

C. A. T. （I）（II）由美国 NEWLEADE 公司以现代文化理论为基础，研究分析文化冲突和融合的工具。在国外已经有将近 20 年的历史，曾被 IBM、HP、DELL、PHILPS、MOTOROLA、宝洁等企业使用。C. A. T. （II）侧重于对文化矛盾的比较和分析，由 11 个主要的文化范畴 21 个细分指标组成 180 条陈述组成，确定了 39 种可能的文化定向，几乎涉及企业文化的各个方面。

但是，C. A. T. 的文化和理论的背景都是以美国为基础的，与中国的企业存在较大的文化差异。另外，部分理论假设系该公司提出，缺乏足够的可信度。

七、Rob. Goffee 和 Gareth. Jones 的双 S 立体模型

Rob. Goffee 和 Gareth. Jones 分别为伦敦商学院组织行为学教授和英国汉立管理学院组织发展学教授。他们长期从事组织行为学的研究，基于组织中的社交性特点创立了双 S 模型，采用 47 道测试题描绘组织的社交特点。他们根据企业中组织的社交度和凝聚力的两个维度将企业文化分成了社交型、融合型、分散型和目标型四种，每种类型都存在着正面和负面效果。

双 S 模型为分析企业文化提供了新的思路，并提供了较为简单的测评体系，其研究结果对更加精确地把握企业文化的类型提供了很好的方法和工具。但是，双 S 模型的研究角度主要从组织的社交特点的角度出发，反映企业文化的类型还只是企业文化的一个特征，并且这个特征相对而言显得更为静态。因此，对于处于激烈变化环境中的企业来说，有些鞭长莫及。

八、北大光华管理学院和清华经管学院的测评

和国外对组织文化测量研究的已有成果相比，我国在这方面的研究还

显得比较滞后。目前，国内涉及企业文化量化研究的主要来源有三方面：部分商学院的研究、部分企业自发进行的企业文化量化研究的尝试和部分咨询公司进行的一些小规模的企业文化调查样本的收集。

北京大学光华管理学院在企业文化量化研究上进行了有益的尝试。因循国外企业文化量化研究的思路，根据案例实证分析的结果，其测评量表由 7 个维度 34 道测试题组成：1. 人际和谐；2. 公平奖惩；3. 规范整合；4. 社会责任；5. 顾客导向；6. 勇于创新；7. 关心员工成长。后面，又将7 个维度削减为 6 个。此套测评量表逐步应用于企业文化咨询的实践，例如采用了此套量表对航天集团进行了有效的企业文化调查。但是受样本的数量及其他因素影响，该套量表的维度和结构还存在不少问题，尤其是对企业文化变革方面的研究显得更加力不从心。企业的认可度也还不高。

清华大学经管学院是国内最早涉及企业文化量化研究的商学院，并且专门成立了企业文化测评的项目科研组，对中外企业文化的量化管理进行了较为系统的研究。并在此基础上，提出了由八个维度 40 多道测试题组成的测评量表。分别为：客户导向、长期导向、结果导向、行动导向、控制导向、创新导向、和谐导向和员工导向。相对而言，清华大学经管学院的量表显得更为详细，能较为准确地测量出企业文化的优势所在。

九、戴景新等的创新文化要素测度量表

在 Denison 的组织文化量表中，代表组织创新能力的参与性和适应性两个特质由 6 个子维度、30 个判据组成，其中有些子维度在概念上比较接近，且量表项目较多，不易操作。戴景新（2007）等基于上述考虑，结合我国企业实际情况，对 Denison 量表中有关创新文化的具体项目进行调整和修改，设计了一套企业创新文化调查问卷，经反复施测，用主成分分析法作因素分析，最终得到一份具有良好结构效度的企业创新文化量表，该量表由 5 个要素——"能力发展"、"员工参与"、"创新与冒险"、"团队工作"和"关注顾客"，分为 20 个项目组成。5 个要素的累积方差贡献率是 78.01%。

戴景新（2007）等根据上述量表编制正式的企业创新文化与企业业绩

调查问卷，采用 Likert5 级评分法要求被调查者对各题项描述与其所在公司的实际情况的符合程度进行打分。问卷包括两部分，第一部分为被调查者及其所在公司的背景资料，其中包括公司经营业绩与同行业其他公司相比的情况，此项得分作为被调查公司的经营业绩得分；第二部分包括 20个结构化问题，描述了创新文化各层面的内容。

数据收集：组织文化问卷（Organizational Culture Questionnaire, OCQ）发放形式主要有网上调查、邮寄、直接发放等。共发放问卷 120份，回收问卷 103 份，其中有效问卷 88 份。调查对象为我国各地区、各类型百家企业的管理人员及普通员工，企业类型包括国有、民营、合资、外资等，企业经营所属行业涵盖制造、金融、保险、服务、通信、电子、建筑、咨询、电力等。

数据分析：为了解问卷的可靠性，戴景新（2007）采用 Cronbacha 系数法进行问卷信度检验。在社会科学领域，可接受的信度系数值应在 0.70 以上。问卷 Cronbacha 系数值均在 0.74 以上，如表 4.1 所示，表明量表内部一致可靠性较高。

表 4.1 Cronbacha 系数表

总量表	团队工作	员工参与	能力发展	创新与冒险	关注顾客
0.930	0.845	0.762	0.775	0.774	0.745

本表引自：戴景新、林伟杰、刘兵：《企业创新文化要素对企业业绩的影响差异性研究》，《集团经济研究》2007 年第 5 期。

为验证创新文化与企业经营业绩是否显著相关，戴景新（2007）采用回归分析法将调查问卷中企业经营业绩这一题项得分作为因变量数值，描述创新文化的 20 个项目每项平均得分作为自变量数值，进行一元回归分析，结果如表 4.2 所示。由回归分析可以看出，企业创新文化能够解释企业经营业绩 12.4% 的变异量，二者在显著性水平 0.001 下，具有显著正相关关系。

表 4.2 创新文化预测企业业绩之一元回归分析摘要表

相关系数 R	决定系数 R_2	调整后决定系数	标准化回归系数	显著性
0.353	0.124	0.114	0.353	p<0.001

本表引自：戴景新、林伟杰、刘兵：《企业创新文化要素对企业业绩的影响差异性研究》，《集团经济研究》2007 年第 5 期。

为验证创新文化各要素是否均对企业业绩具有显著预测作用，以及各要素间的相互影响关系，以企业业绩为因变量，各文化要素为自变量，作逐步多元回归分析，结果如表 4.3 所示。

表 4.3 创新文化要素预测企业业绩之逐步多元回归分析摘要表

进入变量	相关系数 R	决定系数 R_2	调整后决定系数	标准化回归系数	显著性
能力发展	0.353	0.124	0.114	0.353	p<0.001

本表引自：戴景新、林伟杰、刘兵：《企业创新文化要素对企业业绩的影响差异性研究》，《集团经济研究》2007 年第 5 期。

结果显示，5 个预测变量预测效标变量（企业业绩）时，进入回归方程的显著变量只有 1 个，即"能力发展"这个变量，相关系数为 0.353，解释变异量为 12.4%。这表明在 5 个创新文化要素中，在可接受的显著性水平下，只有"能力发展"要素直接显著影响企业业绩，其余 4 个要素对企业业绩不具有显著预测作用。故而将"能力发展"要素称为创新文化的主业绩要素，而将"团队工作"、"创新与冒险"、"员工参与"、"关注顾客" 4 个要素称为创新文化的次业绩要素。结果如表 4.4 所示。

结果显示，4 个次业绩要素"团队工作（$\beta=0.242$，$p<0.01$）"、"创新与冒险（$\beta=0.442$，$p<0.001$）"、"员工参与（$\beta=0.186$，$p<0.05$）"、"关注顾客（$\beta=0.186$，$p<0.05$）"均进入回归方程，其联合解释变异量为 76.5%。

再分别以每个次业绩要素为因变量，以其余三个次业绩要素为自变量，作逐步多元回归分析。例如，当"员工参与"要素作因变量时，"团队工作"、"创新与冒险"、"关注顾客"三个变量作自变量，分析发现"员工参与"要素 52.3％的变异量可以被"创新与冒险（$\beta = 0.413$，$p < 0.001$)"和"团队工作（$\beta = 0.383$，$p < 0.001$)"两个要素所解释。

表 4.4　创新文化次业绩要素预测主业绩要素之逐步多元回归分析摘要表

进入变量	相关系数 R	决定系数 R_2	决定系数改 $\triangle R_2$ 变量	标准化回 归系数 β	显著性
创新冒险	0.817	0.667	0.667	0.442	$p < 0.001$
团队工作	0.856	0.732	0.065	0.242	$p < 0.01$
关注顾客	0.865	0.748	0.016	0.167	$p < 0.05$
员工参与	0.874	0.765	0.016	0.186	$p < 0.05$

本表引自：戴景新、林伟杰、刘兵：《企业创新文化要素对企业业绩的影响差异性研究》,《集团经济研究》2007 年第 5 期。

总结与对策分析：戴景新（2007）等基于上述统计分析可以得出如下结论：1. 企业创新文化由"能力发展"、"团队工作"、"员工参与"、"创新与冒险"、"关注顾客"5 个要素构成；2. 企业创新文化与企业业绩显著正相关；3. 创新文化各要素对企业业绩的影响具有差异性，即并非所有要素都对企业业绩具有显著预测作用。创新文化要素中"能力发展"要素与企业业绩关系最为密切，它直接影响企业业绩，而"员工参与"、"团队工作"、"创新与冒险"、"关注顾客"4 个要素通过影响"能力发展"要素间接影响企业业绩。这些要素的在本文的战略实施部分将会展开论述。

4.4　组织文化资本的专用性准租与投资不足问题

根据前文的论述，作为知识共同体本质的组织文化，因为个体差异而形成核心知识（能力）的专有，并呈现出不可替代性。生产性观点下的"干中学"收益递增曲线描述了知识带来的价值。那么，其价值的大小受哪些因素影响？这成为必须考虑的问题。

一项专用性投资做出后，就会产生可占用的准租，机会主义行为发生就从可能变为现实（Klein，Crawford，& Alchian，1978）。贾良定（2007）提出人们是否进行专用性投资以及投资多少，取决于该项投资所产生的可占用性准租和该项投资的转换成本。组织文化资本专有性同样形成投资激励，企业对其进行投资产生可占用性准租，投资的转换成本越小，可占用性准租价值越大。投资转换成本减低是组织文化资本的准租价值提高的关键因素。

4.4.1　企业产生和成长中的组织文化资本

"企业的显著特征就是作为价格机制的替代物"（Coase，1937）。企业之岛屿之所以能在市场的海洋里形成，是因为其对资源的配置效率不低于市场对资源的配置效率；同时企业之所以能够在竞争中存续，是因为其对资源的配置效率不低于其他企业对资源的配置效率。有别于市场合约，企业合约不仅包括人力资本的参与（周其仁，1996），而且还包括组织文化资本的投资。"企业不仅仅是一个管理单位，而且是在一个管理框架组织下的生产性资源集合体"（Penrose，1959）。企业的独特性源于每个企业所拥有的资源（resources）及其资源所能产生的服务（the services of those resources）之间的差异性。而这种差异的形成则很大程度上来源于组织文化资本的异质性。

企业产生于一种可以价值化的市场机会，其发现者首先是企业家。企业成长是市场机会发现与利用的动态过程。有三类人力资本参与这个动态过程：企业家、专业人员（经理人员和技术人员）和工人。企业家发现市场机会，专业人员和工人则以尽可能低的成本将市场机会价值化。企业成长过程实质是发现市场机会与运用市场机会间的动态匹配过程。由于竞争、顾客偏好变化、环境改变以及高层团队利用市场机会能力变化，市场机会的边际收益将递减，如果不能发现新的市场机会，企业将随递减曲线的向右下倾斜而死亡；同样道理，运用市场机会的能力也存在边际收益递减的现象，如果能力不能适应竞争、顾客偏好、环境的改变，企业也将随递减曲线的向右下倾斜而死亡。因此，企业成长的过程是企业家不断发现新的市场机会与专业人员和工人不断地学习利用市场机会能力的过程（贾良定，2007）。

那么，如何激励企业家和专业人员和工人去发现价值和创造价值呢？这就是组织文化资本的作用了！良好的组织文化经过制度性的转化形成企业家和员工进行生产经营的共识，从而可以达到激励企业家和员工努力工作的积极性，促进企业的不断成长。组织文化资本的异质专用性则是关键之中的关键。虽然发现和利用市场机会需要承担风险，但市场机会是一种不确定性而非风险（Knight，1921），企业家利润来源于无概率可寻的市场不确定性。市场无法给不确定性定价，如果市场可以给不确定性定价，那么任何人都可以通过一种市场机制（例如保险）来应对不确定性，企业家利润将不存在。不确定性定价权掌握在机会发现者手中，即企业家手中，所以我们称企业家为价格发现者。利用市场机会就是将市场机会价值化过程，我们称这个过程为价值流。价值流过程决定了企业将市场机会价值化的成本，专业人员和工人的任务是识别增值活动、非增值的辅助活动以及无效活动，消除无效活动，减少浪费。在这里面，组织文化资本则起到了约束和激励的作用。因此，企业成长的过程可以看做是在组织文化资本的激励和约束下，企业家不断发现价值以及专业人员与工人不断发现成本的过程。

企业家发现一个市场机会，他自己充满信心地认为，若将这个市场机会价值化，未来可以获得丰厚的回报。市场机会价值化需要一定数量的物质资本和一定数量的其他资本如人力资本和组织文化资本。为简单起见，我们仅讨论组织文化资本。

企业家的市场机会的价值实现程度取决于组织文化资本激励和约束性，激励和约束性越大，则被实现的价值越大；同时组织文化资本的参与过程是市场机会公开化过程，因而企业家的市场机会在价值实现过程中可能被模仿，参与量越大，则被模仿或被改进的概率越大。因此，创造什么样的机制以形成一个良好的组织文化资本，是企业家亟须解决的问题。进一步，市场机会价值化过程在一定程度上是组织文化资本的异质性起作用的过程。企业家的市场机会的价值实现程度不仅取决于参与价值流的人力资本数量，而且取决于组织文化资本所做的专用性投资。因此，如何利用组织文化资本的异质性投资激励人力资本投资，是企业家另一亟须解决的问题。

企业家要说服人力资本参与市场机会价值化过程，参与市场机会价值化过程既是市场机会公开化过程，又是人力资本专用性投资过程，但也是组织文化资本异质化形成价值的过程。因此企业家既要限制事后竞争又要激励人力资本专用性投资。我们首先假设限制事后竞争问题已经解决，即"选择多少、何种人力资本参与价值流，以及如何减少市场机会被模仿或改进的成功率"问题已经解决，从而集中研究激励人力资本专用性投资的组织文化资本专用性的问题。由于组织文化资本在企业的成长过程中主要起到的是激励人力资本进行投资以完成企业价值的实现，因此我们对组织文化资本的专用性问题的研究可以利用其激励约束下的人力资本专用性投资作为代理变量进行估计①。

贾良定（2007）模仿 GHM 和 RZ 模型的人力资本投资激励模型假设，企业家发现一个市场机会，在时点 0 决定进入市场化过程的人力资本，人力资本决定是否进入；在时点 1 已进入的人力资本选择专用性投资水平，在时点 2 市场机会价值化完成并支付，见图 1。租金决定人力资本在时点 0 的决策，可占用性准租金决定人力资本在时点 1 的决策，准租金决定人力资本在时点 2 的决策。当事后竞争问题解决后，企业家的主要任务是激励人力资本专用性投资。人力资本在时点 0 的决策，可占用性准租

① 精确地说用人力资本投资作为组织文化资本投资的代理变量存在着一定的出入。但是人力资本投资的专用性之所以能够形成在很大程度上是组织文化资本的约束和激励作用的结果，也就是说组织文化资本规模越大，约束和激励机制作用越强，人力资本投资专用化程度就越大，从而实现的价值就越大。组织文化资本投资和人力资本投资在一定程度上呈正向相关的关系。同时，组织文化资本与人力资本都有共性的地方，即一旦形成都具有异质性的特点，都能够因为异质性而产生专用性形成准租金价值，而且人力资本的这种专用性归根结底来说还是在组织文化资本的激励和约束下形成的，这两种资本的专用性我们可以理解为一个过程的前后两个方面，在一定程度上也存在着可以替代的成分。

金决定人力资本在时点 1 的决策，准租金决定人力资本在时点 2 的决策。当事后竞争问题解决后，企业家的主要任务是在组织文化资本的约束和激励下激励人力资本专用性投资。

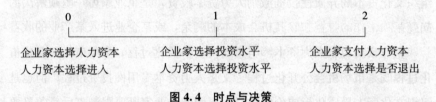

图 4.4 时点与决策

本图引自：贾良定、李鹏飞、陈秋霖、戴广：《可占用性准租、投资专用性与企业层级结构》，《斯密论坛讨论稿系列》，2004 年 1 月。

4.4.2 租金、准租金和可占用性准租

贾良定（2007）假定，某工人接受一项工作或某企业进入一个产业存在一个收益底线，租金（rent，记为 R）是指超过这一底线的收益剩余；某工人辞去一项工作或某企业退出一个产业也存在一个收益底线，准租金（quasi-rent，记为 QR）是指超过这一底线的收益剩余（Klein, Crawford & Alchian, 1978；Milgrom & Roberts, 1992）。记 $\Omega = \{\omega_1, \omega_2, \cdots, \omega_n\}$ 是某工人 n 个可选择工作的收入集，ω_i 是该工人担任第 i 项工作的收入；记 $\bar{\omega}$ 是该工人担任第 i 项工作的机会成本，$\Omega_{-i} = \{\omega_1, \cdots, \omega_{i-1}, \omega_{i+1}, \cdots, \omega_n\}$，即 $\bar{\omega} = \max \Omega_{-i}$；记 C_i^{sunk} 为该工人选择第 i 项工作的沉淀成本，含义是工作转换时不可回收的成本；记 C_i 为该工人完成第 i 项工作的总成本，总成本包括固定成本（C_i^{Fixed}）和变动成本（$C_i^{Variable}$），固定成本由可回收成本（$C_i^{salvageable}$）和不可回收成本（C_i^{sunk}）构成，即 $C_i = (C_i^{salvageable} + C_i^{sunk}) + C_i^{Variable}$。则该工人担任第 i 项工作的租金＝收益－总成本，即

$$R = \omega_i - C_i \tag{4.1}$$

由于准租金是从退出角度来决策，因此该工人担任第 i 项工作的准租金＝收益－变动成本－可回收成本，即

$$QR = \omega_i - C_i + C_i^{sunk} = \omega_i - C_i^{Variable} - C_i^{salvageable} \tag{4.2}$$

当该工人担任第 i 项工作后，其对该工作进行专用性投资，从而产生沉淀成本，因此 $QR \geqslant R$。如果 $C_i^{sunk} = 0$，则 $QR = R$。

潜在可占用性准租（appropriable quasi-rent，记为 AQR）为某工人接受某项工作的收益扣除其机会成本的剩余，或某企业进入某产业的收益扣除其机会成本的剩余（Klein, Crawford & Alchian, 1978）。机会成本是指该工人或该企业在其他所有可选择上的收益中的最大者，即 $\bar{\omega} = \max\Omega_{-i}$ 是该工人担任第 i 项工作的机会成本。则该工人担任第 i 项工作的潜在可占用性准租等于（$\omega_i - \bar{\omega}$）。理性条件，若该工人担任第 i 项工作，则 $\omega_i \geqslant \bar{\omega}$，所以 $AQR \geqslant 0$。该工人担任第 i 项工作的潜在可占用性准租＝收益－机会成本，即

$$AQR = \omega_i - \bar{\omega} \tag{4.3}$$

该工人完成第 i 项工作的总成本（C_i）可能大于或小于该工人担任第 i 项工作的机会成本（$\bar{\omega}$），所以该工人担任第 i 项工作准租金可能完全地或部分地被雇主占用。极端的例子是，如果该工人仅能干第 i 项工作而别无选择，即 $\bar{\omega} = 0$，则该工人的所有准租金都可能被败德（moral hazard）的雇主占用。

对此克莱茵等（Klein, Crawford & Alchian, 1978）的例子是：A 拥有并负责操作一架印刷机，租给出版商 B，合同价格是 ＄5500/天，分摊固定成本是 ＄4000/天，目前的可回收价值是 ＄1000/天，运作费用是 ＄1500/天（假定由所有者支付），假设存在另一个出版商 C，愿意支付最多 ＄3500/天来租用印刷机。

在这个例子中，A 安装这架印刷机的沉淀成本＝＄4000－＄1000＝＄3000。则 A 安装这架印刷机的租金＝收入－固定成本－运作费用＝＄5500－＄4000－＄1500＝＄0，准租金＝收入－（固定成本＋运作费用－可回收价值）＝＄5500－＄1500－＄1000＝＄3000。如果 A 把打印机租给 C，则 A 安装这项印刷机的租金＝＄3500－＄4000－＄1500＝－＄2000，准租金＝＄3500－＄1500－＄1000＝＄1000。但是相对于让 C 使

用打印机，从 B 那里获得的准租金是＄2000（＄5500－＄3500 或＄3000－＄1000）。这样，A 有可能做出让步。如果 B 把租金减少到＄3500/天，A 还会接受，这样 B 就把准租金中的＄2000 占为己有。这＄2000 就是潜在的可占用性准租。如果不存在第二个租用者，则印刷厂的整个准租金都面临着被败德的出版商占为己有的风险。

4.4.3　可占用性准租、投资专用性与投资激励

贾良定（2007）继续假设，两个角色企业家 E 和人力资本 H。E 和 H 共同工作，H 所进行的人力资本为 I，企业的净收益为 $R(I,s)$，s 是与企业生产有关的自然状态。对人力资本投资，企业收益递增，边际收益递减，即 $R'(I,s)>0$ 和 $R''(I,s)<0$。为简单起见，假设企业家和人力资本共同工作的机会成本分别是各自单干的收益，记为 $\pi_0(s)$ 和 $\omega_0(I,s)$。如果人力资本在企业内所做（作）的投资完全专用，则 I 不影响 $\omega_0(I,s)$，反之如果人力资本在企业内所做的投资并非完全专用，则 I 影响 $\omega_0(I,s)$。如果 $\omega_0(I,s)$ 受 I 影响，则假设即 $\omega'_0(I,s)>0$ 和 $\omega''_0(I,s)<0$。假设人力资本是风险中性的。类似于 GHM 和 RZ 讨论，双方博弈收益解为 Shapley 值（Gul，1989），即参与者 j 可以分享收益为：

$$B_j = \sum_{A|j\in A} \frac{(a-1)!(n+1-a)!}{(n+1)!}[v(A)-v(A\setminus\{j\})] \tag{4.4}$$

其中 A 是参与者能组成的联盟集合，在本例 A 指 3 个集合即 $\{E\}$、$\{H\}$ 和 $\{E,H\}$，$a=|A|$ 表示集合 A 中参与成员数量，$n+1$ 是所有参与者数量，在本例为 2。$v(A)$ 是集合 A 的收益，在本例 $v(\{E\})=\pi_0(s)$，$v(\{H\})=\omega_0(I,s)$，$v(\{E,H\})=R(I,s)$；$v(A\setminus\{j\})$ 是集合 A 除去成员 j 后的子集合的收益，如 $v(\{E,H\}\setminus\{H\})=v(\{E\})$。

在本例中，人力资本的收益及其可占用性准租金为：

$$\omega = \frac{1}{2}[R(I,s)+\omega_0(I,s)-\pi_0(s)],AQR = \omega-\omega_0(I,s) \tag{4.5}$$

由（5）有，$\dfrac{\partial \omega}{\partial I} = \dfrac{1}{2}[R'(I,s) + \omega'_0(I,s)]$，若 $\omega_0(I,s)$ 不受 I 影响，有 $\dfrac{\partial \omega}{\partial I} = \dfrac{1}{2}R'(I,s)$；$\dfrac{\partial AQR}{\partial I} = \omega' - \omega'_0(I,s)$，若 $\omega_0(I,s)$ 不受 I 影响，有 $\dfrac{\partial AQR}{\partial I} = \dfrac{\partial \omega}{\partial I}$。

假设人力资本的可占用性准租被企业家所占用的概率为 p。则人力资本期望的净收益为：

$$E\omega_{net} = \omega - p * AQR - I \tag{4.6}$$

人力资本寻求 $E\omega_{net}$ 最大化。表 4.5 给出了一些情况下人力资本投资问题。

记住 $R'(I,s) > 0$、$R''(I,s) < 0$，以及 $\omega'_0(I,s) > 0$、$\omega''_0(I,s) < 0$。

因为 $p \in [0,1]$，所以 $\dfrac{2}{1-p} > 2$。$\dfrac{2}{1-p}$ 是 p 的减函数。因此有命题 1 和 2。

命题 1：当组织文化资本投资完全专用导致人力资本投资完全专用，存在可占用性准租降低人力资本的专用性投资，也降低了组织文化资本的专用性投资。

命题 2：当组织文化资本投资完全专用导致人力资本投资完全专用，可占用性准租被占用的可能性越大，组织文化资本专用性投资激励越弱；反之可占用性准租被占用的可能性越小，组织文化资本的专用性投资激励越强。即 p 越大，组织文化资本的专用性投资激励越弱；p 越小，组织文化资本的专用性投资激励越强。

推论 1：如果组织文化资本的专用性导致人力资本的可占用性准租被企业家所占用的概率为 p 与可占用性准租正相关，即可占用性准租越大，企业家占用的动机越强，则可占用性准租越大，人力资本的专用性投资激励越弱，组织文化资本专用性投资的效果就越不明显，其投资激励就越弱；反之可占用性准租越小，人力资本的专用性投资激励越强，组织文化资本投资的效果就越好，而组织文化资本专用性投资的激励性也就越强。

表 4.5 人力资本的专用性投资决策

机会成本 $\omega_0(I,s)$		可占用性准租（AQR）	
		不存在	存在
	人力资本投资完全专用，即 $\omega'_0(I,s)=0$	$R'(I,s)=2$（ I^* 是有效投资水平，为参照系）	$R'(I,s)=\dfrac{2}{1-p}$
	人力资本投资不完全专用，即 $0<\omega'_0(I,s)<1$	$R'(I,s)=2-\omega'_0(I,s)$	$R'(I,s)=\dfrac{2}{1-p}-\dfrac{1+p}{1-p}\omega'_0(I,s)$

本表引自：贾良定、李鹏飞、陈秋霖、戴广：《可占用性准租、投资专用性与企业层级结构》，《斯密论坛讨论稿系列》，2004 年 1 月。

$\omega'_0(I,s)$ 指投资对人力资本在外部市场的边际价值，反映了人力资本在企业内所做投资的专用性程度，$\omega'_0(I,s)$ 越小，投资的专用性越强；$\omega'_0(I,s)$ 越大，投资的专用性越弱。$\omega'_0(I,s)=0$ 意味人力资本在企业内所做的投资完全专用，I 不影响 $\omega_0(I,s)$；$0<\omega'_0(I,s)<1$ 意味当人力资本在企业内所做的投资不完全专用，I 影响 $\omega_0(I,s)$，部分或全部投资的收益可能被企业家占用；$\omega'_0(I,s)\geqslant 1$ 意味当人力资本在企业内所做的投资完全不专用，I 影响 $\omega_0(I,s)$，投资的收益不可能被企业家占用。我们只考虑 $\omega'_0(I,s)<1$ 情况。因为 $\left[\dfrac{2}{1-p}-\dfrac{1+p}{1-p}\omega'_0(I,s)\right]-[2-\omega'_0(I,s)]$ $=\dfrac{2p}{1-p}[1-\omega'_0(I,s)]$，所以当 $\omega'_0(I,s)<1$，即存在可占用性准租降低人力资本的专用性投资。因此有命题 3 和 4。

命题 3：当组织文化资本不完全专用导致人力资本投资不完全专用时，存在可占用性准租降低人力资本的投资，从而导致组织文化资本专用性投资的动力不强。

命题 4：当组织文化资本不完全专用导致人力资本投资不完全专用时，可占用性准租被占用的可能性越大，人力资本的投资激励越弱，组织文化资本投资的效果就越不理想，组织文化资本专用性投资激励就越弱，即 p 越大，组织文化资本的投资激励越弱；p 越小，组织文化资本的投资激励越强。

推论 2：如果组织文化资本激励下的人力资本的可占用性准租被企业家所占用的概率为 p 与可占用性准租正相关，即可占用性准租越大，企业家占用的动机越强，则可占用性准租越大，人力资本的投资激励越弱，组织文化资本投资的激励也就越弱；反之可占用性准租越小，人力资本的投资激励越强，组织文化资本投资的激励也就越强。

由于 $2-\omega'_0(I,s)<2$ 和 $\dfrac{2}{1-p}-\dfrac{1+p}{1-p}\omega'_0(I,s)<\dfrac{2}{1-p}$ ，并且 $\dfrac{2}{1-p}-\dfrac{1+p}{1-p}\omega'_0(I,s)$ 和 $2-\omega'_0(I,s)$ 分别是 $\omega'_0(I,s)$ 的减函数，所以有命题 5。

命题 5：无论可占用性准租存在与否，人力资本投资的专用性越强，组织文化的专用性也就越强，则投资激励越弱，反之专用性越弱，投资激励越强。

可占用性准租的存在使得机会主义行为发生从可能变为现实。事后的机会主义（败德行为是事后机会主义）会影响事前的人们投机行为，从而产生逆向选择（adverse selection）。败德行为（moral hazard）发生的可能性越大，则准租金被占有的可能性越大，由命题 1—4，组织文化资本投资激励越弱，导致人力资本的投资激励越弱，从而投资不足（underinvestment）。败德行为的收益与可占用性准租正相关：可占用性准租越大，败德行为带来的"一次性"收益越大，败德行为激励越强；反之，可占用性准租越小，败德行为带来的"一次性"收益越小，败德行为激励越弱。所以，命题 1—4 和推论 1—2 的经济逻辑是：组织文化资本可占用性准租存在使败德行为由可能变为现实；可占用性准租越大败德行为激励越强，准租被占用的可能性越大，从而事前的人力资本投资激励越弱，导致投资不足。

投资的专用性越强，意味着关系解除后投资的生产率损失越大，从而产生阻滞（hold-up）。文献一般从转换成本（turnover costs）、大量事后随机应变的问题和再谈判三个方面讨论阻滞问题（Malcomson，1997）。

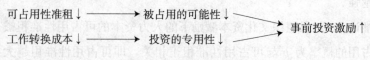

图 4.5 投资激励的逻辑

本图引自：贾良定、李鹏飞、陈秋霖、戴广：《可占用性准租、投资专用性与企业层级结构》，《斯密论坛讨论稿系列》，2004 年 1 月。

在此只讨论转换成本。

个体异质的创新共享形成组织知识的专用性。对于高度专用性的组织文化资本来说，教育培训、不断激励、加强沟通等都是转换成本。[1] 投资的转换成本越大，意味着投资专用性越强。由命题 5，投资激励越弱，导致投资不足；反之如果投资的转换成本越小，则可占用性准租价值越大。[2] 这就使我们迫切关注如何降低投资的转换成本，进行科学投入的组织文化资本战略，后文第 6 章介绍的知识管理技术和方法能大幅度提高投资效率降低转换成本；文化资源开发部分介绍了不同的社会文化环境，价值观匹配的适应性组织文化是降低投资转换成本的有效措施。

---

[1] 工作转换成本类似于消费者转换购买成本（switching costs）。转换购买成本指消费者由原供方转换到其他供方购买商品时所承担的成本，包括：为适应新的供方产品而进行产品修改的成本；试用与证明新的供方产品的可替代性的成本；重新培训雇员的投资；使用新的供方产品所必需的新辅助设备的投资；建立新的后勤系统的成本；断绝原有关系的心理障碍（Porter, 1980）。

[2] 贾良定、李鹏飞、陈秋霖、戴广：《可占用性准租、投资专用性与企业层级结构》，《斯密论坛讨论稿系列》，2004 年 1 月。

5

从企业制度到
组织文化资本
——长期激励

本章论证假设三：组织文化资本是激励持续的利益均衡。创新可持续的动力是激励的有效存续，组织文化中间层制度形式通过动态产权配置解决激励问题，呈现出组织文化资本的载体流动性。

具体来说通过异质性的社会人的需要差异、激励制度，以及效率公平关系问题的讨论，解释了人力资源管理中的劳动力产权、战略薪酬、人力资本、参与管理、心理契约、争议内部化等正式和非正式的制度，是平衡利益实现公平激励的主要手段；然后通过博弈论中劳动关系（包括了正式的劳动契约、组织管理制度中的多元化利益关系）冲突（conflict）与合作（cooperation）的讨论，解释了合作型劳动关系的利益均衡特征是组织基本的关系网络属性，利益共享下的组织制度就是文化资本的表现形式，在企业的合作博弈过程中表现为团体理性。这些观点，是后文的可持续创新的组织文化资本战略实施的生产关系基础。

表 5.1 利益平衡的公平激励①

人力资源理论 组织理论	组织制度文化 的激励层次	多层次利益需求满足形式: 动态均衡的和谐劳动关系
战略薪酬	报酬激励	投资 \ 福利 \ 绩效 \ 能力
人力资本	产权激励	专用性 \ 产权扩展实现
心理契约	期望激励	发展 \ 不确定性 \ 责任义务
员工参与管理	权力激励	心理所有权
争议内部化	信息激励	契约不完全的谈判 \ 变革

注:表中的激励制度排列次序反映了人的需要从基本的到高层次的异质性。

5.1 作为基础的激励理论和组织管理制度

5.1.1 作为基础的激励理论:个体需要的"异质"

先看激励的定义。美国管理学家贝雷尔森(Berelson)和斯坦尼尔(Steiner)给激励下了如下定义:"一切内心要争取的条件、希望、愿望、动力等都构成了对人的激励……它是人类活动的一种内心状态。"

佐德克(Zedeck)和布拉德(Blood)认为,激励是朝某一特定目标行动的倾向。爱金森(Atchinson)认为,激励是对方向、活力和行为持久性的直接影响。盖勒曼(Gellerman)认为激励是引导人们朝着某些目标行动,并花费一些精力去实现这些目标。沙托(Shartle)认为激励是"被人们所感知的从而导致人们朝着某个特定的方向或为完成某个目标而采取行动的驱动力和紧张状态"。

还可以再列出一些定义,但多数定义似乎都基本上强调了同样的内容——一种驱动力或者诱发力。显然,这些驱动力或诱发力都是基于未满

---

① 这个和谐劳动关系与组织文化资本的制度形式来自对大量企业制度的归纳,说明组织文化资本的制度形式是企业动态长期激励的利益均衡。

足的需要。因此，可以把这些以未满足的需要为驱动因素的激励理论称为需要激励理论。

①需要和激励理论

根据主要研究人动机激发的因素、机制与途径等问题的不同，这些理论大致可划分为三类：

1. 内容型激励理论。重点研究激发动机的诱因，主要包括：马斯洛"需要层次论"、赫茨伯格"双因素论"、麦克莱兰"成就需要激励理论"等。

2. 过程型激励理论。重点研究从动机的产生到采取行动的心理过程，主要包括：弗鲁姆"期望理论"、波特和劳勒"期望模式"、亚当斯"公平理论"等。

3. 行为改造理论。重点研究激励的目的（即改造、修正行为），主要包括：斯金纳"操作条件反射论"、海利"归因理论"等。

②需要层次论

激励理论中最有影响力的，对后文的讨论最关键的是需要层次论。美国心理学家西伯拉罕·马斯洛（A. H. Maslow，1908—1970）于1943年在他的《人的动机理论》一书中首次提出了人类的需求层次理论。马斯洛认为，人的价值体系中存在着不同层次的需要，构成一个需要系统。马斯洛把人类多种多样的需要，按照它们上下间相互依存关系，概括为五大类：

1. 生理的需要。他认为生理需要是人类维持自身存在的最基本的需要，主要包括：吃、喝、衣、住、行等方面的需要。这些需要没有得到满足，人类不可能存在和发展。因此，他认为，只有这些基本需要满足到维持人的生存程度之后，其他需要才会产生。

2. 安全的需要。马斯洛认为，安全需要表现为人们要求保障自身安全、摆脱失业和丧失财产威胁、避免职业病的侵扰等方面的需要。他认为，安全需要是在生理需要得到满足之后产生并对人形成激励的。

3. 感情与归属的需要。马斯洛认为，在安全需要得到满足之后，不再对人有大的激励作用，这时需要就让位于感情上的需要。至于感情上的需要，主要包括两个方面：一是友爱的需要，即人人都需要伙伴之间、同事之间的关系融洽或保持友谊和忠诚；人人都希望得到爱情，希望爱别人，也渴望得到别人的爱。二是归属的需要，即人都有一种归属于某一个群体的感情，希望成为群体的一分子，并能相互关心和帮助。同时，他认为这一层次的需要在很大程度上受一个人的生理特征、经历、受教育程度、宗教信仰等因素决定，因而，其表现形式差异很大。

表 5.2　具有代表性的激励理论

名称	提出者	基本内容	对管理实践的启示
需要层次论	美国心理学家亚伯拉罕·马斯洛于 1943 年提出	马斯洛提出人的需要可分为五个层次，这五种需要成梯形分布。后来，他又补充了求知的需要和求美的需要，形成了七个层次。	1. 正确认识被管理者需要的多层次性。 2. 努力将本组织的管理手段、管理条件同被管理者的各层次需要联系起来。 3. 在科学分析的基础上，找出受时代、环境及个人条件差异影响的优势需要，然后，有针对性地进行激励。
因素论	美国心理学家赫茨伯格于 20 世纪 50 年代提出	提出两大类影响人的工作积极性的因素： (1) 保健因素 (2) 激励因素	1. 善于区分管理实践中存在的两类因素，对于保健因素要给予基本满足以消除下级的不满。 2. 抓住激励因素，进行有针对性的激励。 3. 正确识别与挑选激励因素。
期望理论	美国心理学家弗鲁姆于 1964 年提出	人们对工作积极性的高低，取决于他对这种工作能满足其需要的程度及实现可能性大小的评价。激励水平取决于期望值与效价的乘积，其公式是：激发力量＝效价×期望	1. 选择激励手段，一定要选择员工感兴趣、评价高，即认为效价大的项目或手段。 2. 确定目标的标准不宜过高。 3. 如果不从实际出发，只从管理者的意志或兴趣出发，不可能收到激励作用的。
公平理论	美国心理学家亚当斯于 1965 年提出	人的工作积极性不仅受其所得的绝对报酬的影响，更重要的是受其相对报酬的影响。付出与报酬的比较方式包括横比和纵比两种	1. 在管理中要高度重视相对报酬问题。 2. 尽可能实现相对报酬的公平性。 3. 当出现不公平现象时，要做好工作，积极引导，防止负面作用发生。

4. 尊重的需要。马斯洛认为，当人们感情需要得到较大程度满足后，其对行为的激励作用减弱，开始产生更高层次的需要——尊重的需要。因为，这时人们追求的是自己稳定的社会地位，要求个人的能力和成就能够得到社会的认可。马斯洛对人的尊重需要得到满足时的评价是：这时，人觉得活着有价值，能体验到活着的用处和价值，因而，对社会充满热情。

5. 自我实现的需要。马斯洛指出这是最高层次的需要，是指实现个人的理想、抱负，发挥个人的能力到最大限度，完成与自己的能力相称的一切事情的需要，即成为自己所期望的人。

马斯洛认为，首先，上述五种需要由低到高依次排列成一个阶梯，生理需要和安全需要属低级需要，尊重需要和自我实现需要属于高级需要，社交需要为中间层次的需要，基本上也属于高级需要。其次，主导需要对人的激励有决定性的作用，当低层次的需要获得相对的满足后，下一个需要就占据了主导地位，称为驱动行为的主要动力。再次，人的需要是交叉的，可能同时存在多种需要。因此，我们在以马斯洛需要层次理论指导激励实践的时候一定要有辩证的思考。

在马斯洛看来，人类价值体系存在两类不同的需要，一类是沿生物谱系上升方向逐渐变弱的本能或冲动，称为低级需要和生理需要。一类是随生物进化而逐渐显现的潜能或需要，称为高级需要。人都潜藏着这五种不同层次的需要，但在不同的时期表现出来的各种需要的迫切程度是不同的。人的最迫切的需要才是激励人行动的主要原因和动力。人的需要是从外部得来的满足逐渐向内在得到的满足转化。在高层次的需要充分出现之前，低层次的需要必须得到适当的满足。低层次的需要基本得到满足以后，它的激励作用就会降低，其优势地位将不再保持下去，高层次的需要会取代它成为推动行为的主要原因。有的需要一经满足，便不能成为激发人们行为的起因，于是被其他需要取而代之。这五种需要不可能完全满足，越到上层，满足的百分比越少。任何一种需要并不因为下一个高层次需要的发展而告消失，各层次的需要相互依赖与重叠，高层次的需要发展后，低层次的需要仍然存在，只是对行为影响的比重减轻而已。高层次的需要比低层次的需要具有更大的价值。热情是由高层次的需要激发。人的最高需要即自我实现就是以最有效和最完整的方式表现他自己的潜力，唯此才能使人得到高峰体验。

人的五种基本需要在一般人身上往往是无意识的。对于个体来说，无意识的动机比有意识的动机更重要。对于有丰富经验的人，通过适当的技巧，可以把无意识的需要转变为有意识的需要。

马斯洛还认为：在人自我实现的创造性过程中，产生出一种所谓的"高峰体验"的情感，这个时候是人处于最激动人心的时刻，是人的存在的最高、最完美、最和谐的状态，这时的人具有一种欣喜若狂、如醉如痴、销魂的感觉。试验证明，当人呆在漂亮的房间里面就显得比在简陋的房间里更富有生气、更活泼、更健康；一个善良、真诚、美好的人比其他人更能体会到存在于外界中的真善美。当人们在外界发现了最高价值时，就可能同时在自己的内心中产生或加强这种价值。总之，较好的人和处于较好环境的人更容易产生高峰体验。

激励理论都是基于这样的假设：人们的行为都是起于未满足的需要，当人们意识到自己未满足的需要时，就转变为一种有目的的行为，进而导致目标性行为的出现。因此下面的激励制度或规则的讨论分别从组织对个体从低层次到高层次的满足来展开。

5.1.2　组织管理制度的激励实现

传统的仅限于局部的、具体的、微观的激励方法，只能对有限时间和空间的信息予以疏导和规整，在一定程度上激发企业人员的工作积极性和主动性，而不能从根本上解决长期性激励问题。也正是在这种意义上，激励成为管理学、组织行为学、信息经济学和制度经济学的前沿研究领域。

一个使激励长期化的组织制度是这样一个螺旋式的扬弃存在过程：规则公平——（有效激励）——高效率——（异质性）——资本或结果不公平——（激励不足）——低效率——重建公平规则——高效率……的循

环，可持续的组织是一个利益平衡制度自我扬弃的过程。不难看出这个自适应的存在过程是以效率这个经济意义优先的，是竞争性的资本增加态势。反之，如果以资本公平这一伦理意义优先，那么强者都要向弱者看齐，最后大家都向动物看齐，茹毛饮血，甚至灭绝。

因此，僵化的规则是无法保障长期效率的，利益的均衡是动态的，这是可持续的组织制度文化的必要特征。这些管理制度主要包括：

①战略薪酬：非传统报酬激励①

战略薪酬管理是从企业外部变化出发，结合自身的状况而制定的报酬激励机制。它包含在企业的整体战略中，体现和培育长期的竞争优势；它突破传统的报酬方式，采取灵活多变的措施，促使员工像领导者一样关心企业的前途；借此加强上下沟通，激发员工的团队精神，突出企业整体利益，塑造企业文化。

1. 薪酬战略是立足于企业竞争优势的企业战略的重要组成部分

一般的，企业和薪酬战略之间的联系越紧密或彼此越适应，企业的效率会越高。战略是指企业所选择的方向，企业在选择做什么和不做什么的过程中确立了其战略。薪酬管理的战略性选择与竞争优势是相互联系的。从业务部门的层次来看，这种选择变成"我们应该如何赢得和保持竞争优势？我们怎样才能在这些经营中获胜？"从职能或制度的层次来看，这种选择变成了"整体薪酬如何帮助我们赢得并保持竞争优势"，当运用这种薪酬模型进行分析时，我们要确定企业的薪酬目标以及四种基本薪酬决策：

内部一致性：同一工作性质和技能水平间的差距如何在薪酬体系上体现。

外部竞争力：整体的薪酬水平应定位在什么水平来与同行相抗衡。

员工的奉献：加薪依据，是个人或团队业绩还是员工知识、技能的

---

① 约瑟夫·J. 马尔托奇奥（Joseph J. Martocchio）：《战略薪酬—人力资源管理方法（第二版）》，社会科学文献出版社 2002 年版。

提高？

薪酬管理：薪酬决策在多大程度上向所有的员工公开和透明化？谁来负责设计和管理薪酬制度？

基于以上几个问题的所有决策，相互交织形成一个完整的格局，形成了企业的薪酬战略，IBM 公司也正是在这些方面成功地实施了薪酬战略的调整。设计成功的薪酬体系，可支持公司的经营战略，能承受周围来自社会、竞争对手以及法律等各方面的压力，它的最终目标是使企业赢得和保持竞争优势。

2. 绩效工资和非传统的报酬方式是未来薪酬制度发展的一个重要趋势

从实践和理论发展的角度来看，根据员工绩效的提高程度支付报酬的方式和非传统的报酬方式（替代性报酬）越来越受到重视。传统的报酬方案以职位说明书、工作评估为基础，工资结构关注于建立秩序、强化等级和指导员工行为。在将来（许多企业现在已经如此），薪酬制度的重点从依据职位付酬转移到依据员工的贡献来付酬。企业关注鼓励参与和承担义务、论功行赏。非传统报酬方式或替代性报酬方案主要包括了能力或技能薪酬和计点奖励、团体激励和利益分享等。

3. 重视整体利益和对管理人员授权等具体体现了公司战略和文化

如果薪酬制度与你的新战略不吻合，那么你就无法使组织发生转型。在 IBM 原来的薪酬制度中，高级经理的奖金的发放原来主要依据他们在各自部门所做出的工作业绩。只是本部门做得好，但整个公司做得很差，这对于他们的奖金并没有什么影响。这种做法助长了以小我为中心。从1994 年开始，IBM 公司对此作了巨大变革。所有高级经理的奖金全部建立在公司的整体绩效基础上。换句话说，无论是主管服务集团的高级经理还是主管硬件集团的高级经理，其奖金都不仅取决于他们自己所在集团的业绩，也将取决于整个 IBM 的业绩状况。IBM 还在全公司范围内引进"浮动工资"制，以此来告诉员工，如果公司能够成功地扭转乾坤，那么他们中的每个人都会从中获得奖金回报。这些措施让所有的人都明白：如果他们能够齐心协力地与同事一起努力工作，他们就会获得很高的回报。对公司整体利益的关注激发了员工的团队精神，有力地塑造了全新的企业文化①。

薪酬战略是管理者在一定情况下可以选择的全部（薪酬）支付方式，这些支付方式对组织绩效和有效使用人力资源产生很大的影响，具体包括：（1）薪酬决定标准；（2）薪酬支付结构；（3）薪酬制度管理（Gomez Mejia，1988）。通过分析上述三方面的内涵来界定薪酬战略的类型②。

a. 薪酬决定标准

薪酬决定标准是指决定薪酬高低的依据，岗位、技能、资历、绩效和市场状况等都可能是决定薪酬的依据。究竟按照什么依据来决定薪酬，这取决于有关依据的特征和企业的具体状况。

（1）基于岗位或技能。传统薪酬制度通常按岗位来决定薪酬，认为岗位分析能够科学地衡量一个岗位对公司的价值，可以避免薪酬的决定受人为因素的影响。但由于岗位是流动和变化的，企业无法用过去的岗位分析结果来衡量现在的岗位对公司的贡献。此外，同一岗位，工作人员不同，其绩效也不同。因此，按岗位支付薪酬难以保证其激励的公正性。技能薪酬观认为，员工尤其是掌握多种技能的员工是公司竞争力的源泉，企业应该根据员工的技能水平来决定员工的薪酬。但是，技能薪酬往往依据员工的潜在能力，而不是对企业的实际贡献来决定员工的薪酬，这容易导致员工薪酬与公司绩效相脱节，不利于公司的持续发展。

（2）基于绩效或资历。许多学者认为，应该依据组织目标和公司衡量绩效的能力来决定是根据绩效还是资历来确定薪酬。如果公司确实能够精确地衡量绩效，并且相应地支付薪酬，那么这种薪酬制度就是公平的，并且也是有作用的；否则，这种薪酬制度就不是公平的，甚至具有极大的破

---

① 《IBM 企业文化和战略薪酬管理》，http：//www. 17stu. com/mbs/pxgl/mbs_32147. html.
② 王凌云、刘洪、张龙：《论企业薪酬战略与经营战略的匹配》，《人力资源开发与管理》2005年第3期。

坏性（Kerr，1988）。根据资历支付薪酬的一个假设前提就是：员工的资历越丰富，为企业创造价值的能力就越大。同时，员工的资历比较直观，容易确定，实施起来也比较容易。许多公司希望能根据绩效来决定员工薪酬，但由于无法客观衡量绩效，最终还是根据资历来支付薪酬。

（3）基于个人绩效或团队绩效。这个问题涉及上面提到的绩效问题。学术界一直认为，把个人绩效作为决定个人薪酬的依据具有很大的激励性（Garroll，1987）。但是，由于管理者难以精确地衡量个人绩效，经常导致绩效和薪酬不一致。如果员工感觉不到它们之间的强相关性，那么薪酬制度就无法发挥应有的激励作用。团队绩效薪酬的前提，一是公司目标或工作本身要求员工之间的合作，二是团队内每一个成员的贡献难以精确衡量（Alchian 和 Demsetz，1972）。采用团队绩效可以避免衡量个人绩效这个难题，增加团队成员的合作意愿，但容易导致个人机会主义行为的产生。Lawler（1983）认为，使用基于个人绩效的基薪和基于团队绩效的奖金这种复合型薪酬制度，个人奖金根据个人绩效来发放，可以充分利用个人绩效薪酬和团队绩效薪酬的优势。

（4）基于公司绩效或部门绩效。重视部门绩效有助于提高各部门员工为本部门工作的积极性，但容易导致部门间丧失协作精神，而且不利于总部对部门以及部门之间的行为进行控制和协调。而如果仅使用公司绩效标准，有些能力不强的员工又得到了不该得到的收入，从而导致薪酬分配不公，挫伤员工的工作积极性。

（5）定性或定量测度绩效。定量测度能够比较精确地反映部门或者个人的绩效水平，从而能够比较公平地确定薪酬。因此，企业一般倾向于用定量指标来衡量绩效，但这也取决于定量数据的可获得性、精确性及部门之间的业绩界限的明晰性。部门之间的业绩界限清晰，数据容易获得，企业倾向于采用定量绩效；反之，则倾向于采用定性绩效。

（6）基本薪酬高于或低于市场标准。一般而言，公司的基本薪酬高于市场标准，能够提高公司吸引和留住员工的能力，并让员工感觉到自己属于一个层次较高的团体。然而，要使基本薪酬居于市场领先地位的一个前提就是考虑企业未来的现金流状况，即企业是否能够在不影响其现金流的情况下，持续向员工支付很高的基本薪酬。其实，基本薪酬低于市场标准的公司也可以具有很强的激励性。例如，新成立的高技术公司可能在刚开业时支付低于市场标准的基本薪酬，但是其员工有可能在未来的几年里因高激励薪酬而成为百万富翁。

b. 薪酬结构

薪酬结构是指薪酬的各个构成部分及其比重，通常指固定薪酬和变动薪酬、短期薪酬和长期薪酬、非经济薪酬和经济薪酬两两之间的比重。选择什么样的薪酬结构这也取决于每一种结构的特征和具体的企业状况。

（1）固定薪酬和变动薪酬。固定薪酬比例高，意味着风险低，但预期总收入也低；而变动薪酬比例高则意味着风险高，但预期总收入也高。一般而言，对于偏好风险的员工，低固定薪酬、高变动薪酬的激励作用大；对规避风险的员工，高固定薪酬、低变动薪酬的激励作用大。Marcia 和 Robert（2000）认为，是否采取高变动薪酬，除了要考虑员工特征外，还要考虑企业的外部环境、组织特征等因素，企业在竞争激烈、支付能力较强时，应该支付高比例的固定薪酬。

（2）短期激励和长期激励。许多有关高管薪酬的研究在这个方面存在冲突。一些观点赞同向经理提供短期激励，使他们关注组织的短期绩效，尽管这些绩效和公司的长期目标可能不一致（Lawler，1983）。同时，完全关注公司的长期目标，就意味着放弃短期薪酬所能够产生的激励，而这些激励往往有助于使经理的行为和公司目标一致。倾向于给予经理短期激励的原因是短期绩效容易衡量，且相关信息容易获得；长期绩效很难衡量，而且经理一般不大愿意接受长期目标，因为风险太大导致结果不确定。不过，具有企业家精神的管理者，往往愿意接受长期激励，因为这使得他们和企业成为命运共同体，增强企业对其的信任，使其在经营企业的过程中具有更大的权力空间。

（3）非经济薪酬和经济薪酬。Lawler（1983）和约翰·E. 特鲁普曼（2002）等认为，公司要获取更有竞争力的地位应该重视非经济薪酬，如成就、认可、培训机会、工作环境、职业发展前景等，以满足员工的精神需要。但是，就需求层次而言，员工只有在对经济薪酬基本满意的基础上，才会重视非经济薪酬。

c. 薪酬制度管理

薪酬制度管理是指制定和调整薪酬制度的行为方式和决策标准，包括授权程度、员工参与方式、薪酬内外导向性、薪酬等级状况、薪酬支付方式以及薪酬制度的调整频率。选择什么样的管理机制，也取决于每一种机制的特征和具体的企业状况。

（1）集权管理与分权管理。薪酬制度由总部还是部门来制定，是集权与分权管理的区分标准。一般而言，部门独立性小的公司，其薪酬制度倾向于由总部统一制定；反之，由部门决定自己的薪酬制度。

（2）员工参与度。员工低参与度意味着薪酬制度主要反映公司高管人员的意志。高参与度意味着员工可以根据自己的需要来影响或决定薪酬制度的内容。前者导致薪酬制度难以满足员工的真正需要，而后者则能够避免上述问题，从而提高员工满意度。

（3）内部公平与外部公平。薪酬制度的重点究竟是内部公平还是外部公平的依据是各部门的自治程度。如果各个部门倾向于自治，那么部门之间的薪酬制度的可比性就很小，也就不必追求内部公平，外部公平则成为主要的关注点。而对于部门之间依赖性很强的公司，恰好相反。

（4）窄带薪酬与宽带薪酬。窄带薪酬制度薪酬等级多，每一个等级档次少甚至只有一个档次，员工往往只能通过职位的提升来增加薪酬，无法满足非管理员工的需求。宽带薪酬制度的薪酬等级少，每一个等级的档次多，员工可以通过多种渠道（如职位渠道、技能渠道和专业渠道等）来增加薪酬，使不同类型的员工都有快速提升的机会，有助于提高员工满意度，从而提高各类员工的积极性，加快企业的发展。

（5）公开或秘密支付。Lawler（1983）认为，秘密支付会导致员工之间互相猜疑，降低信任水平；而公开支付则能增加企业管理的透明度，让员工知道企业薪酬体系的运行状况，减少甚至杜绝在秘密支付过程中可能存在的以个人好恶取代客观标准的弊端。公开支付不仅可以有效发挥薪酬的激励作用，而且还可以迫使管理者有效地管理薪酬制度。但是，公开支付薪酬会导致优秀员工遭受排斥、非优秀员工不合作和相互攀比等问题，从而不利于企业经营。Gomez Mejia（1987）认为，重视共担风险、长期目标导向的企业比较适合公开支付方式。

（6）薪酬制度偏刚性还是偏弹性。偏刚性的薪酬制度意味着员工能够较好地预测未来的薪酬状况，有助于稳定人心，但难以适应环境的变化。偏弹性的薪酬制度在环境发生变化时容易进行调整，具有较强的适应能力，但容易造成过去的薪酬政策难以发挥作用，员工对其未来的薪酬状况无法预测，不利于稳定人心。Hambrick 和 Snow（1987）认为，薪酬制度应该兼具刚性和弹性两种特征。

由此可以看出，薪酬的决定标准、支付结构和薪酬制度的管理方式存在不同的特征。可以根据其弹性程度将其界定为机械式薪酬战略（mechanic compensation strategy）和有机式薪酬战略（organic compensation strategy）。机械式薪酬战略是弹性较差的薪酬战略，在薪酬决定标准上倾向于岗位、资历、公司绩效、团队绩效和定性指标，基本薪酬高于市场标准；在薪酬的支付结构上倾向于固定薪酬、短期激励、经济激励；在薪酬制度的管理方式上倾向于集权、低参与、内部公平、窄带薪酬、秘密支付、偏刚性。有机式薪酬战略是弹性较好的薪酬战略，它在薪酬的决定标准上倾向于技能、绩效、部门绩效、个人绩效和定量指标，基本薪酬低于市场标准，在薪酬的支付结构上倾向于变动薪酬、长期激励和非经济激励，在薪酬制度的管理上倾向于分权、员工高度参与、宽带薪酬、公开支付、偏弹性。

②人力资本——产权与地位激励

20 世纪 60 年代，美国经济学家舒尔茨和贝克尔创立的人力资本理论，开辟了人类关于人的生产能力分析的新思路，提出了（1）人力资源是一切资源中最主要的资源，人力资本理论是经济学的核心问题。（2）在经济增长中，人力资本的作用大于物质资本的作用。人力资本投资与国民收入成正比，比物质资源增长速度快。（3）人力资本的核心是提高人口质量，教育投资是人力投资的主要部分。不应当把人力资本的再生产仅仅视为一种消费，而应视同为一种投资，这种投资的经济效益远大于物质投资的经济效益。教育是提高人力资本最基本的主要手段，所以也可以把人力投资视为教育投资问题。生产力三要素之一的人力资源显然还可以进一步分解为具有不同技术知识程度的人力资源。高技术知识程度的人力带来的产出明显高于技术程度低的人力。（4）教育投资应以市场供求关系为依据，以人力价格的浮动为衡量符号。

具有启蒙意义的舒尔茨的人力资本理论主要观点和价值在于：

1. 基本观点

a. 人力资本是由人力资本投资形成的，是存在于个体中的知识和技能等的含量的总和；

b. 人力资本投资的五种主要形式：医疗保健投资；在职培训投资；正规学校教育投资；社会教育投资；劳动力流动投资；

c. 劳动力市场上，一个人的人力资本含量越高，其劳动生产率就越高，边际产品价值也越大，因而得到的报酬也比较高；

d. 只有使每个劳动者的人力资本价值都得到体现，社会总体劳动力资源才能得到有效配置，即实现所谓的"帕累托最优"。

2. 发展运用

a. 该理论可以用来解释企业内雇员之间的收入差距，在解释职业工资差异方面也有较强的说服力。例如，对美国 20 世纪前半叶白领雇员和蓝领雇员工资差距缩小的解释，早期是认为白领雇员得到更多的非现金的福利待遇，这样就可以缩小不同员工的心理差距。但这种解释并非实质原因，人力资本理论则从工人的教育和技术培训的投资增加这个角度来解释，更具有说服力；

b. 人力资本投资理论不仅关系到雇员的收入差异，还关系到企业人力资源的开发和利用，因此，在企业管理中日益受到重视。不难看到，人力资本理论在组织层面应用的研究和空间将更为广阔。

　　总的来看，人力资本理论突破了传统理论中的资本只是物质资本的束缚，将资本划分为人力资本和物质资本。这样就可以从全新的视角来研究经济理论和实践。该理论认为物质资本指现有物质产品上的资本，包括厂房、机器、设备、原材料、土地、货币和其他有价证券等，而人力资本则是体现在人身上的资本，即对生产者进行普通教育、职业培训等支出和其在接受教育的机会成本等价值在生产者身上的凝结，它表现在蕴涵于人身中的各种生产知识、劳动与管理技能和健康素质的存量总和。按照这种观点，人类在经济活动过程中，一方面不间断地把大量的资源投入生产，制造各种适合市场需求的商品；另一方面以各种形式来发展和提高人的智力、体力与道德素质等，以期形成更高的生产能力。这一论点把人的生产能力的形成机制与物质资本等同，提倡将人力视为一种内含与人自身的资本——各种生产知识与技能的存量总和。实际上人力资本是人力成本的增值部分，是将人力作为一种资本；人力成本转化成人力资本，企业不是将人作为成本，也不只是作为数量意义上的人力资源进行简单地开发，而是应将人作为资本进行投资，充分发挥资本的潜在价值。

　　在人力资本的定义上，人们普遍接受舒尔茨的解释，即人力资本是体现于人身体上的知识、能力和健康。在组织层面人力资源的开发和利用也日益广泛，但是市场层面除了工资报酬的解释外，在人力资本是否享有企业所有权问题上则争论不休。在国内主要有两种观点：一是以张维迎为代表的，认为非人力资本应该独享企业的剩余索取权和剩余控制权，因为人力资本的易逝性，可流动性与不可抵押性，是人力资本享受企业所有权的天然障碍。另一种是周其仁等认为人力资本应该享有企业的所有权，参与企业剩余索取权和剩余控制权的分享。要认识人力资本能否成为企业所有权的分享者，一般从两个方面的来考察：一是资本形成的历史、特点和发展趋势；二是人力资本的形成特点和在企业创造财富的过程中的作用。人力资本主要具有以下几个特点：一是依附性，即它天然地依附于个人，不可分割。二是易逝性，即它是变动不居的。一旦人的身体权力受到伤害或死亡，其价值会损失甚至消失殆尽。三是资产价值的主观性。即人力资本的价值受主观意志的影响极大。其效用的发挥有赖于人力资本的主观能动性。四是专一性，即人力资本不能自由的交换，其价值不具有唯一的价值评估标准。周其仁也指出人力资本产权的三大特征：第一，人力资本天然属个人；第二，人力资本的产权权利一旦受损，其资产可以立刻贬值或荡然无存；第三，人力资本总是自发地寻求实现自我的市场。人力资本上述特点及其重要性的提高，促生了现代经济学中非常热门的"激励"理论。产权和价格的假设以外，为什么土地和其他自然资源无须激励，厂房设备无须激励，银行贷款也无须激励，单单遇到人力因素就非谈激励不可？回答是，都是人力资本特性使然。因此针对不确定性的人力资本，本文认为通常意义上人力资本正如张维迎逻辑严密结论，是应该否定其获得企业的剩余索取权和剩余控制权，而应该按本文中付出和收益均衡的多种动态激励制度来实现；但是对于确定性约束很高的人力资本，和物质资本具有相同的特征，周其仁提出的享受企业所有权的观点也是非常有意义的，这也是人力资本思想的初衷。

清华大学的魏杰（2001）提出人力资本框架下的三种激励方式：

1. 产权激励。人力资本，既是资本，收益就不应该是工资（劳动报酬），资本的收益应该是产权，所以人力资本在企业中要拥有产权。这样就打破了一个提法，"谁出资谁拥有产权"，这个提法已经过时，因为有的人没有出资，但是他拥有产权，就是人力资本。现在已允许经营者持股，既人力资本持股。但要克服两种偏差：一是搞厂长、经理持股，但厂长经理往往是任命的，不一定懂经营管理，让不懂经营管理的人持股，企业越持越糟糕，因为他不是人力资本。人力资本同厂长经理是两个概念。另一个偏差是搞员工持股，实际是第二种大锅饭，没有任何好处和意义，这两种偏差都要克服，做到真正的人力资本产权激励。

2. 人力资本的地位激励。这种激励出现新的概念叫首席执行官（CEO）。CEO不是董事长、不是总经理。董事会的功能已经不是对企业重大决策拍板，仅只是选择、考评和决定首席执行官的薪酬。首席执行官不是企业的出资人，是人力资本。首席执行官的权力很大，谁来约束他呢？不是董事会，企业有一个机构，叫战略决策委员会，由它来（肯定）或否定首席执行官的决定。战略决策委员会的人也是人力资本，是社会上的人力资本，同样强调了人力资本的作用。在 CEO 和战略决策委员会产生之后，还有一个就是独立董事，也不是企业的出资人，与企业没有利害关系，顶多企业给个车马费，但它的投票权跟出资的董事一样是极为重要的，也属于人力资本。因此，现在西方出现的首席执行官、战略决策委员会和独立董事，都是在强化和提高人力资本的地位、作用，这是一个体制上的重大转变。

3. 企业文化激励。企业文化的含义是一种价值观念，和社会道德是同一范畴，属于企业制度的组成部分。法律失效的时候，靠社会道德约束。企业也一样，靠制度来约束，制度不是万能的，制度失效的时候靠企业文化来约束。西方不同的大企业中强调能力的差异决定你在企业中的分工、能力大小、分工不同在企业中获利方式不同等，就是从观念上要强调人力资本①。

目前，企业治理结构逐步的完善，委托—代理理论的发展，使得人力资本产权这种虚拟资本的数量化出现了更规范更合理化的实现，标志着人力资本产权制度的建立和走向成熟。

③心理契约——期望激励

企业是"一个契约组合"，或者是"一系列合约的联结"。这些契约可能是文字的、明确的，也可能是口头的、心理的和隐含的。一般讨论的都是正式的经济契约，契约是不完全的，隐形的心理契约是正式契约完全化的一种形式。

"心理契约"的概念最早出自于社会心理学，后来由组织行为学家引入管理领域。阿吉里斯认为在组织和员工的相互关系中，除了正式的雇佣契约规定的内容以外，还存在着隐含的、非正式的相互期望和理解，它们同样是决定员工态度和行为的重要因素（Argyris，1960）。心理契约不同

---

① 张素峰：《人力资本理论观点》，《学习时报》2003 年 8 月 1 日。

于经济契约，经济契约是指以时间、智慧和体力换取工薪、休息和适当的工作条件。Kotter（1973）将心理契约定位于"存在个人与组织之间的一份内隐协议，协议中指明了在彼此关系中一方期望另一方付出的内容和得到的内容"。此后，还有许多学者对心理契约的概念进行界定，形成了几个流派，但对其本质——组织和员工之间内隐的交换关系——的认识是一致的。由于组织心理契约存在的主体难以确定，因此 Rousseau 等人将心理契约狭义地界定为：在组织与员工互动的情境中，员工个体对于相互之间责任与义务的信念系统。迄今为止的研究也主要从员工的角度进行研究，目前对心理契约的研究主要集中在两个方面，一个是研究心理契约的内容及维度，一个是涉及心理契约的违背及其对员工态度和行为的影响。

大多数学者赞同 MacNeil（1985）的研究，认为心理契约包含交易契约和关系契约两个维度。在交易维度中，组织明确地或内隐地承诺根据员工所完成的任务提供专门的、一定时期内的货币报酬，如快速发展、高工资和绩效工资等；而关系维度则强调员工和雇主之间的社会—情感的交互作用，包括长期的工作保障、职业发展和个人问题的支持等。最近的研究表明可以从交易责任、培训责任和关系责任三个方面认识心理契约，陈加州、凌文辁和方俐洛利用探索性因素和验证性因素分析心理契约的维度，认为由现实责任和发展责任构成。虽然研究者对心理契约维度的认识不一，但研究结果均表明，员工越来越重视和关注个人在组织中发展的趋势。

心理契约是组织活动中的一个重要变量，它受许多组织因素的影响，同时对众多组织效果产生作用。已有的研究表明，心理契约的违背会对员工的态度和行为造成负面影响，Robinson，Kraatz 和 Rousseau（1994）发现，心理契约的违背会影响员工对组织的负面感知；Turnley 和 Feldman（1998）在其"员工对契约违背的反应模型"中提出了员工的四种消极反应，包括离职，降低职务内绩效、降低职务外绩效（主要是组织公民行为）以及反社会行为（比如打击报复、破坏、攻击等）。由此不难看出，心理契约对员工行为、组织绩效和社会发展的巨大影响作用。①

现实中看，员工是抱着一定的动机加入组织的，希望借助于组织来满足自己物质的和精神的多层次需要；组织对人力资源的招聘、培训也是有特定目的的，力图最好地利用组织的人力资源来实现组织的目标。个人和组织间的社会交换关系无法把双方相互责任的界定完全体现在书面的雇佣合同中，但在每一个员工的内心深处，对自己该为组织付出什么、付出多少，组织应该给自己回报什么、回报多少等都有明确的认识。因此心理契约是联系员工与组织的心理纽带，它影响到员工的工作满意感、对组织的情感投入，工作绩效以及员工的流动率，并最终影响组织的绩效。

概括而言，心理契约就是组织和个人双方彼此对对方应付出什么同时又应得到什么的一种主观心理约定，约定的核心成分是双方隐含的非正式的相互责任，包括表现为经济方面的和社会关系方面的要求。其中，员工的心理契约是员工对组织的期望和对自己应承担义务的承诺。组织的心理契约是组织对员工的期望和对自己应承担责任的承诺。心理契约包括如下一些具体内容：

组织的责任：理解员工、丰富化的工作、公平的工资、成长机会、晋升安排、充分的工具和资源、支持性的工作环境、有吸引力的福利等；

员工的责任：忠诚、加班工作、自愿去做那些非要求的任务、富创造性的习惯、接受工作调动的要求、拒绝为竞争对手提供支持、保护组织的私有信息、离职前提前通报、在组织中至少工作两年等。

研究表明，心理契约被破坏有两个根本原因：故意违反以及对心理契约的理解不一致。故意违反包含两个方面：组织没有兑现承诺及员工表现不如组织所预期，一般来说这种契约的违反是公平的。而对心理契约的理解不一致则是造成心理契约被破坏的主要原因。这是指雇佣双方对一个承诺是否存在或对承诺内容的理解不同，从而使双方产生不安全感，员工缺乏对组织的归属感和忠诚感。

---

① 王玉梅：《知识型员工流失的心理契约理论分析》，《潜科学》2006 年第 5 期。

因此，心理契约①是员工关系管理和促进劳资关系互动与合作的核心内容，它既是维系组织和成员关系的心理纽带，同时又是维持和发展成员和组织间关系的内在力量。面对组织生态环境的新变化，特别是由于工作柔性所带来的资源竞争和利益冲突，要优化和改善劳动关系，就必须在心理均衡被打破的基础上，构建新的动态心理契约均衡。心理契约的"均衡性"或"平衡性"主要取决于两个条件：一是取决于雇员对组织的期望与组织准备提供的条件之间的匹配程度，即所谓的"互惠交换"（Reciprocal expectancy）；二是取决于雇员与组织之间是否有实质性的交换协议。例如用金钱交换工作时间、用社会需求的满足交换工作、用安全性交换忠诚等。

从作用机理上看，心理契约是以承诺为基础的责任观，违反契约对个人和组织都会产生相当大的影响，会影响到员工工作的绩效、工作的满意度、对组织情感的投入以及员工的流动率，甚至会产生愤怒的情绪，并重新评价个人与组织的关系（Robinson & Rousseau，1994；李源、郭德俊，2003）。实际上，员工关系管理所追求的一个重要目标，就是培育员工忠诚。心理契约本身贯穿于员工关系管理全过程（招聘、培训、考评、激励等），是企业人力资源管理与员工忠诚之间的链接。因此，具体的员工关系管理活动、高组织支持的提供以及员工对于组织（而非组织中的某些个体）的忠诚，都应从心理契约的建立、履行、更新的角度加以思考，培育出高组织忠诚度的员工。

祝慧烨认为企业文化就是一种心理契约。在企业组织里是先有企业的定位，所以在企业里群体价值高于个体价值，但我们可以在突出个体价值的基础上整合群体价值，让个体价值找到生长空间。正如万科集团所倡导

---

① "心理契约"这一术语在 20 世纪 60 年代初被引入管理领域。组织心理学家 Argyris（1960）最早用"心理契约"来说明雇员与雇主之间的关系。他认为，"心理契约"是在产量最大化的前提下，领班与雇员之间形成的某种关系。可见，最初的心理契约（Psychological contracts）实质上是一种"心理工作契约"（Psychological work contract）。参见 Argyris, C. (1960) Understanding organizational Behavior, Homewood，IL，Dorsey Press.

的"生活空间大于工作空间"一样。工作是一种生活方式，是生活的一个重要组成部分。人要交往，要实现社会价值，要有个体价值追求和个性张扬。日本某企业的新员工进企业第一天，要为老板擦皮鞋，老板也要为新员工擦皮鞋，通过擦皮鞋这样一种简单的、但能够传达个体价值、个体意愿和群体意愿的仪式，在互动过程中形成一种精神交换、一种心理契约。制度是一种成年人在书面上的契约，而文化是一种心理契约。能不能形成互动是优势文化、强势文化与自然生长的文化、自发阶段的文化之间的区别。所以，企业文化建设就是要建立强势的企业文化、自觉的企业文化、系统的企业文化，有强度的同时还要有精神高度。① 因此，心理契约正在成为更重要的企业制度文化。

④员工参与管理——权力激励

员工参与管理是当今国内外理论界和企业界都很关注的重要理论和现实问题，企业经营管理面临的环境日益复杂多变，这就必然要求企业组织将专业管理和民主管理（重点是员工参与管理）二者进行有效结合，以提高企业管理的有效性，促进企业和员工的共同发展，最终实现"双赢"的理想效果。理查德·巴雷特在《解放企业的心灵》一书中曾写到"未能建立员工参与文化的企业在 21 世纪将面临巨大的生存压力"，此论点强调了员工参与管理在企业管理中的重要地位，强调了管理者需将民主管理和专业管理相结合，有效激发员工的自主性、积极性和创造性。员工参与管理作为企业的一种激励措施，同时也是一种最经济的参与激励方式。

员工参与管理的形式多种多样，不同的参与管理形式所体现的员工权利也不一样。员工参与管理的各种形式所体现的权利按层次由低到高递进大致可分为：知情权、建议权、协商权、监督权和共决权。以上五种权利中，知情权和建议权属于较低层次的权利，而协商权和共决权则属于较高

---

① 崔克亮：《企业文化是一种心理契约》，http：//theory. people. com. cn/GB/40534/
4000190. html，2006 年 1 月 5 日。

层次的权利，即：知情权＜协商权＜建议权＜监督权＜共决权。

员工参与管理的形式多种多样，有其深度和广度的差异，企业应结合实际选择适合自身企业特点的参与管理形式，以达到增强员工工作自主性、提高工作积极性的目的。我国改革开放实行民主管理以来，实施的效果不是十分理想，国内众多企业存在着把员工参与管理等同于员工参与决策、对员工参与管理方法的使用表现在重形式而轻过程，未能意识到员工参与管理对员工的知识与能力有一定的要求等，是其在员工参与管理方式上应用失败的主要原因。因此理论上的深入探讨越来越重要：

1. 员工参与管理的组织心理所有权激励

心理所有权（psychological ownership）这一构念由法学领域的所有权概念衍生而来。Furby 指出心理层面上的所有权是种占有感（the feeling of possession），它使得人们把占有物视为自我的延伸，进而影响着人类的态度、动机和行为产生。Pierce 等人把心理所有权定义为这样一种心理状态：人们对（物质形态或非物质形态的）客体所产生的拥有感。

组织心理所有权（psychological ownership for organization）是心理所有权思想在管理学领域的拓展与应用。Chiu、Rousseau 和 Shperling 等学者先后研究了通过合伙或员工股份所有制方案（ESOP）等途径培养起来的所有权情感对组织分配的影响，Dartington 考察了公司各类股东主张其对组织的心理所有权的方式。Dyne，Pierce 在前人研究结果基础上提出了组织心理所有权这一概念。Wagner 等研究了概念化雇员组织心理所有权的可能性，认为这是一种以信念和行为表现出来的与组织共享经济利益的情感。他们发现，较之组织承诺（organizational commitment）、工作满意度（job satisfaction）、工作卷入与整合（job involvement and integration）以及个体对工作绩效的自我知觉（self-perception）等变量，组织心理所有权对于组织中员工工作态度和行为的预测更为有效。

2. 心理所有权的理论基础

Furby 提出占有心理学（psychology of possession）是心理所有权的理论基础。在 Furby 看来，占有感（感觉某个物体、某种资格或某个观点是"我的"或"我们的")是心理所有权的概念核心。占有感无处不在,既可指向有形也可指向无形之物,例如房子或专利。心理所有权既可依据法律所有权发生,也可在法律所有权缺失的情况下发生。据此可以认为心理所有权具有"半主观、半客观、半意识、半真实的"特征。

根据占有心理学理论,心理所有权包括三个关键构念:(1)态度(attitude)。人们对心理所有权指向的有形和无形目标都会产生积极的情感,即"纯粹所有权效应(mere ownership effect)"。(2)自我概念(self-concept)。占有心理学主张心理所有权使得人们把占有物视为自我的一部分。James把"我的"和"我"联系起来:一个人的自我,就它尽可能、最广意义上说,是一切他能够叫做"他"的总和;我们的身体、亲人、衣服、家舍和财产都是我物质自我重要的组成部分。Sartre观察到"我所占有的物质的完整性反映出我的存在的完整性,我就是我所拥有的物质,我的东西就是我"。如此一来,心理所有权以占有物为中介,变成了与自我概念相关的建构。(3)责任感(responsibility)。根据Furby的观点,占有物和所有权会激发对实体对象的责任感,即,占有情感会促使个体维护他们的心理所有权目标,即占有物。

3. 组织心理所有权的基本内涵及其结构

作为员工工作态度和行为的预测工具之一,组织心理所有权正逐步受到关注。在组织中,心理所有权的目标可以指向作为整体的组织或者组织的某个具体方面,如工作团体、工具或工作本身。同时由于个体和具体情境的不同,所有权的目标也不断发生着变化:有些员工对他们的工作产生心理所有权,而其他人却可能会对组织成员产生这样的情感。而狭义的组织心理所有权即指把整个组织作为目标的占有感。

Pierce等人在理论分析的基础上主张组织心理所有权能够满足三种基本的人类需求:"家"(home,即空间感)、自我效能感(self-efficacy)及自我认同(self-identity)。第一种需要(家的感觉)是有归属感的基本要求。对可象征"家"的物质的占有可以给个体提供安全感。海德格尔则认为:家是属于"我的"某个地方,它会给人以舒适、愉快和安全的感觉。

第二种需要的自我效能感是在某个具体领域里有行为能力的人的需要。个体通过感觉他们可以控制占有物或促使事情发生而获得胜任感。占有物可以帮助个体实现控制和影响有形及无形事件的情感。反之，如果外力阻碍了个体的占有，那么会影响其形成正常的所有权情感。第三种需要自我认同是一种典型的自我需要感。占有物和"我的"感觉之间的联系有助于人们认识自我。在一定的意义上，占有物是关于某人自我认同记忆的贮藏库，同时还是表现自我核心价值观或个人关注的象征性表达。

目前，关于心理所有权的测量方法尚处于探索阶段。一般的，研究者往往采用情景判断测验的方法，将表达占有事实的句子作为题目来测量个体的所有权情感，比如在 Dyne 和 Pierce 的田野研究中，他们请被试对"我感觉这是我的公司"等 7 个问题进行认同度评价，然后结合人口统计数据及对组织承诺、工作满意度、组织公民行为的测量结果进行多元回归分析，考察变量之间的关系及这些变量对绩效的影响[1]。

王彬彬、赵增耀（2005）通过对员工参与管理实施效果的差异分析，认为员工参与管理与企业的产权和治理结构、企业实行内部或外部劳动力市场的劳动制度、企业所处行业环境的变化程度、企业内部的组织气氛、组织内部管理层次和管理幅度、员工的素质和参与意识、企业所需决策问题的性质类型、企业文化的风格类型等八个因素有着密切关系。可见，员工参与管理的实施是具有一定的技巧和难度的，要使员工参与管理取得预期的效果，就必须结合企业实际综合考虑以上八个因素，进而采取合理化建议或员工持股计划等适合本企业实际的员工参与管理形式[2]。

从治理结构来看，最主要的一种参与管理是 ESOP——员工持股计划（Employee Stock Ownership Plans），即由公司内部员工个人出资认购本公司部分股份，并委托公司工会的持股会（或信托机构等中介组织）进行集中管理的产权组织形式。ESOP 是指员工持股计划本身，ESOT 是指员

---

① 王沛、陈淑娟：《组织心理所有权与工作态度和工作行为的关系》，《心理科学进展》2005
　年第 6 期。
② 陈波：《探析员工参与管理模型构建》，《中外企业家》2007 年第 6 期。

工持股基金会。这两个机构相辅相成，如果一个公司决定要采用员工持股计划的话，它必须两者都采纳。ESOP 是关于员工持股一些技术、操作上的文件，包括谁有资格获得这些股票，股票如何进行分红等。ESOT 是一个法人实体，它有自己的章程，有上诉的权利及上诉的责任，可以从事借贷业务，也可以去购买。ESOT 由两类人管理，一类是 ESOP 的受托人，由受托人来管理基金。受托人是由公司的董事进行委派的，这些受托人在法律上代表资产的所有者。另一类是管理方，即职工持股计划委员会，其成员也是由公司的董事进行指派。它的职能是对员工持股受托人的行为进行指导。ESOT 是由美国国内税收部门所批准的一种合格的基金会。它可以得到政府在税收上的减免，并有两大好处：首先 ESOT 本身可以免除一些税收；其次，员工作为 ESOT 的受益人，可以延期支付税款。

⑤争议内部化——信息激励

打开企业"黑箱"并加以抽象，企业作为有机联系的自组织系统主要包含和充斥两种主要的关系——人与物之间的关系和人与人之间的关系。人处于管理系统中的核心位置，通过四通八达的信息网络与物（包括生产资料、生产设备、资金、运输工具等）和其他人相联系。一方面，在人与物形成的对立统一中，人与物之间主要存在着知识的信息不对称。由于真正的生产力是作为死的劳动的物的因素和作为活的劳动的人的因素相结合的产物，而且生产力的大小即物的因素在生产力中所起的作用取决于人的能力的发挥，因此，激励就必须使人的积极性、主动性和首创性得到充分的发挥，不断努力学习和创新，使人减少对物的知识的不对称，最大限度地使自己的认识与客观物质世界相一致。另一方面，在人的组织系统中也存在着信息不对称。在企业经营管理中，企业经营管理工作者处于信息交汇中心，与企业外部管理层，如企业资产所有者或上级主管部门相比，企业经营者（即代理人）掌握的信息多或具有信息优势，而委托者掌握信息少，或处于信息劣势，同时企业内部各个阶层之间也存在着这种信息不对称。信息不对称包括动机不对称和知识不对称，从理论上讲，知识不对称是可以解决的，而动机不对称则难以克服。信息不对称又必然导致逆选择行为和败德行为。

现代西方国家在发展中逐渐认识到：劳资冲突和阶级矛盾，以及由此引起的社会危机和社会动荡，是其制度变迁中最大的交易成本。因此，从"理性"出发，在企业创新的初次分配领域，他们选择了集体谈判、分享经济、职工持股、劳资有限共决等一系列缓和劳资冲突和阶级矛盾的措施；在政府创新的再次分配领域，不断调整财税政策，创建和改革社会福利与社会保障制度。这些做法，不仅缓解了劳资矛盾，调动了劳动者的积极性，而且控制和影响了社会总供求，减少了经济波动，稳定了社会秩序。

解决制度创新和"路径依赖"的重要手段是"外部性内部化"。科斯借助"交易成本理论"创建了产权经济学，在他看来，交易成本是运用市场价格机制的成本。K. J. 阿罗则认为："交易成本"是"经济制度的运行成本"。中国香港学者张五常则把"交易成本"概括为信息成本、谈判成本、契约成本、界定和控制产权的成本，监督成本和制度变迁成本。实际上，交易成本可以看做是为了克服利益冲突，实现人与人合作而付出的一种资源代价。它是客观的。企业作为一系列市场契约的结合点，它之所以能存在，就是因为它可以使交易成本为最小。制度的作用也在于降低交易成本。就企业来说，资本增值的有限性和"有限理性"的"经济人"的自利性始终是一对矛盾；就社会来说，社会产品的"相对稀缺性"和国民收入的有限性也始终是一对矛盾。因此，收入分配中分配主体之间的矛盾和冲突是不可避免的。但收入分配中各主体之间也存在着相互依赖，相互维系的关系，这就为冲突的协调和解决创造了可能。集体谈判、分享经济、职工持股、劳资有限共决等一系列缓和劳资冲突和阶级矛盾的措施正是这种理论的产物。制度除了通过以上"合作框架"的确定和规则的制定以规范各分配主体的分配行为，减少资源耗费，降低交易成本以外，还可以通过提供信息，减少由于信息的不对称而带来的不确定性，从而降低交易成本。

因此理顺产权关系，构建出资者、企业和劳动者长期而稳定的责权利关系，尽可能地减少交易次数，提高收入和分配的透明度，建立激励与约束相容的分配机制，尽可能地调动经营者和劳动者的积极性，有利于减少冲突，也有利于减少资源耗费和降低交易成本。即通过制度建设和机构重组，使有可能在决策中受到影响的人，在组织做出任何有可能严重地影响其利益的决策时，都能成为一个参与者去发挥自己的作用。其通常的作法是集体谈判、分享经济、职工持股、劳资有限共决等一系列缓和劳资冲突和阶级矛盾的措施。

近年来，有学者认为，分配制度中的"外部性内部化"，是西方国家避免衰退，走向繁荣的重要途径。特别是第二次世界大战以后，西方国家不仅在初次分配领域的企业广泛运用了集体谈判、分享经济、职工持股、劳资有限共决等一系列做法，极大地缓解了劳资冲突和劳资矛盾；而且在再次分配领域，国家也承担起了"总资本家"的职能，创新财政税收体制和社会保障制度，其总的目的，是把私人资本行为所导致的"外部性"问题，最大限度地"内化"在一系列制度建设和改革措施中，以实现社会的稳定和经济的繁荣（韩保江，1998）。

5.2 制度变革与劳动关系演化的动态和静态分析

制度的多元性和动态变革性从宏观的角度可以找到证据，并且宏观的劳动关系变化映射了不同制度下经济主体组织内部关系的状态。

广义劳动关系包括正式的劳动契约、和组织管理制度中的多元化利益关系，主体包括劳动者、雇主和政府，两个劳动者与雇主的矛盾和冲突一直是劳动关系中的重要部分；政府虽然也是劳动力市场中的雇主，但是，它与劳动者调节劳动关系的方式与企业与劳动者调节劳动关系的方式并不相同，况且在政府部门就业的劳动者的实际收入和各方面的福利待遇通常都高于社会平均水平，它们之间的关系并不是属于劳动关系中的重要问题；相反，处于企业中就业的劳动者与企业间的关系却存在多种问题，下文中的劳动关系指企业中的劳动关系。

劳动关系本质上是一种劳资双方经济利益关系，是双方权利交易的关系；最终形成一系列的制度安排（赵履宽，1998）。劳动关系是生产关系的重要组成部分，是现代经济社会中最基本、最重要的关系。历史和静态制度分析均反映出，劳动关系表现为从约束到激励、从冲突到合作的制度变革，走向更高效率的契约化和法制化。

5.2.1 劳动关系形成的动态历史分析：制度变革

劳动力的供求状况和交易成本决定了经济制度变革。刘易斯在对经济增长源泉的分析中指出，技术进步是表层原因，而由土地制度、产权制度和专利制度等所激发的技术创新热情才是更为深层次的因素。作为新制度经济学基石的科斯定理提出：交易是市场的前提。在交易成本为正的现实世界里，没有适当的制度，任何有意义的市场经济都是不可能的。奥尔森也明确指出，兴盛的市场经济最重要的是那些能够保障个人权利的制度。没有这些制度，也就没有人会积极地储蓄和投资。制度安排会随着劳动力市场供求的变化、双方谈判力量的增减、所有制结构的变化随之变化，重新作出新的调整和改变；同时要受国家宏观经济政策、产业政策和的影响，并作出相应的调整。

诺斯在《西方世界的兴起》一书中指出：有效率的组织是经济增长的关键；也是西方世界兴起的原因所在。因为制度提供了人类相互影响的框架，它们建立了构成一个社会、或者更确切地说一种经济秩序的合作与竞争关系。诺斯对 900 年—1700 年的欧洲经济史的分析认为，使私人收益率接近社会收益率的所有权制度是增长的关键；人口（作为外生变量）引起资源的相对稀缺（要素价格变化），交易费用低的选择导致新的所有权和劳动关系的建立，如表 5.2。

表 5.3 欧洲所有权制度的变迁过程①

9世纪的欧洲	土地仍充裕，形成满足农奴安全（虽然越来越弱）和公正的需要的、自给自足的庄园经济，为了确保庄园拥有足够的劳动力，封建领主建立了比奴隶制度监督成本低的庄园劳役制度（没有产品市场），采取各种措施实行财产扣押制度、担保制度和罚金制度等把农民束缚在作为公共地产的土地上。
11—13世纪	人口持续增加，报酬递减使私人收益大于社会收益导致生育率过高，人口与土地的关系日趋紧张，许多无继承权的贵族子女和一些佃农为了生存不得不移居到城市和工矿区，产品差异的贸易盈利促进了用行政职能来减少市场不完善如安全等的独立实体——市镇，并产生货币经济。 庄园里因人口压力导致收益递减，土地价值上升，土地的专有权增益更大，领主采用货币地租新契约方式的谈判实力加强，工人实际收入减少，生活下降；由于劳动力价值降低和监督成本等因素，领主们乐意用交易费用更低的货币取代劳役。收益递减持续的结果是 1315 年—1317 年的饥荒和 1347 年—1351 年的鼠疫和肺炎，人口下降和地租下降使工人的谈判实力增强，庄园制的主仆关系逐渐消失变成地主和佃农，租约延长，领主因谈判成本让农奴开始获得土地专有权。贸易发展方面也陷入停顿，主要发展垄断型的同盟保护市场，如汉萨同盟和手工业行会等。
14世纪后半期	人口逐渐恢复，船运和导航的改进促进了探险。农业报酬递减以比较缓和的方式存在。始于 15 世纪的英国圈地运动，是使农村劳动力转移的重要因素之一，许多农民丧失了土地和收入来源，不得不加入到自由流动的人流。随圈地运动中农村公用土地残余的消失、土地私有权的最终确立，农业中资本主义生产方式的普遍建立，农业生产者和生产资料进一步分离。
16世纪	这是商业扩张的时代。地区禀赋的差异使贸易继续扩大，形成国际市场。适应资本规模和风险成本以减少市场缺陷的股份公司，以及无形资产的所有和交换等制度出现了。民族国家的形成是为远程贸易提供足够的保护并取得财政收入的政治单位，根据实力的不同宣布不同的垄断权。
17世纪	法国和西班牙建立的税收制度提高了地方和地区性的垄断，如羊主团制度，抑制了创新和要素的流动。但在荷兰和英国，继承权无限制的土地所有制、自由劳动力、保护私有财产、专利法，知识产权等减少产品和资本市场缺陷或成本的制度安排带来了持久的经济增长。

可见，反映劳动关系的所有权发生的演变，是一个历史的成本收益选择过程，人口变动决定资源相对状况，最终影响着制度创新的成本和收益，也就是说新制度的产生决定于是否有防止他人搭便车、或让第三方分担交易成本的技术（使局外人不受益），以及创造和实施所有权的费用和

---

① 本表根据诺斯《西方世界的兴起》的概论部分归纳。

收益的比较。后文仍以现实制度本身，而不是真空的假设出发，以交易成本作为劳动关系的分析工具。

5.2.2 不同资源配置方式下的劳动关系比较

表5.3是以单纯一般均衡和完全计划两种不同资源配置方式的经济系统比较分析，关于所有权以及相应的劳动关系和制度安排的静态比较分析，可以看到反映劳动关系的各种制度安排是在实现主体的权利，目标是满足经济系统运行的假设条件。

表 5.4　两种资源配置方式下的劳动关系比较[①]

	市场经济（竞争均衡）	计划经济（结构均衡）
假设条件	资源稀缺、分散（利益多元化）；选择偏好完备、传递、自反、非饱和利益最大化的理性人	资源稀缺、集中（利益一元化）；最优公平原则，统包户籍、住房、档案利益服从全局行政的人
	价格信号 形成看不见的手——激励机制	数量信号 形成看得见的脚——行政约束机制
权利安排	产权主体拥有完全独占权、自由支配权、排他的使用权、让度收益权；平等的所有权 实质：不同产权主体的交易关系管理方企业产权主体和劳动能力产权的主体雇员独立、平等；责、权、利统一。 特点：主体不可分离的租赁。涉及再谈判过程，雇主权力，组织——产权延伸，公共权力，人权等——产权界定，外部性内在化	参与主体被赋予裁量权（决策权、激励权、执行纪律权）；人的归属权，规定比例利益分享权 实质：行政隶属关系的经济体现政府授权的上级运用裁量权对他人行为直接分级管理，劳动方贯彻服从原则不承担任何风险。 特点：权力集中无义务。上级追求政治利益最大化，代理人权力最大化，责任最小化，下级追求偷懒最大化——寻租，信息、激励和监督成本高
经济和非经济制度	法制（宗教、道德补充）——公平、契约模式为主 劳企权利制度、社保制度、企业法人制度（交易内部化）——保障契约双方各项社会权利 工资市场调节，就业流动 工会，第三方 ——劳动关系协调的引导	人制（法制、道德补充）——等级、家长制模式为主 行政代合同确定权利和义务，企保制度、企业是无独立产权的中介——否定双方许多社会权利 工资统一制定、统包统配 行政权高度集中，代替经济权 ——无义务约束，道德无力

---

① 赵履宽：《劳动经济学》，中国劳动和社会保障出版社1998年版。

实践证明，市场方式是资源稀缺的现实条件下的更为有效率的经济系统。不同资源配置方式的转换使劳动关系也存在适应性的调整问题，个体的意识、习惯，利益集团的抵触等都是必然存在的。同时也说明劳动关系的特点在具体的不同时期、不同地域、不同竞争环境下也会存在巨大的差异适应性，因此僵化的关系和制度是不存在的。

5.2.3 市场方式下以法制为基础的劳动关系系统

由于主观因素的存在，信息不对称问题在劳动力市场中是最为突出的，合同解决法是一个重要的激励（此外市场的信息激励还包括解决市场稀薄的信号，培训的外部性克服），法律制度是市场效率存在的基础，劳动合同是劳动关系具体表现形式，三方协调是制度公平变革的一种手段。

市场经济的劳动关系的构成因素，以及系统的结构特征、相互关系，包括市场制度的构建和市场失灵问题的解决，本文概括为下面的劳动关系结构框架：

①法制基础上的劳动力市场

完全竞争模型的市场制度，是市场机制效率和道德范畴的公平选择相结合，形成意识形态共同遵守的制度法规。一般来说，劳动力市场宏观管理包括几个方面的职能：就业培训、工资调节、社会保险，形成维持劳动力的供给和需求按照价格竞争的方式实现均衡，同时通过政府的再分配福利政策（其中最主要的就是一种再分配经济职能的、被称为中产阶级权利计划的市场需要但又不能提供的保险）体现"效率优先，兼顾公平"的取向。

然后考虑劳动力要素所具有的特殊性引起的市场失灵问题：

1. 工人的劳动力是差异性的，挑选工人面临着不确定性；工人的努力工作需要内在的动力激励，他们关心信息工作的条件、稳定性、与他人的工资差别等。这些不完全信息问题引起市场需要通过信号来解决逆向选择的交易稀薄问题，也就是用契约或合同制度的完善来解决激励的问题。

2. 技术提高引起工资上升，导致劳动力产权的拥有者谈判实力的提高；人权保护产生的工会组织也导致工资过高，企业只能进行生产要素替

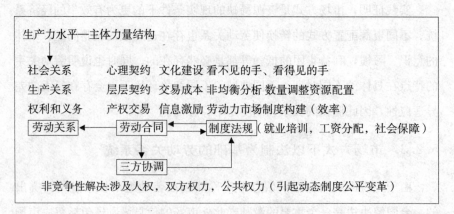

图 5.1　劳动关系的相关因素

代，进一步加剧工资上升，因此价格机制不能充分发挥作用，表现为人力资源垄断的非竞争性。技术带来的垄断也需要宏观制度设计解决。

3. 考虑企业用低工资的劳动力经过培训来进行替代，但是企业进行培训的外部性是很大的，因为培训的成本很高，这些额外的成本和收益很难全部通过交易实现，工人无偿分享了培训的未来收益，因此用于替代高工资的劳动力的培训始终是不足的。外部性的措施包括重新分配产权，消极外部性的非法化，税收和津贴鼓励，交易许可证。可见，税收和津贴的作用是需要强化的。

最后我们考虑非经济因素，非均衡分析理论认为，现实市场存在（1）价格刚性（或价格黏性）；（2）数量调整；（3）信息的不完全性与未来的不确定性；（4）信息成本。

劳动供给的数量除受工资调节外，还受人口数量和人口结构以及人们消费观念的调节；这是由于劳动者直接是消费者，劳动需求是派生需求；由产品需求不足而产生的劳动者的数量限制，会使在现行工资下原可达到均衡的劳动力市场出现劳动过度供给，这种现象称为产品市场对劳动力市场的"溢出效应"。这种"溢出效应"若显现到宏观层面上，就产生需求不足的"凯恩斯失业"。用非均衡方法研究这种溢出效应是劳动力市场非均衡分析的一个重要方面；同样，劳动力市场对消费品市场也有"溢出效应"，这也是劳动力市场非均衡分析所要研究的另一个重要方面。

数量限额下家庭和企业的相互影响如下：

C 为家庭对商品的需求，Ls 为对劳动的供给，Ld 对劳动的需求，

Ld=Ld（·），C=Cs≤Cd

Ld（Lj）C=Cd<Cs

Ls=Ls（·），C=Cd≤Cs

Ls（Lj·）C=Cs<Cd

L=min（Ld，Ls）

由于短边规则，当 Ld<Ls，则 L=Ld；当 Ls<Ld，则 L=Ls，形成如总体劳动力供给过剩造成了谈判力量下降的失业，劳动力相对短缺引起的新兴产业发展成本提高等现象。

我国计划经济体制下的劳动力市场，就是一种非均衡市场。实现这种市场的均衡，不是依据价格信号的调节，而是依据数量信号的调节。首先，计划经济条件下，工资的变动与劳动需求和劳动供给不相关，具有很强的刚性。其次，劳动需求方的预算约束极软，企业不会因为工资成本的上升而减少劳动需求。再次，劳动供给方在工作与闲暇中的选择上受到很大程度的制度限制。因此形成劳动短缺，指在劳动力市场上，劳动需求是"长边"，劳动供给是"短边"。[1] 这种市场为解决失业的分析提供了一定的思路。

②包含主观非理性的交易契约：劳动合同

劳动关系具体表现为合同关系。劳动合同的本质是劳动力产权交易的经济契约，而劳动力产权的交易是一个再谈判的过程，因此劳动合同的核心是努力程度和未来等不确定性激励的问题，通过产权交割明确使私人收益率接近社会收益率，为生产活动提供持续的动力，同时也涉及如培训外部性的产权分配问题：

关于产权问题涉及劳动契约与其他经济契约的关系。我们用张五常的

---

[1] 赵履宽：《劳动经济学》，中国劳动和社会保障出版社 1998 年版，非均衡部分。

观点来说明这个问题，他这里强调的是产权契约的一致性问题，劳动契约本质上也是产权契约：

"在权力法案加进去之前，美国 1787 年的宪法主要是关于联邦制的组织结构的。考虑到中国的局限，我可以肯定中国目前发展得有规模的层层合约组织安排远胜于联邦制。

原则上，如果应放则放的权力从中央层层下放，层层界定，层层分成，这样的合约组织可以把产权界定得清楚，没有多大空隙给压力团体虎视眈眈。产权之外的其他权利——人权——就大可自由了。自由永远是指局限下的自由，以界定权利的合约组织处理局限是上佳的选择。"①

此外劳动力交易中还有一个越来越受到重视的非经济范畴——心理契约。这是一种社会契约，社会契约是一种没有用文字写出的权利与义务，"……在组织中，每个成员和不同的管理者，以及其他人之间，在任何时候都存在的没有明文规定的一整套期望。"

但与经济因素相反，心理契约的本质是对无形的心理内容的期望。心理契约不仅具有期望的性质，也有"对义务的承诺与互惠"。打破期望会产生失望的感觉，而打破义务则产生愤怒的情绪，并使人们重新评价个人与组织的关系。

经济契约更强调内容，心理契约则强调过程。卢梭认为心理契约强调的是个人与组织间的"关系"，而不是他们之间的"交换"。

我们认为心理契约所包含的大部分内容，都可以体现在"体谅"与"品德"这两大范围内。② 在"体谅"之下，个体期望在工作活动中的任何变革执行之前，他们有协商的权利，比如，在重新安排工作，引入灵活性的工作时间，或提出"不许吸烟"的政策时，作为这种体谅的回报，他们可以表现许多"组织品德"的内容。这包括如果工作负荷突然增加，他们有做额外工作的愿望，或在与别人谈论其组织时，更多地谈到它的优

① 张五常：《还不是修宪的时候》，《经济学消息报》2004 年第 2 期。
② 波特·马金：《组织与心理契约》，北京大学出版社 2000 年版。

点，支持它的目标。

心理契约大多是非正式的，并且是隐含的，而不是公开的。因此，它本质上是主观的。心理契约与民族文化的关系密切我们可以粗略区分为有利于劳动契约的和有碍于劳动契约的两个类型，在此不深入讨论。

③制度动态化的三方协调

协调机制是对解决信息和外部性问题的劳动契约关系中产生的不公平或谈判破裂的解决，最终反馈为用社会制度变革实现对资源垄断非竞争性的解决，变量是人权（或法人权），双方组织权力，公共权力几种形式权力的相互作用。

这里需要分析权力的来源，一般以韩德（Handy，1985）的分类标准对权力的来源进行分类。他对弗兰西和瑞文（French & Raven，1959）的早期标准进行了修订，并提出五种基本权力来源。①

1. 生理权力来源于拥有优越的生理条件。在工业和商业组织中，这种权力来源很少存在。它只是在社会的一些基本权力机构中存在着，如在政治、监狱和军队的控制中表现出来。

2. 资源权力是从对资源的控制上产生的权力。资源可以是物质的（金钱和材料），也可以是心理的（通过提升而授予地位的能力）。这其实是交易和谈判的形式，以对资源的控制权利交换需要的行为。

3. 地位权力，它也被弗兰西和瑞文看做是"合法"权力。它是由于个体占据某一位置或角色而拥有的权力。地位权力最终要以资源或生理权力为基础。影响的方式是通过组织的规则和程序。但是只有当人们都接受规则时，它才能发挥作用。

4. 专家权力是由于个体比其他人拥有更多的知识或专业资格而形成的。拥有别人没有的信息，这就是潜在的权力来源。

5. 个人权力是有人格的力量产生的，它常被看做是神授的超凡魅力。宗教和政治领袖及一些特别成功的人士都具有这种类型的权力。较高的个

---

① 波特·马金：《组织与心理契约》，北京大学出版社 2000 年版。

人权力与较高的权威专家权力（真实的或想象的）的结合，常使这些个体处于神化的地位。

可见，现代社会中，交换性质的资源权力和天赋性质的个人权力两种最终的权力形式。20 世纪 50 年代到 70 年代组织发展的主导影响力是专家权力。劳动关系的协调中发展起来的就是非个体权力主导，而是以平等为原则的授权双方组织权力以及公共权力的协商和谈判的机制。

劳动和社会保障部、全国总工会、中国企业联合会 2003 年 8 月 6 日联合宣布，国家全面启动劳动关系三方协调机制建设。劳动关系三方协调机制以协商的形式解决劳动关系中存在的各种问题，兼顾政府、企业、职工三方利益，是市场经济国家的通行做法。三方协商的主要内容包括：劳动就业、劳动报酬、社会保险、职业培训、劳动争议、劳动安全卫生、工作时间和休息休假、集体合同和劳动合同等。这个劳动关系三方协调机制目前是我国劳动关系调整机制的重要组成部分。

从交易费用的角度看这个问题，三方机制将市场中大量主体的谈判变成了三个代表方的谈判，从而提高谈判的效率，而且定期的会议制为动态协调提供了保障，但这个机制的实现有赖于三方本身建立的成熟度和反馈的完善度，其中反馈的建立是三方机制克服形式主义和官僚作风的关键环节；此外效率和公平最大化的力度实施点也是重要的问题，工会的目标在于劳动密集高竞争型的"周边产业"中劳动者谈判力量调节，企业联合会的目标在于新兴产业中管理方的谈判力量调节，劳动部门的目标是良好的三方沟通制度建设等。

5.3　多元化利益支付促进合作博弈：从冲突到合作的劳动关系

前文说明了劳动关系从冲突（conflict）到合作（cooperation）、从约束到激励、从人治到法制的历史发展过程以及不同规则的对比和因素分析。要说明利益共享是长期化劳动关系的前提，也就是说要具有团体共同的利益（理性）和公平的利益规则条件，我们需要回顾博弈论 Game Theory（对策论）。

5.3.1 合作博弈的团体理性、规则公平、组织效率

近 20 年来，博弈论作为分析和解决冲突和合作的工具，在管理科学、国际政治、生态学等领域得到广泛的应用。在与一位学数学的企业家谈论电子商务的新商业模式时，他提到了一个更能描述现实的"亚合作博弈"概念，这里用于表达组织中的利益规则或劳动关系状态也很有启发性。

根据参与人在博弈过程中是否能够达成一个具有约束力的协议，博弈可以分为合作博弈和非合作博弈。倘若不能，则称非合作博弈 Non-Cooperative Game，非合作博弈是现代博弈论的研究重点。比如两家企业 A、B 合作建设一条 VCD 的生产线，协议由 A 方提供生产 VCD 的技术，B 方则提供厂房和设备。在对技术和设备进行资产评估时就形成非合作博弈，因为每一方都试图最大化己方的评估值，这时 B 方如果能够获得 A 方关于技术的真实估价或参考报价这类竞争情报，则可以使自己在评估中获得优势；同理，A 方也是一样。至于自己的资产评估是否会影响合作企业的总体运行效率这样的"集体利益"，则不会非常重视。这就是非合作博弈，参与人在选择自己的行动时，优先考虑的是如何维护自己的利益。总的来说，非合作博弈则强调个人理性、个人最优决策，其结果是有时有效率，有时则不然；而合作博弈强调的是集体主义，团体理性 Collective Rationality，是效率、公平、公正。

现代的企业间竞争有很多情况都是在合作的背景下进行的。比如垄断市场的寡头 A、B，他们可以协议指定一个产量，如海湾国家的石油产量，来维持自己的最大利润。可见合作博弈具有约束力协议，强调团体理性，即共同利益的最大化和内部均衡，因此能实现合作长期化。但是，在

许多情况下总有为了维护自己的局部利润而提高产量的情况，如沙特常擅自提高产量，结果导致价格下降，利润流失。竞争情报往往在这种情况下起重要作用，如果 A 掌握了 B 的实际生产能力这类竞争情报，就可以调整自己的产量甚至突破协议，从而形成新的均衡。

"囚徒困境"是博弈论里最经典的例子之一，反映了个人理性和集体理性的矛盾。如果 A 和 B 都选择抵赖，各判刑 1 年，显然比都选择坦白各判刑 8 年好得多。当然，A 和 B 可以在被警察抓到之前订立一个"攻守同盟"，但是这可能不会有用，因为它不构成纳什均衡，没有人有积极性遵守这个协定。这样两人都选择坦白的策略以及因此被判 8 年的结局，就被称为"纳什均衡"，也叫非合作均衡。也就是说在一策略组合中，所有的参与者面临这样的一种情况，当其他人改变策略时，他此时的策略是最好的。也就是此时如果他改变策略，他的支付将会降低。

"纳什均衡"对亚当·斯密的"看不见的手"的原理提出挑战。按照斯密《国富论》中的理论，在市场经济中，每一个人都从利己的目的出发，而最终全社会达到利他的效果。"通过追求（个人的）自身利益，他常常会比其实际上想做的那样更有效地促进社会利益。"从"纳什均衡"可以引出"看不见的手"的原理的一个悖论：从利己目的出发，结果损人不利己，既不利己也不利他，也就是说结果不是最好的，两个囚徒的命运就是如此。

从"纳什均衡"实际上还可以得出：合作是有利的"利己策略"。但它必须符合以下规律：按照你愿意别人对你的方式来对别人，但只有他们也按同样方式行事才行。这也就是中国人说的"己所不欲勿施于人"。

5.3.2 面子博弈对组织合作的促进分析

叶红心、张朋柱（2003）的模型分析，将面子作为非经济的利益支付，肯定了面子的心理价值或效用有利于促进合作，也就是说非经济利益支付能促进组织的合作博弈，这与 Dean 在亚洲的实证结论相符。

生产博弈涉及经济利益，面子博弈的支付事关面子得到认可的反映心理和潜在价值的效用水平，二者的结合影响组织成员的战略选择和决策。尽管为了经济利益可能会撕毁面子，但权衡失去面子遭受的潜在损失又会使组织成员趋于整体上的合作①。

设博弈在组织内部进行，为简便起见设有两个参与人 i，j（事实上结果可推广至 n 个参与人情形）。由于面子表明对方对自己长期累积起来的声誉的一种认可，所以面子若得到认可，该参与人就会得到极大的心理满足以及社会对该参与人更高的尊重和其他潜在收益，我们把这些有形、无形的各种收益总和引起的心理满足程度称为面子效用或支付，记为 σ。

设每个参与人都有两种选择：认可（合作 c）和不认可（背叛 d）对方的面子。当两方面子都得到认可时他的支付为 σ^*,σ^*；若一方认可对方面子而自己面子被对方认可即背叛时支付为 $\bar{\sigma},\underline{\sigma}$，如有的人靠贬低对方以抬高自己的身价；若双方都不认可对方的面子，他们会由于失去面子而失去社会的尊重，面子支付都为 0，因此我们得到面子基本博弈模型（表5.4）。

生产博弈，这里取"囚徒困境"博弈，w 表示努力工作（合作），s 表示偷懒。每个参与人采取 w 和 s 两种策略，这里的生产是个广义概念，它表示所有涉及经济行为的活动。用 P 表示生产博弈。

表 5.5　面子基本博弈模型

		参与人 j				参与人 i	
		c	d			w	s
参与人 i	c	σ^*,σ^*	$\underline{\sigma},\bar{\sigma}$	参与人 j	w	ω^*,ω^*	$\underline{\omega},\bar{\omega}$
	d	$\bar{\sigma},\underline{\sigma}$	0, 0		s	$\bar{\omega},\underline{\omega}$	0, 0
		面子博弈（FG）				生产博弈（PG）	
		$\bar{\sigma}>\sigma^*>0>\underline{\sigma}$				$\bar{\omega}>\omega^*>0>\underline{\omega}$	

本表引自：叶红心、张朋柱：《社会面子与合作博弈》，《管理工程学报》2003 年第 2 期。

---

① 张朋柱：《社会面子与合作博弈》，《管理工程学报》2003 年第 2 期。

我们假定组织中的参与人 i 和 j 进行重复博弈（RG），由于重复次数不确定，所以我们在无限的重复博弈框架下讨论参与人的战略选择、均衡以及合作行为。设无限重复面子、生产博弈分别用 F^∞，P^∞ 表示。设时间是离散的，对未来的贴现系数为 $0 < \delta < 1$。假定博弈参与人选择强触发战略（unrelenting trigger strategies）：如果对方合作，该参与人将永远采用合作战略；如果一方背叛，另一方将永远采用背叛战略。Abreu 指出这种触发战略是对背叛者的最优惩罚。

我们还假定参与人的历史信息是公共知识，即是信息完全的。参与人 i 在 t 期的决策函数是 $\max \left(\sum\limits_{\sigma=t}^{\infty} \delta^{\sigma-t} P_i \left(\pi^i S_i \right) \right)$。这里 P_i 是支付，$\pi^i (S_i)$ 是路径战略。

为应用方便先给出两个定义：

定义 1　如果参与人 i 或 j 在面子博弈和生产博弈中同时合作或同时背叛则称该参与人进行的面子博弈和生产博弈是强连接的；如果他们可在两个博弈中表现不同的合作（或背叛）态度则称两个博弈是弱连接的。

显然连接蕴涵强连接

定义 2　记 $K_f = \dfrac{\sigma^*}{1-\delta} - \bar{\sigma}$ 为面子博弈的合作利得，$D_p = \bar{\omega} - \dfrac{\omega^*}{1-\delta}$ 为生产博弈的背叛利得。

K_f 是面子博弈中合作支付与背叛支付之差，表明合作优于背叛剩余支付，也是合作的驱动力所在。D_f 表明生产博弈中背叛的驱动力。

模型分析：

假定博弈参与人在完全信息和强触发战略威胁下，在重复博弈的 Pareto 优超完美 Nash 均衡达成协调。

1. 面子博弈与生产博弈的强连接

当面子博弈是强连接时，参与人在两种博弈中间时选择合作或背叛，设两种支付具可加性，则强连接静态博弈的支付矩阵为表 5.5。

表 5.6　强连接情态博弈的支付矩阵

		参与人 j	
		(c, w)	(d, s)
参与人 i	(c, w)	$\omega^* + \sigma^*,\ \omega^* + \sigma^*$	$\underline{\omega} + \sigma,\ \bar{\omega} + \bar{\sigma}$
	(d, s)	$\bar{\omega} + \bar{\sigma},\ \underline{\omega} + \underline{\sigma}$	0, 0

本表引自：叶红心、张朋柱：《社会面子与合作博弈》，《管理工程学报》2003 年第 2 期。

如果 $\bar{\omega} + \bar{\sigma} \leqslant \dfrac{\omega^* + \sigma^*}{1 - \delta}$ 即 $\dfrac{\sigma^*}{1 - \delta} - \bar{\sigma} > \bar{\omega} - \dfrac{\omega^*}{1 - \delta}$，即 $K_f \geqslant D_p$

合作是可行的。当面子博弈是合作的，即 $K_f \geqslant 0$ 时，有 $(\omega^* + \sigma^*)/(1 - \delta) > \sigma^*/(1 - \delta)$ 即生产博弈的合作提高 i 和 j 构成的组织的支付或效益，当 $K_f < D_p$ 时，说明面子博弈合作带来的剩余支付不足以消除生产博弈的机会主义行为。因此我们有：

命题 1　如果参与人在面子博弈中合作，即 $K_f \geqslant 0$ 时，那么

A. 如果 $K_f \geqslant D_p > 0$，两个博弈的强连接对组织和个人都有利。

B. 如果 $K_f < D_p$，两个博弈的强连接对组织无影响而使参与人受到损失。

在情形 A 中，组织中的面子合作可以促进生产的合作，因此也增加组织的效益，此时面子的认可能转化为对生产力的提高的促进。面子合作的利得可作为实施生产合作的可置信的威胁（credible threat）。

在情形 B 中，生产中的机会主义的利得大于维系面子合作所带来的潜在利得，即面子合作所得不足以约束在生产博弈中的机会主义行为。因而生产中的机会主义也必然破坏面子博弈中的合作。

归根结底，组织成员无时不在面子合作和生产背叛的驱动力之间权衡，必要时为生产背叛所得而抛弃社会面子。另一方面，只当面子的潜在损失超过生产博弈中的机会主义所得时，才促进生产合作，使组织成员在社会面子与生产的交融环境下更有效的合作。

2. 基于面子合作无差异（$K_f = 0$）的博弈的弱连接

用σ^t和ω^t分别表示参与人在面子博弈和生产博弈在 t 期的支付，这里$\sigma^t \in \{\underline{\sigma}, 0, \sigma^*, \bar{\sigma}\}$，$\omega^t \in \{\underline{\omega}, 0, \omega^*, \bar{\omega}\}$，弱连接意味着第 t 期每个参与人最大化$\sum_t {}_{=t}^{\infty} \delta^{\sigma^t} U(\sigma^t, \omega^t)$，这里$U_\sigma, U_\omega > 0, U_{\sigma\sigma}, U_{\omega\omega} < 0, U_{\sigma\omega} = U_{\omega\sigma} < 0$，U 是联合效用函数且对变量单调二次可微的凹函数，这里假定了两个博弈支付是替代的并且从一个博弈获得的边际效用是在另一博弈获得支付的减函数。如在现实中，人的精力、时间、兴趣的限制可能为迎合社会面子而忽视生产活动的投入。为简单起见，把效用函数标准化，即$U(0,0) = 0$，记$U(0,\sigma) = U(\sigma), U(\omega, 0) = U(\omega)$。

当两个博弈不连接时，有表5.6。

表 5.7　两个博弈不连接的博弈矩阵

		参与人 j	
		w	s
参与人 i	w	$U(\omega^*, \sigma_i)$，$U(\omega^*, \sigma_j)$	$U(\underline{\omega}, \sigma_i)$，$U(\bar{\omega}, \sigma_j)$
	s	$U(\bar{\omega}, \sigma_i)$，$U(\underline{\omega}, \sigma_j)$	$U(\sigma_i)$，$U(\sigma_j)$

本表引自：叶红心、张朋柱：《社会面子与合作博弈》，《管理工程学报》2003 年第 2 期。

以下讨论两个博弈弱连接对组织合作的影响。

假定面子博弈合作无产差异，即在F^ω中

$$K_f = \frac{U(\sigma^*)}{1 - \delta} - U(\bar{\sigma}) = 0 \tag{5.1}$$

当P^ω与F^ω不连接时，在P^ω中合作维持条件是

$$\frac{U(\omega^*, \sigma^*) - U(\sigma^*)}{1 - \delta} \geqslant U(\bar{\omega}, \sigma^*) - U(\sigma^*)$$

左端是去掉面子合作支付的净生产合作的贴现值，右端是去掉面子合作支付的一次背叛的收益，上式亦即

$$\frac{U(\omega^*, \sigma^*)}{1 - \delta} - U(\bar{\omega}, \sigma^*) - \frac{\delta U(\sigma^*)}{1 - \delta} \geqslant 0 \tag{5.2}$$

当P^ω与F^ω弱连接时，在P^ω中的合作维持条件是

$$\frac{U(\omega^*,\sigma^*)}{1-\delta}-U(\bar{\omega},\bar{\sigma})\geqslant 0 \tag{5.3}$$

虽然是弱连接，但考虑 U 的单调性，上式保证合作比较强

由于 $U_{\sigma\omega}<0$ 则

$$[U(\bar{\sigma})-U(\sigma^*)]-[U(\bar{\omega},\sigma^*)]>0 \tag{5.4}$$

利用 (5.1) 有 $\dfrac{\delta U(\sigma^*)}{1-\delta}=U(\bar{\sigma})-U(\sigma^*)$ (5.5)

(5.5) 代入 (5.4) 得 $\dfrac{\delta U(\sigma^*)}{1-\delta}-U(\bar{\omega},\bar{\sigma})+U(\bar{\omega},\sigma^*)>0$ (5.6)

(5.6) 式左端系 (5.3) 左端减去 (5.2) 式左端，这说明 P^ω 与 F^ω 弱连接时，合作的条件更强，更具约束力，因此我们得到

命题 2　当面子博弈合作与背叛无差异时，即 $K_f=0$，生产博弈与面子博弈的连接能促进组织的合作。

当生产博弈与面子博弈弱连接时，参与人就可以用打断在面子博弈中的合作以威胁在生产中的偷懒者。

3. 无 K_f 限制的弱连接

前面讨论了 $K_f\geqslant 0$ 条件的博弈连接对组织合作的影响，现在从整体上考察博弈的连接情形。首先比较连接与不连接情况下合作条件的强弱。

当两博弈不连接时，维持面子合作与生产合作的条件分别是

$$\frac{U(\omega^*,\sigma^*)}{1-\delta}-U(\omega^*,\bar{\sigma})-\frac{\delta U(\sigma^*)}{1-\delta}\geqslant 0 \tag{5.7}$$

$$\frac{U(\omega^*,\sigma^*)}{1-\delta}-U(\bar{\omega},\sigma^*)-\frac{\delta U(\sigma^*)}{1-\delta}\geqslant 0 \tag{5.8}$$

合作条件是 (5.7)(5.8) 同时成立，显然

$$\frac{\delta[2U(\omega^*,\sigma^*)-U(\sigma^*)-U(\omega^*)]}{1-\delta}-$$

$$U(\bar{\omega},\sigma^*)+U(\omega^*,\bar{\sigma})-2U(\omega^*,\sigma^*)\geqslant 0 \tag{5.9}$$

如果 P^ω 与 F^ω 弱连接，合作维持条件是 (5.3)，为了比较博弈连接、不连接时合作条件的强弱，(5.3)，(5.9) 左端相减得：

$$\frac{\delta[U(\sigma^*)+U(\omega^*)-U(\omega^*,\sigma^*)]}{1-\delta}-$$

$$[U(\bar{\omega},\bar{\sigma})+U(\omega^*,\sigma^*)-U(\bar{\omega},\sigma^*)-U(\omega^*,\bar{\sigma})] \qquad (5.10)$$

上式为正等价于

$$\delta[U(\sigma^*)+U(\omega^*)+U(\bar{\omega},\bar{\sigma})-U(\bar{\omega},\sigma^*)-U(\omega^*,\bar{\sigma})] > U(\bar{\omega},\bar{\sigma}) +$$
$$U(\omega^*,\sigma^*)-U(\bar{\omega},\sigma^*)-U(\omega^*,\bar{\sigma}) \qquad (5.11)$$

因为 $U_{\omega} < 0$，则（5.11）式右端为负。左端若为负则（5.10）式恒
为正；如果左端为负则由（5.11）式得

$$\delta < -\left[\frac{U(\bar{\omega},\bar{\sigma})+U(\omega^*,\sigma^*)-U(\bar{\omega},\sigma^*)-U(\omega^*,\bar{\sigma})}{U(\sigma^*)+U(\omega^*)+U(\bar{\omega},\sigma^*)-U(\omega^*,\bar{\sigma})}\right] \Leftrightarrow \delta < 1 （假设）$$

因此（5.10）式恒正，亦即（5.3）式比（5.9）式合作条件较强，合作
驱动力更大，因此有：

命题 3　生产博弈与面子博弈的连接总能促进两个博弈的合作。

在一个组织中，参与人合作与否取决于背叛利得与连接博弈的惩罚力
量的比较，虽然某参与人能通过在两个博弈中同时背叛以提高其支付，但
对偏离合作均衡的行为可通过两个博弈合作的打断进行惩罚。在两类博弈
支付可以替代的情况下，同时打断两类合作更具威胁效力。

结论：在面子心理起重要作用的传统或氛围下，不能忽视和回避面子
的互动对生产博弈的影响。由于反映于联合效用的面子的潜在收益会影响
生产博弈的战略选择，也因而影响了组织的合作性。这就证明了更符合特
定文化背景的面子博弈与生产博弈的连接，更有利促进组织的合作。这是
博弈结构具有完全信息，在生产理性假设的前提下，研究博弈连接对合作
的影响，非理性参与人可能会由于面子偏好而放弃经济利益或为了追逐经
济利益而完全不顾社会面子。

5.3.3　（利益）冲突诊断博弈模型

以上讨论的是决策中的合作，博弈论也从冲突的角度解决问题。20
世纪 80 年代，M. Fraser，W. Hipel（1984）提出了冲突分析策略，这
是一种着眼于解决现实社会争端的一种特别的游戏（博弈）理论，属于一
般博弈理论的一个分支，而将冲突视为一类独立的问题加以系统地研究，

称为冲突诊断或冲突分析①。

冲突分析的目的在于协调冲突中各参与者（局中人）之间的矛盾，提出最终权宜解决方案。冲突分析基本模型可记为：$G = \{N, Q, V, UI\}$；$N = \{1, 2, \cdots, i, \cdots, n\}$ 为冲突参与者（局中人集合），其中 $i \in N$ 表示第 i 个参与者，可行结局均用策略集的"0"、"1"序列表示，并将每一结局的二进制数转化为十进制；当前态势下所有的可行结局集记为：$Q = \{q_1, q_2, \cdots, q, \cdots, q_m\}$，其中 $q \in Q$，为某一可行局势的十进制表示，V 为各方参与者关于可行结局集中各结局的偏好顺序集；UI 为各参与者关于各自偏好顺序中各元素的单方面改进集。

每位参与者根据自身的实力、立场和要求排列出自己的优先向量，当然这些不包括那些参与者认为经过逻辑推理和优先选择后不可能出现的方案。还须标出每位参与者的每个策略的单方面改善 UI 结局。然后，对每个结局作稳定性分析，由此便可获得整体的平衡。最后便可决定冲突各方最为安全的策略。概括为以下几个步骤：（1）找出参与者；（2）列举出每个参与者的可能选择方案；（3）结局的表示和简化；（4）构造参与者的优先结构向量；（5）稳定性分析。冲突诊断过程及稳定性分析过程如图5.2、图5.3所示。

通过以上分析，我们不知道（或不能长期保持）哪种条件下的个体理性是满足利己且能互利的均衡，我们知道非合作纯竞争型博弈的结果可能是零和，但是反过来我们可以从互利的团体理性假设中，实现很多种合作或者说长期化规则。人的本能驾驭着理性，上例中文化因素面子支付促进了假设为非合作"纳什均衡"的经济（生产）理性走向合作。合作博弈的异质性团体理性就是长期化或可持续的路径，因此本文利益支付是广义的，包含了经济报酬和非理性（产权、期望、权力、信息等）的多种形

---

① Fraser. N. Mand、K. M. Hipel (1984)，"Conflict Analysis: Models and Resolutions"，North-Holland，New York.

吴育华、程德文、刘扬：《冲突与冲突分析简介》，《中国软科学》2002 年第 6 期。

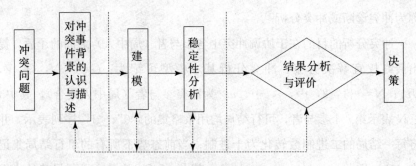

图 5.2 冲突诊断过程

本图引自：吴育华、程德文、刘扬：《冲突与冲突分析简介》，《中国软科学》2002 年第 6 期。

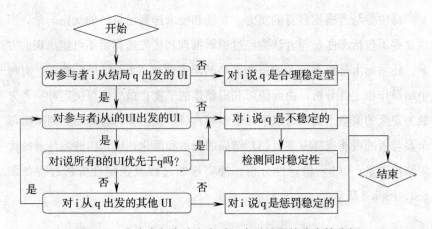

图 5.3 多个参与者冲突中对 q 来说结局的稳定性分析

本图引自：吴育华、程德文、刘扬：《冲突与冲突分析简介》，《中国软科学》2002 年第 6 期。

式，利益共享是长期的合作的或者说和谐的劳动关系的特征。

因此，非理性的自适应变革型的制度文化能够带来组织长期竞争力，利益共享的长期化劳动关系，是促进合作实现多种利益平衡、解决冲突使得契约长期化的动态结构。

6

重构企业生产方式的
组织文化资本战略

基于前文组织文化资本定义和特征的讨论，对其基本性质可以概括为：

1. 制约性。从内部看影响组织文化的因素包括能够满足客户需求的协作知识和价值观，以及组织的管理流程和制度两个方面。这构成了组织文化的内涵。

2. 层级性。组织文化在区域文化、民族文化、国家文化、时代文化等条件下存在，是内涵不同的构成部分，共同形成一个大文化生态。这是其外延规定性。

3. 独创性。人本身是差异的，因此没有完全相同的组织文化，能模仿或交易的就不是竞争优势的文化资本。可见没有一个组织的案例能用于任何时代和环境。

4. 养成性。组织文化资本是投入和时间的积累，正如社会行为都有（游戏）规则可循，本章进一步探讨了组织文化的构建框架、必要的背景知识和关键经验。

一般认为，优秀的企业文化四个标准：基于个性、基于战略、基于最根本的商业准则、基于人性。"适合自己的就是最有价值的"，本章提出了组织文化资本战略思路，倡导中国市场化的企业迈向"有文化"（资本）

的企业，突破理性经济人假设下的长期利润为零的企业模型，建立科学的可持续创新发展的生产方式。在这个知识创新和制度变革构成的战略中，创新强调了以人（客户）为中心，制度强调了每个员工的具体需求和人力资本提高，以人为本的思想贯穿了全文。

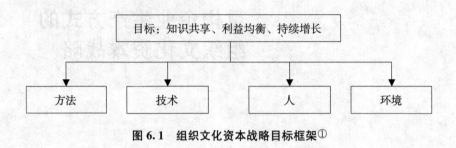

图 6.1　组织文化资本战略目标框架①

6.1　战略目标体系和总体思路

6.1.1　以运行能力和制度能力为战略目标

"战略"一词的希腊语是 strategos，意思是"将军指挥军队的艺术"，原是一个军事术语。20 世纪 60 年代，战略思想开始运用于商业领域，并与达尔文"物竞天择"的生物进化思想共同成为战略管理学科的两大思想源流。从企业未来发展的角度来看，战略表现为一种计划（Plan），而从企业过去发展历程的角度来看，战略则表现为一种模式（Pattern）。如果从产业层次来看，战略表现为一种定位（Position），而从企业层次来看。战略则表现为一种观念（Perspective）。此外，战略也表现为企业在竞争中采用的一种计谋（Ploy）。这是关于企业战略比较全面的看法，即著名的 5P 模型（Mintzberg，et 1998）

---

① 这是个基于现实人的个性及其全面发展的微观生产力、生产关系实战文化观。知识管理：面向异质性客户的竞争能力；制度管理：面向异质性员工的和谐关系。

企业竞争战略，主要是指企业产品和服务参与市场竞争的方向、目标、方针及其策略。其内容一般由竞争方向（市场及市场的细分）、竞争对象（竞争对手及其产品和服务）、竞争目标及其实现途径（如何获取竞争优势）三个方面构成。综观近 20 年的国际理论研究成果，可将企业竞争战略研究思潮大致划分为三个前后继起的主要理论流派，即结构学派、能力学派和资源学派。

①结构学派：竞争战略的产业选择与竞争对手的分析框架

结构学派的创立者和代表人物，首推美国著名战略管理学家、哈佛大学商学院的迈克尔·波特教授。波特的新型企业竞争战略理论是对多年来相关研究成果的厚积薄发。在波特之前，已有诸多学者对企业竞争战略进行过深入研究。其中影响最广泛的当数哈佛大学商学院的安德鲁斯。他在《企业战略概念》一书中所提出的战略理论及其分析框架（有时也称为"道斯矩阵"）一直被视为企业竞争战略的理论滥觞。正如国际著名学术刊物《哈佛商业评论》（1995 年 7～8 月号）在回顾企业战略理论发展史时指出："企业竞争战略的理论框架在很大程度上是由安德鲁斯所构想的。"在安德鲁斯的 SWOT 分析框架中，S 是指企业的强项（Strength）、W 是指企业的弱项（Weakness）、O 是指环境向企业提供的机遇（Opportunity）、T 是指环境对企业造成的威胁（Threats）。波特指出，构成企业环境的最关键部分就是企业投入竞争的一个或几个产业，产业结构强烈地影响着竞争规则的确立以及可供企业选择的竞争战略。为此，波特反复强调：产业"结构分析是确立竞争战略的基石"，"理解产业结构永远是战略分析的起点"。

产业结构研究并不是一个全新的领域，无论是战略管理学家还是经济学家都对此有过不少研究。然而，在 20 世纪 80 年代波特的著作出现之前，"战略领域却没有提供多少获得这种理解的分析技巧，有些虽已崭露头角但尚缺乏广度和综合性；经济学家们尽管一直在研究产业结构，但大都是从公共政策的角度出发，所以经济学的研究一直未引起企业经理们的注意。"与以往的研究相比，波特的理论贡献在于对产业组织经济学与企业竞争战略的创新性兼容。首先，他认为一个产业内部的竞争状态取决于五种基本竞争力的相互作用，即进入威胁、替代威胁、买方砍价能力、供方砍价能力和现有竞争对手的竞争。而其中每种作用力又受到诸多的经济技术因素和特征的影响，例如"进入威胁"就受到规模经济、专卖产品的差别、商标专有性、转换成本、资本需求、分销渠道等因素的制约。上述五种竞争作用力共同决定着一个产业的竞争强度和最终利润潜力，其中最强的一种或几种竞争作用力占据着统治地位并对一个企业战略的形成起着关键作用。在上述分析基础上，波特提出了三种可供选择的竞争战略：总成本领先战略、差别化战略和目标集聚战略。当然，实施这三种战略不仅需要不同的资源和技能，同时还存在着程度不同的风险。然而波特强调指出：一般而言，一个企业"保持采用其中一种战略作为首要目标对赢得成功通常是十分必要的"，并且"一个企业对三种基本战略均适宜的情况绝无仅有。"

继产业结构分析之后，波特详尽阐发了关于企业竞争战略理论的另一个重要组成方面——竞争对手理论分析模式。这主要包括如下三个方面内容：一是如何辨识竞争对手；二是如何分析竞争对手；三是如何把握竞争对手的市场行动信号。战略制定与战略实施是战略管理过程中两个不可分割的主要环节，以竞争优势为中心将二者有机地统一起来是波特企业竞争战略理论的又一创新。

在他看来，"竞争优势是任何战略的核心所在。""每一基本战略都涉及通向竞争的迥然不同的途径以及为建立竞争优势采用战略目标景框来框定竞争类型的选择。"因此，实施竞争战略的过程实质上就是企业寻求、维持、创造竞争优势的过程。为了系统识别和分析企业竞争优势的来源，波特提出了"价值链"这一重要的理论概念。他认为："每一个企业的价值链都是由以独特方式联结在一起的九种基本的活动类别构成的"。具体是指内部后勤、生产作业、外部后勤、市场和销售、服务五种基本活动和采购、技术开发、人力资源管理、企业基础设施四种辅助活动。一个企业与其竞争对手的价值链差异就代表着竞争优势的一种潜在来源。对此，波特强调指出："企业正是通过比其竞争对手更廉价或更出色地开展这些重要的战略活动来赢得竞争优势的。"显而易见，波特的"价值链"理论对于我们全面加强企业管理，大幅提高企业竞争优势具有现实的启发意义。

②能力学派：竞争战略的行为与过程分析理论

能力学派的出现源于波特竞争战略理论的局限性。产业结构虽然是企业竞争环境的关键组成部分，但产业结构的特征和演变只是企业制定竞争战略的主要依据之一。按照竞争战略的完整概念，战略应是一个企业"能够做的"（即组织的强项和弱项）和"可能做的"（即环境的机会和威胁）之间的有机组合。波特理论从产业结构入手对一个企业"可能做的"方面进行了透彻的分析和说明，但对企业"能够做的"方面却语焉不详。因此，20世纪80年代中后期及90年代初期以来，不少管理学家就"越来越注重对公司的资源和能力分析"。另一方面，能力学派的兴起也得力于美国企业界和学术界对企业管理实践的反思。

所谓能力学派，是指一种强调以企业生产、经营行为和过程中的特有能力为出发点，制定和实施企业竞争战略的理论思想。该学派有两种具有代表性的观点：一是以汉默尔和普拉霍莱德为代表的"核心能力观"；另一种观点是以斯多克、伊万斯和舒尔曼为代表的"整体能力观"。前者所说的"核心能力"，是指蕴涵于一个企业生产、经营环节之中的具有明显优势的个别技术和生产技能的结合体。后者所指的"整体能力""主要表现为组织成员的集体技能和知识以及员工相互交往方式的组织程序。"换言之，两种"能力观"虽然都强调企业内部行为和过程所体现出的特有能力，但前者注重企业价值链中的个别关键优势，而后者则强调价值链中的整体优势。

能力学派的理论创新，首先体现在它对20世纪90年代以来企业竞争本质的重新认识上。一般而言，实行多角化经营的公司总部都会要求下属战略业务单位成为其特定市场上的领导者，与此相应，"管理的关键任务是为其原有产品创造一种不可抗拒的新功能，或者创造一种顾客需要但又未曾想过的新产品。"在对西方国家一些大公司成败案例研究的基础上，能力学派指出，20世纪90年代以来企业竞争的基本逻辑发生了变化。在90年代以前市场处于相对平稳的状态下，企业战略仍可基本维持不变，企业竞争犹如国际象棋赛争夺棋盘中的方格一样，是一场"争夺位置的战争"，通常以其十分明确的市场细分产品来获得和防卫其市场份额；企业获取竞争优势的关键就是选择在何处进行竞争，至于选择何种竞争方式的问题虽也重要，但毕竟是处于第二位的事。但在90年代以来的激烈动荡的市场环境中，企业竞争呈现出动态化特征，类似于迅速多变的电视节目一样已变成一场"运动战"；竞争能否成功，取决于对市场趋势的预测和对变化中的顾客需求的快速反应。在这种竞争态势下，企业"战略的核心不在于公司产品、市场的结构，而在于其行为反应能力；战略的目标在于识别和开发难以模仿的组织能力，在顾客眼中，这种组织能力是将一个企业与其竞争对手区分开来的标志。"

其次，能力学派的理论创新表现在如何识别和培育企业核心能力的理解上。在能力学派看来，如何识别核心能力已成为一个企业能否获取竞争优势的首要前提。能力学派坚持认为，培育核心能力，并不意味着要比竞争对手在R&D方面投入更多的资金，也不是要使其各个事业单元垂直体化。事实上，核心能力来自于企业组织内的集体学习，来自于经验规范和价值观的传递，来自于组织成员的相互交流和共同参与。

最后，能力学派的理论创新表现在如何制定和实施企业竞争战略的政策主张上。使企业成为一个以能力为基础的竞争者，是能力学派的最终目的。因此有关学者曾对企业核心能力、核心产品、最终产品及其关系做过一个著名而生动形象的比喻："一个实行多角化经营公司犹如一棵大树，树干和主树枝是核心产品，较小的树枝是事业单元，树叶、花和果实就是最终产品，提供养分、支撑和稳定性的根部系统就是核心能力。"据此，能力学派主张，要建立或捍卫一个企业的长期领导地位，就必须在核心能力、核心产品和最终产品三个层面上参与竞争，并成为胜利者。在核心能力层面上，企业的目标应是在产品性能的特殊设计与开发方面建立起领导地位。与此相应，公司必须进一步使其在核心产品制造和销售方面所占的份额最大化，否则核心能力的提高和延伸就将受到限制。能力学派进一步建议，一个企业的高级管理层特别是行政总裁（CEO），应用大量时间来制订其竞争战略架构及其行动方案：

1. 以企业的核心能力为基础制定进攻性的战略目标；

2. 围绕设定的核心能力进行组织变革并确保每个员工都拥有达到战略目标所要求的专门技能和资源；

3. 监测竞争战略实施效果，并将测评效果与员工报酬结合起来；

4. 企业行政总裁（CEO）必须亲自领导竞争战略的制定和实施，并让一线经理积极介入。

在总结诸多大公司实践经验的基础上，能力学派认为，只要坚持上述竞争战略及其行动方案，无论是专业化经营还是多角化经营的企业，都能够从无到有，从弱到强，迅速成为一个行业的主要竞争者甚至成为领导者。

③资源学派：竞争战略的综合理论分析框架

资源学派的某些理论观点在 20 世纪 80 年代中期就已出现，经过 80 年代末 90 年代初的长足发展，基本成为企业竞争战略研究领域中占主导地位的理论流派。如前所述，资源学派试图"将公司的内部分析（即 80 年代中期管理学界权威们所关注的研究取向）与产业和竞争环境的外部分析（即更早期战略研究所关注的中心主题）结合起来"，从而在上述两种迥然不同的研究方法之间架起一座桥梁，以巩固安德鲁斯早年所建立的 SWOT 经典分析范式。可见，从结构学派到能力学派再到资源学派，企业竞争战略理论经历了一个"否定之否定"的"正反合"发展过程。从这种意义上说，资源学派初步实现了对竞争战略理论的一次集大成。

强调"资源"问题的重要性，是资源学派的理论出发点和基础。在其主要理论代表人物柯林斯和蒙哥马利看来，资源是一个企业所拥有的资产和能力的总和。因此，一个企业要获得佳绩，就必须发展出一系列独特的具有竞争力的资源并将其配置到拟定的竞争战略中去。然而，在一个企业所拥有的各类资源中，哪些资源可以成为企业战略的基础呢？在实践中又如何识别和判断不同资源的价值呢？对此，柯林斯和蒙哥马利认为，资源价值的评估不能局限在企业自身，而要将企业的资源置于其所面对的产业环境，并通过与其竞争对手所拥有资源进行比较，从而判断其优势和劣势。为此，他们进一步提出资源价值评估的五项标准：（1）进行不可模仿性评估，即资源是否难以为竞争对手所复制；（2）进行持久性评估，即判断资源价值贬值的速度；（3）进行占有性评估，即分析资源所创造价值为谁占有；（4）进行替代性评估，即预测一个企业所拥有的资源能否为另一种更好的资源代替；（5）进行竞争优势性评估，即在自身资源和竞争对手所拥有的资源中，谁的资源更具有优越性。通过上述五个方面的评估，通常能够表明一个企业资源的总体状况，从而为制定和选择竞争战略提供一个坚实可靠的基础。

在柯林斯和蒙哥马利的研究基础上，英国学者福克纳和鲍曼两人进一步拓展了资源学派导向的竞争战略理论体系和分析模式。他们不仅综合了结构学派和能力学派的有关理论思想，而且在分析技术工具上进行了富有成效的大胆创新，从而大大提高了企业竞争战略理论的实用价值。为了客观分析一个企业的市场竞争地位，他们创建了"顾客矩阵"。这是一个由可察觉的价格（Perceived Price）和可察觉的使用价值（Perceived use Value）两组变量构成的两维坐标。在他们看来，"竞争战略的主要目的是为了能比你的竞争者更加满足顾客提的需求。"一个企业要获取竞争优势，就必须以最低的可察觉价格向顾客提供最高的可察觉的使用价值。按照这一原则，在顾客矩阵中一个企业有两种基本的战略选择，一是削减价格，二是增加可察觉的使用价值。一个企业到底选择哪种战略，还必须以企业对核心能力的开发与使用状况为依据。一个企业的核心能力主要包括运行能力（Operational Competences）和制度能力（System Competences）。而核心能力中能为企业带来竞争优势的又称为"关键能力"。为了分析关键能力，福克纳和鲍曼又创建了"生产者矩阵"分析技术工具。在这一矩阵中，纵轴表示能产生价值的有效能力，横轴表示相对单位成本。综合运用"顾客矩阵"和"生产者矩阵"，就可以比较准确地把握一个企业的市场竞争地位。以上述研究为基础，福克纳和鲍曼最终概括出七种具有一般意义的战略选择：（1）什么都不做；（2）退出市场；（3）巩固市场；（4）市场渗透；（5）现有产品/新市场；（6）新产品/现有市场；（7）新产品/新市场；一个企业究竟选择上述哪种竞争战略，必须从战略的适宜性、可行性和可接受性三个方面进行详细评价。一般而言，"当用三项标准来衡量时，最佳方案的可接受程度应是最高的"。

综上所述，通过对上述三大理论流派的回顾，可以发现，企业竞争战略理论是随着管理实践的发展而发展的，其发展是从关注外部竞争环境，到注重内部核心能力，再到内外兼顾的"关键能力"。随着知识经济时代的到来，企业竞争发生了质的变化，战略的目标及策略也会随之改变。如何迎接 21 世纪的这一重大挑战，已成为企业家们和企业战略管理学家们共同面临的新课题。在企业战略理论新阶段的基础上，本文组织文化资本的实施目标是定位于核心能力，包括运行能力（Operational Competences）和制度能力（System Competences）两个方面。① 后文的知识管理和学习型组织战略是面向组织运行能力的，而制度变革和文化生态战略则是面向组织制度能力的。

6.1.2 企业文化的结构和内容：三元合一

组织文化资本战略同时也是建立在以下的企业文化描述框架下的，实现了对传统的回归。企业的精神文化、制度文化、物质文化，共同构成了企业的异质性人格文化。

①企业的异质性：人格文化

所谓企业的人格文化，就是以人为本的文化，是企业的综合品格。这种文化体现的是人的价值、人的尊严和人的道德品质，目的是让员工个人在企业中的地位与作用相统一；从事生产经营劳动的主人翁态度与在社会生活中发挥积极作用相统一；具有情感的自我意识与具有毅力的自我控制

---

① 叶克林：《企业竞争战略理论的发展与创新》，《江海学刊》2005 年第 3 期。

能力相统一。这是企业群体在长期生产经营，生活实践过程中所形成并为广大员工所认同的共同价值观。这种综合和个性的企业的品格文化，既包括企业的价值观，也包括企业的风俗习惯、道德规范、行为方式等。

1. 企业品格文化的概念

企业品格是一个企业所拥有的相对稳定的群体心理定势和精神状态，是一个企业优良传统的继承、延伸和对未来的向往、追求，是一个企业整体面貌、水平、特色及凝聚力、感召力、创造力和生命力的体现，是一个企业自豪感、自信力、自强心的反映。

企业品格离不开传统。企业的传统，既是一个企业历史的积淀，又是一个企业前辈实践经验的积累，更是一个企业赖以生存和发展的精神支撑。传统具有个性。个性决定了"这一个"企业与"那一个"企业的不同。这种不同，也许只有 1％或 10％，但就是这 1％或 10％的不同，便形成这个企业特定的使命，特定的文化和特定的语言。如麦当劳是做快餐的，但它一度曾试图改变其传统特色，推广一种名叫"为您定做"的新备餐系统，结果使快餐不快，午餐高峰时段甚至要等上 15 分钟才能吃到饭，这也理所当然地使老顾客抱怨，新顾客止步，经营走下坡路，加上其他一些原因，公司股价一度缩水 70％。这个"新"方案也不得不半途而废。这也告诉我们，对企业的老传统应更多地关注，而不应冷遇，使之拉上帷幕；更不应随意废弃。关注老传统，继承老传统，并不妨碍创新。只是这种创新，是对老传统的"扬弃"，是保持根基不变，留优弃劣。

2. 企业品格的特点

a. 企业品格是稳定的。一旦真正形成，便能在企业员工中产生一种相对稳定的心理定势，起到驱动、凝聚、熏陶、评价和规范的作用。2003年 6 月，《韦伯斯特大学英语词典》在最新的版本中添加了 1 万个新词条，其中把"麦当劳工作（McJob）"一词解释为"低工资而且毫无出路的工作"。这条信息公布以后，无疑对麦当劳冲击很大。但麦当劳有自己稳定的企业精神。面对这突如其来的风波，麦当劳的员工不仅方寸未乱，而且显示出空前的士气。他们认为，这是"侮辱麦当劳员工"，并为自己能在麦当劳工作而自豪。他们豪迈地说："餐馆工作是光荣的、体面的、有价值的！"从而把一场风波化作了一种动力。麦当劳还是麦当劳，照样为全美9％的美国人提供就业机会，并稳步地在全球各地进行适度扩张，开设连锁店。当然创业当初，麦当劳曾一度面临亏损的危机。麦当劳的创始人雷·克洛克在"走动管理"过程中发现，公司各部门的经理都习惯在办公室办公，并习惯躺在舒适的椅背上行使职权。这种状况对服务行业来讲是一大禁忌。于是，他要求所有经理把椅子靠背都锯掉，从而靠各级干部的深入基层、走动管理，把问题解决在现场，把失误消除在萌芽，从而使公司摆脱危机、扭亏为盈。正是这种精神传统，形成了麦当劳员工的一种相对稳定的心理定势，形成了麦当劳高层经理源于基层、且从站柜台开始的这样一种稳定的机制。

b. 企业品格又是可裂变的。这种裂变，主要是受外部环境的变化而派生出的许许多多的小支脉。如，在市场经济条件下，计划经济时期的"生产第一"不灵了，而代之以"订单经济"的"市场第一"。企业为了多拿"订单"，不仅出现了"千人在工厂，万人拓市场"的局面，而且出现了与消费者互动、共赢的局面。也就是说，并不是仅靠自己的规模寻求发展，而是追求企业规模与市场规模相匹配，以防止资源的闲置与浪费，同时转变营销策略，依靠与消费者建立独特关系的能力来寻求长期稳定的发展。为此，有的企业为顾客提供在产品上留下自己印记的工具，像耐克运动鞋选择独特的色彩组合和个性化信息，"白沙"牌卷烟选择独特的防伪标志和个性化服务等。还有的企业为了有意区别于竞争对手，在营销活动中实施一系列严格的价值体系，以满足自己顾客一系列的需要，如海尔服务的随叫随到；哈雷-戴维森摩托车品牌的信徒一样，靠口碑影响，发展消费的营销方式及精神等。这些营销精神从大的方面讲仍属企业精神的范畴，但又有其相对的独立性。营销知识、营销理念、营销方法是营销的文化内涵。构建企业文化，弘扬企业精神，也包括构建营销精神在内的企业精神。

企业的人格文化，更多地还属观念层面的东西，即一定要树立以人为本的思想，真正把企业的员工作为企业的主人，使其得到真正的发展，并在素质、生活水平、生命质量、生存价值四个方面得到提高。把企业人格文化这个"观念的东西"转化为企业"实在的东西"，就是企业的内层的精神文化、中层的制度文化及幔层的（或称浅层的）行为文化、和外层的物质文化。

②企业的物质文化、制度文化、精神文化

具体来看，企业的品格又通过以下三种形态来表达：

1. 企业的物质文化（呈现为 VI）

企业的物质文化也叫企业文化的物质层，它是企业职工创造的产品和各种物质设施等构成的器物文化，是一种以物质形态为主要研究对象的表层企业文化。企业生产的产品和提供的服务是企业生产经营的成果，它是企业物质文化的首要内容。企业的产品和服务也就是自己的"作品"和自己的"现实"。这个"作品"和"现实"，从宏观层面讲，是经济文化化；从微观层面看，是产品文化化。其次是企业创造的生产环境、企业建筑、企业广告、产品包装与设计等，它们都是企业物质文化的主要内容。

形象设计（CIS）是优势品格的外化，包含了 VI、BI、MI 三个部分。企业逐渐重视和导入的视觉设计，已经成为一种系统化表现企业价值的专业分工，不但覆盖了产品的各个方面，也包罗了生产资料在内。但是这只是成熟企业的高级战略，不能完全使企业走入可持续创新的生产方式，大量的新兴企业则是依靠精神文化和制度文化成长起来了，这也是后面文化基础战略中要展开的内容。

2. 企业的制度文化（包含了 BI）

a. 企业文化的制度层

又叫企业的制度文化，主要包括企业领导体制、企业组织机构和企业管理制度三个方面。企业领导体制的产生、发展、变化，是企业生产发展的必然结果，也是文化进步的产物。企业组织机构，是企业文化的载体。包括正式组织机构和非正式组织。企业管理制度是企业在进行生产经营管理时所制定的，起规范保证作用的各项规定或条例。上述三者，构成企业制度文化。企业制度文化是企业文化的重要组成部分，制度文化是一定精神文化的产物，它必须适应精神文化的要求。人们总是在一定的价值观指导下去完善和改革企业各项制度，企业的组织机构如果不与企业目标的要求相适应，企业目标就无法实现。卓越的企业总是经常用适应企业目标的企业组织结构去迎接未来，从而在竞争中获胜。

制度文化又是精神文化的基础和载体，并对企业精神文化起反作用。一定的企业制度的建立，又影响人们选择新的价值观念，成为新的精神文化的基础。企业文化总是沿着精神文化——制度——新的精神文化的轨迹不断发展、丰富和提高的。

企业的制度文化也是企业行为文化得以贯彻的保证。同企业职工生产、学习、娱乐、生活等方面直接发生联系的行为文化建设得如何，企业经营作风是否具有活力，是否严谨，人际关系是否和谐，职工文明程度是否得到提高等，无不与制度文化的保障作用有关。

b. 企业文化的行为层

企业文化的行为层又称为企业行为文化。它是属于企业制度文化的范畴。企业行为文化可称为企业文化的幔层，或称为第二层，即浅层的行为文化。它是指企业员工在生产经营、学习娱乐中产生的活动文化，包括企业经营、教育宣传、人际关系活动、文娱体育活动中产生的文化现象，是企业经营作风、精神面貌、人际关系的动态体现，也是企业精神、企业价值观的折射，主要分为企业家的行为、企业模范人物行为、企业员工行为。

3. 企业的精神文化（表达为MI）

企业的精神文化即是企业文化的精神层，是企业文化的内核，以人为载体。企业品格依存于追求。追求转化为看得见、摸得着的"实在的东西"，最主要的是要加强各种各样、行之有效的培训，开发企业的人力资源，努力将企业变成一个"学习型组织"。因为在企业发展的"三大战略资源"，即自然资源、物质资源和人力资源中，唯有人力资源的"存量"和"增量"具有深度的可再开发性，且具有可转化为其他物质财富的"增值力"和"扩散力"。而自然资源，如煤炭、汽油、天然气等；物质资源，如厂房、设备、生产线等，不仅没有可再生性，而且具有折旧性。

注重物质性基础建设转向注重培训和人力资源开发，要把培训和人力资源开发的目标从"学历本位"转向"能力本位"，注重员工的素质教育和能力提高，使之逐步具有能立足本职岗位和职责要求，运用资讯科技、信息、技术和知识解决工作难点、破解工作难题的创造力。在三十多个国家设立了60家工厂的世界第二大汽车公司丰田公司，多年来坚持对蓝领工人进行1至5周的培训，并且这种培训多以在模拟的装配线上反复练习为主，以提高动手的能力，而很少采取那种司空见惯的"动口不动手"式的长篇演讲的做法，从而取得了良好的效果。

事实证明，人力资源开发出什么样的人，就能产生出什么样的人格文化（张保振，2006）。如麦当劳公司有这样一个硬条件：要加盟麦当劳，老板首先要穿围裙。麦当劳中国发展公司的高级副总裁朱源和说：围裙，在某种意义上代表脏和累。要加盟麦当劳，就要从最低的工作开始，即清洁地板、捡垃圾及打扫顾客的厕所。他特意提道，"扫地板也有一套学问，怎样才能把地板扫干净，什么程度可以叫做干净。"红河卷烟厂投资办了一所中学，在这个中学内有一湖水，厂长邱建康为了说明湖水的纯净、干净，就用手捧了一捧水喝进肚里；一日本宾馆领班培训中国员工时做保洁示范，他把抽水马桶洗干净后，从中舀了一杯水喝掉后说："就按这个标准清洗！"这都是为了证明"干净"，这就是异质的"学问"。通过持续不断的深层次人力资源开发，以及由此推动企业和社会历史的巨大前进，人才能逐步地成为一个完全发展的"完整的人"、全面占有自己本质的"真正的人"、认识和利用客观规律、从必然王国进入自由王国的"自由的人"。英国有句谚语说得好：只要努力，太阳天天都会从东方升起。

6.1.3　组织文化资本的案例规范和测量思路

作为未来研究的基础，根据前面章节的理论分析，本文提出对组织文化资本的量化测度思路，作为定性描述的规范或框架，以及定量测度的指标选择。见下表 6.1。

表 6.1　组织文化资本的案例规范和测量思路

维度	子维度	测度指标（选项）
网络水平	个体差异情况 组织网络强度 人际关系强度	技能的分散或分工程度 技能的替代性及独特性 竞争程度，压力指数 合作精神，交流频率 共同的兴趣爱好情况
知识水平	管理信息平台 知识存量 知识流量	教育程度，平均工龄 培训时间，学习习惯 沟通模式，沟通频率 服从程度，执行效果 知识库水平
制度水平	制度设计程序 制度覆盖情况 制度变革频率	对劳动合同的满意度 薪酬与战略关联度 人力资本形式 心理契约强度 员工参与管理程度 争议内部化方式

　　表中包括 3 个描述组织文化资本的维度，根据第 3 章中势理论差别和联系设置反映描述和量化网络水平的子维度个体差异情况、组织网络强度、人际关系强度等，根据第 4 章的知识创新模型设置反映知识水平的子维度管理信息平台、知识存量、知识流量等，根据第 5 章的制度激励作用来设定反映制度水平的子维度制度设计程序、制度覆盖情况、制度变革频率等。具体的测度指标则需要考虑可量化的因素来选取。

6.2　构建网络时代的专有能力平台：知识管理

　　组织文化战略的首要问题是企业文化的精神层，第 4 章讨论了当代企业的本质在于不可复制模仿的异质核心竞争力，知识管理是当代构造核心能力的技术经济综合手段。

6.2.1 知识管理（KM）

知识管理（KM，Knowledge Management）是网络新经济时代的新兴管理思潮与方法，管理学者彼得·杜拉克（P. F. Drucker）早在 1965 年在"后资本主义社会"（Post-Capitalist Society）一书中即预言："知识将取代土地、劳动、资本与机器设备，成为最重要的生产因素。"知识管理也被认为是未来人力资源管理的核心。

事实上知识管理并不是一项新颖的理念，其实务亦早已存在，只是在早期这样的理念并未获得充分重视，同时在实务上也并未具体落实。知识管理可以定义为，在组织中建构一个量化与质化的知识系统，让组织中的信息与知识，透过获得、创造、分享、整合、记录、存取、更新、创新等过程，不断的回馈到知识系统内，形成累积个人与组织的知识成为组织智慧的循环，在企业组织中成为管理与应用的智慧资本，有助于企业做出正确的决策，以因应市场的变迁。

从管理理论体系上看，知识管理是信息管理的发展方向，信息管理是在计算机和网络时代，基于信息技术的系统管理理论，主要利用技术、经济和人文的手段解决信息资源问题，而知识管理则是在信息管理到了一定阶段，对技术手段不能完全解决的例如产权等问题，基于内容的系统管理理论。两者均包括了宏观、中观和微观三个层次的框架，关键词如下表，可以反映出两个管理领域的区别和联系。

表 6.2　知识管理和信息管理的三个层次

	知识管理	信息管理
宏观层	知识产权，科技促进 法律政策，教育训练	基础设施，资源配制 法律政策，技术标准
中观层	企业和政府组织，CKO 组织学习，交流网络	企业和政府组织，CIO 系统分析，信息规划
微观层	无形资产，人工智能	信息技术，信息组织方法

以下对知识管理的意义，其与组织智能及知识经济之关连性作一剖析。

①知识管理的意义

以知识创造社会财富的观点而论，人类已经历了工业革命、生产革命与管理革命等三个阶段，而在此过程中，知识的重要性与关连性则是与日俱增。在工业革命中知识的应用导致新产品与新工具的产生，这种工作类型的集中，明显的展现在大型制造厂中；在生产革命中，知识与工作相结合，泰勒（Taylor）的科学管理是导致更效率与生产力的科学表现；而在第三个阶段"管理革命"中，知识系与知识相联结，其特征为知识与专门知识的集中运用以及系统且有目标的解决问题，这也正是人类当前身处的阶段（Drucker，1993；Nijhof，1999）。

在许多知识管理的相关文献中，知识管理经常被概括性的定义为创造、储存与运用知识以促进组织绩效的过程。李勃维兹（Liebowitz，2000）即认为知识管理是从组织的无形资产中创造价值的过程。知识管理并不是一项新的概念，它是一种以知识为基础的系统、人工智能、软件工程、组织发展改良、人力资源管理与组织行为概念之综合体。

发掘知识→确认所需技能→发展新技能→传播新技能→应用新技能→淘汰旧技能

图 6.2　知识链

知识若依其性质，可区分为隐性知识（tacit knowledge）与显性知识（explicit knowledge）两大类。隐性知识系指难以透过语言及文字等外在形式表达的知识，此种知识系高度个人化且难以传授于人。个人所拥有但难以言传的技术、技巧及心智模式（mental model）等均属隐性知识。而显性知识则与隐性知识相反，系指可透过语言或文字等外在形式表达的知识，这种知识也就是可以分类编码的客观知识（Nonaka，1998；Nonaka and Takeuchi，1995）。而知识管理所要掌握的则是上述两种知识的转化与运用。

表 6.3　主要的知识管理过程模型

提出者	阶段	知识过程管理模型
Vander Spek	4 阶段	新知识的生成，新的和已有知识的保护，知识的分配，已有知识的综合。
DiBella，Nevis	3 阶段	知识获取，发布和使用。
Marquardt	4 阶段	知识的获取，创造，传递与使用，存储。
Wiig	4 阶段	生成与收集，编辑与转换，发布，应用与价值实现。
Ruggles	3 阶段	生成阶段（包括知识的生成、获取、综合、融合及改编），编码阶段（包括获取与表示）和转移与传递阶段。
O'Dell	7 阶段	识别，适应，组织，应用，共享和创新。
Holapple，Joshi	6 阶段	获取知识（抽取、解释、传递），选择知识（定位、检索、传递），内化知识（评估、确定目标、存储），使用知识，生成知识（监控、评价、创行转换）和外化知识（确定目标、创造、传递）。

知识管理是促使人们的内隐知识外显化的过程，以在组织中有效地运用知识的效能。就此而言，知识管理即是整个知识链的过程，涉及从知识的察觉到确认所需技能，乃至发展新技能、传播新技能以及新技能的应用与老旧技能的淘汰等（参见图 6.2）。而知识管理本质上对于整个组织各部分，如人力资源发展与管理、知识的组织与应用以及使用知识的机会与障碍排除等均有其正面影响（Nijhof，1999）。易言之，善用知识管理将可促使组织发展成为一个更具智能的组织。

IDC 研究报告指出，知识管理是未来企业提高工作效率和增加竞争力的关键。21 世纪企业的成功越来越依赖于企业所拥有知识的质量，利用企业所拥有的知识为企业创造竞争优势和持续竞争优势对企业来说始终是一个挑战。

②知识管理过程

关于知识管理过程的文献很多，如表 6.3。

国内梁哨辉（2007）提出了一个知识管理 4I 模型，涵盖知识管理体系的全过程即：（1）启动（initiatives）；（2）洞察（insights）；（3）实施（implementation）；（4）改善（improvement）。

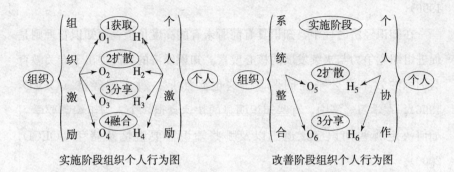

实施阶段组织个人行为图　　　　改善阶段组织个人行为图

图 6.3　实施阶段组织个人行为图和改善阶段组织个人行为图

　　本图引自：梁哨辉、宋鲁：《基于过程和能力的知识管理模型研究》，《管理世界》2007 年第 1 期。

③知识经济与知识管理

　　1996 年经济合作发展组织发表"以知识为基础的经济"（The Knowl-edge-based Economy）的报告，自此知识经济的理念广受国际社会的高度重视，而有关知识经济的文献探讨，更是在近几年间明显递增。"以知识为基础的经济"这个术语的出现，显示了人类对于知识与科技在经济成长中所扮演的角色，有了更充分的认知。知识蕴涵于人力资本与科技中，向来处于经济发展的核心地位（OECD，1996）。人类正处于一个知识经济时代，系统而完善的知识管理俨然已成为组织与社会永续发展的重要课题。

　　在知识经济时代中，知识与学习的关系更显密切。知识经济的特征是需要不断地学习分类编码的信息以及具备利用这种信息的能力。教育将是知识经济的核心，而学习则是个人与组织进步的工具。学习过程并不仅是获得正规教育，在知识经济中重要的是干中学。学习的一个基本面向是将隐性知识转化为显性知识，并且应用于实务中，进而发展出新的隐性知识。由于信息科技的进步，非正规学习与训练更是日益普遍的形式。组织正面临着需要发展成为学习型组织，为适应新科技而不断地调整管理模式、组织结构与技能。组织同时需要加入学习网络，在此网络中生产者与消费者在实验与信息交流中的相互学习，是组织创新的驱动力（OECD，

1996)。

在知识经济时代中，知识具有前所未有的高度价值，而知识管理则是促进组织竞争力与永续发展的核心要素。知识经济的兴起提出了有关教育与训练的效率及公平性问题，而这也必然是一种学习经济（OECD，1996）。在学习经济中，有些知识明显的快速衰退，个人与组织需要学习如何决定哪些知识应该遗忘以及哪些知识需要记忆及储存（OECD，2000）。

④知识管理的内容

企业知识管理大致包括以下6个内容：

1. 知识管理的基础措施

它是知识管理的支持部分，如数据库、知识库、多库协调系统、网络等基本技术手段以及人与人之间的各种联系渠道等。

2. 企业业务流程的重组

其目的是使企业的知识资源更加合理地在知识链上形成畅通无阻的知识流，让每一个员工在获取与业务有关知识的同时，都能为企业贡献自己的知识、经验和专长。

3. 知识管理的方法

主要包括内容管理、文件管理、记录管理、通信管理等。

4. 知识的获取和检索

包括各种各样的软件应用工具，例如智能客体检索、多策略获取、多模式获取和检索、多方法多层次获取和检索、网络搜索工具等。

5. 知识的传递

如建立知识分布图、电子文档、光盘、DVD及网上传输、打印等。

6. 知识的共享和评测

如建立一种良好的企业文化，激励员工参与知识共享、设立知识总管CKO、促进知识的转换、建立知识产生效益的评测条例等。如何进行知识管理是我们首先要解决的理论和实际问题。

⑤知识管理研究领域

　　知识管理研究领域可以从两个思路和两个水平来对之予以考查[①]。

　　思路一：知识管理＝对信息的管理。这个领域的研究者和专家们一般都有着计算机科学和信息科学的教育背景。他们常常被卷入到对信息管理系统、人工智能、重组和群件等的设计、构建过程当中。对他们来讲，知识＝对象，并可以在信息系统当中被标识和处理。这一思路是较新的，并由于得到 IT 技术发展的支持，现在发展很快。

　　思路二：知识管理＝对人的管理。这个领域的研究者和专家们一般都有着哲学、心理学、社会学或商业管理的教育背景。他们经常卷入到对人类个体的技能或行为的评估、改变或是改进过程当中。对他们来说，知识＝过程，是一个对不断改变着的技能与 knowhow 等的一系列复杂的、动态的安排。这些人在传统上，要么是像一个心理学家那样热衷于对个体能力的学习和管理方面进行研究，要么就像一个哲学家、社会学家或组织理论家那样在组织的水平上开展研究。这个思路非常古老，而且发展得也不太快。

　　水平一：个体的视角。研究和实践的焦点在于个体。

　　水平二：组织的视角。研究和实践的焦点在于组织。

表 6.4　知识管理的思路和水平

路径/水平	知识＝对象	知识＝过程
组织水平	重组专家 (Re-engineers)	组织理论家 (Organisation Theorials)
个体水平	人工智能 (AI-specialists)	心理学家 (Paychologists)

本表引自：陈立辉：《什么是知识管理?》，《IT 经理世界》2005 年第 9 期。

　　尽管这个表格可能将事情过分简化了，但在我们对"知识是什么"这个问题的理解上，仍有帮助。

　　"知识＝对象"这一纵栏里所包括的研究者和专家们在他们对知识的

---

① 陈立辉：《什么是知识管理》，《IT 经理世界》2005 年第 9 期。

理解上倾向于依赖从信息理论中得出的概念。

"知识＝过程"这一纵栏里所包括的研究者和专家们在他们对知识的理解上则倾向于使用哲学、心理学或社会学中的概念。

因为他们之间拥有不同的学术渊源，这两个思想路径中的人们在他们的对话中使用的语言也都是不同的，因此当他们彼此相聚时，都会对对方的理论和话语感到茫然和迷惑。

⑥知识管理的评价

根据欧洲质量管理基金会、美国生产力和质量中心以及著名管理咨询公司 CIBIT 联合对 27 家全球性公司的调查结果，把它们的知识管理活动与业务衡量体制相联系，引入知识管理的公司主要可以从以下创新增多、业务增长、改善工作实践和流程、提高客户满意度、提高员工能力和满意度、增加组织信任和新员工的凝聚力六方面反映其成果（图 6.4）。

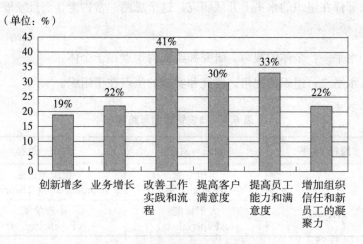

图 6.4　知识管理的评价调查结果

资料来源：欧洲质量管理基金会、美国生产力和质量中心以及著名管理咨询公司 CIBIT 联合对 27 家全球性公司的调查报告。

6.2.2　推动知识共享的技术平台

不少企业希望通过信息技术的应用，提高组织内部的知识共享。然而，人们很快便发现，知识管理并非简单的信息技术运用。技术手段并不能使人自发地改变对知识分享的态度和行为，也不能降低"不分享的组织文化"所形成的障碍。知识管理的实践，面临着来自技术社会管理和个人因素等方面的挑战。全球最大的网络防毒厂商——趋势科技，成功设计了一个乐于共享知识的企业文化。

趋势科技于 1988 年成立于美国加州，经过 17 年的持续创新与努力，目前已成为全球最大的网络防毒厂商，在 30 个国家和地区设有分公司，员工总数超过 3000 人。他们的知识共享八大平台是：

①方案银行

方案银行是趋势科技所有产品的知识库，已积累了 9 万种病毒类型，开放给世界各地的技术人员分享技术问题，也是全球各地的技术人员、经销商及客户快速查询防毒知识与解决方案的最佳途径。

当趋势科技某个地区的技术支持人员面对无法回答的问题时，通常会先把问题汇总到负责该类问题的同事那里。如果当地的技术支持部门仍无法解决问题，便可以在方案银行提交问题描述。此时趋势全球各地的技术支持人员都能看到问题，有经验的同事便会在方案银行上留下自己的解决方法，技术支持部门会按照这种方法进行试验。当没有同事有类似的经验时，各地的技术支持部门会根据方案银行上的问题，通过 MSN 等网络工具对问题进行讨论，找到问题的解决方案。最后由负责该问题的员工整理汇总到方案银行，形成新的解决方案。

因此，方案银行不仅是一个数据库，更是一个技术人员的交流平台。它不仅有利于信息的获取与传递，更有利于趋势的技术人员通过讨论产生新的解决方案。

②创意工作室

趋势科技的员工可以通过电子邮件向创意工作室提交自己的创意。创意审核通过后，创始人会得到奖金激励，并且随着创意的价值不同，奖金的等级也不同。

③文档管理系统

文档管理系统是趋势科技用来管理各种文档的数据库。主要包括两种文档：一是由部门负责人或者数据库管理员发布的文档，有权限登录数据库的员工都可看到这类文档；二是由项目小组成员提交的一些文档，可能只有部分相关负责人与项目小组内部成员或管理员才有权看到。

文档管理系统根据项目的不同而由不同的人负责，根据部门的分工，要求各部门负责自己的文件夹，如 HR 经理负责人力资源，开发经理负责开发部门，测试经理负责测试部门。数据库管理员可以看到所有的文件夹。

病毒百科几乎涵盖了趋势科技过去所处理的所有病毒信息，成为趋势科技员工了解病毒信息的重要知识库，也为新员工的培养提供了众多的实例。

④技能库

技能库由人力资源部负责，其目的是让人力资源部门更好地了解每名员工的能力与特点，为项目找到合适的人才，为经理组建项目组织时提供支撑作用。一般员工没有权限登录数据库，只有经理层有权限。

⑤未来需求库

未来需求库主要是产品经理输入的用户反馈信息。公司内部所有的工程师都可以浏览建议和提交建议，由产品经理进行总结，最后由各部门派代表商议决定是否需要增加新的功能，通常营销部门的评估会占比较大的比重。因此，该平台的知识创造者为产品经理，分享人员主要为研发部门及营销部门的相关人员。

⑥公司门户网

公司门户网是趋势科技对外的门户网站，内容包括趋势科技公司简介、新闻发布、产品信息与招聘信息等。此平台上的信息皆为公开面向所有网络使用者，主要由信息管理人员负责相关信息的更新与维护。

⑦无边界管理

趋势科技为了促进内部员工分享知识，一开始就将沟通列为企业文化当中重要的一环，并发展成为一种无边界的管理模式。这种无边界的管理模式，来自公司创始人张明正先生所倡导的"唯谦卑者生存"的管理思维。在无边界的管理模式中，管理方式从传统的以命令和控制为主，向分享信息、目标导向和授权的方式转变，从提供正确的答案向能够正确地提出问题转变。同时管理者还需要保持对结果的关注，对过程进行精确的控制，并能够果断地决策。

为了实现这种无边界充分沟通与知识分享的管理模式，趋势科技的全球总裁们每3个月会以地点轮换的方式，举行内部高峰会议，高管们针对公司的发展方向及营运策略集思广益。为了落实相关决策公司每年还会召开一次全球总裁和部门经理大会，参会的人员来自四十多个国家。最后，再将公司的业务目标落实到个人。通过这种沟通模式，公司的每个人都能将自己的目标和公司的发展策略联系起来。

在趋势科技，可以看到乐于分享知识的企业成员。在这种充满尊重、互信与开放的工作氛围中，乐于分享已成为一种风气。而趋势科技特别强调的两种沟通精神促成了这种氛围的形成：其一是"无我"的精神，也就是把公司全体利益摆在第一，尽量摒除个人意气、自尊、成见，以解决客户问题为优先，同心协力为基础。其二是"自在做自己，发挥最好的潜质！"，一切以公司成长与客户利益为前提，没有权威，没有等级，不必讨好上司，不必忌惮下属，各自根据自己的专长或实际经验来贡献意见。

⑧自发式学习社区

趋势员工之间也形成了自发式的学习社区。例如，每周一次的"同部门学习组"，以技术知识的分享交流为主，小组成员彼此间以开放的态度，完全自愿地讨论近期的技术发现和经验积累，而不会因为没有物质回报保留自己的宝贵经验。趋势科技某研发项目经理强调，通过自发性的讨论，很多灵感和启发会被进一步激发，实现了乘数效应。此外，趋势员工还自发组织了跨部门或跨地区的讨论小组，定期讨论工作中遇到的问题或交流新的创意。

学习社区的弊端是有可能导致内部员工思想的同质化。但是，八大平台中的创意工作室为充满灵感的员工提供了一个最好的发挥管道，鼓励员工的独立思考，避免陷入"羊群思维"。

共享的背后：

趋势科技员工何以乐于与人分享知识与经验？因为可以获得"精神上的满足"，而这种精神满足，又很大程度上源于公司的企业文化——4C＋T。4C 是 Creativity（创造）、Change（改变）、Communication（沟通）和 Customer（客户），T 则代表 Trustworthiness（值得信赖）。

对于趋势科技这样的高科技企业来说，创造力是根本的竞争能力。因此，"创造"必然成为整个公司所倡导的文化之一。公司内部的"创意工作室"可以说就是"创造"这种文化最好的体现，"创意工作室"所鼓励的正是公司内部所有员工的创造性思维。

"改变"是趋势科技公司最鲜明、最深入人心的文化特征。大至公司战略，小到个人行程等，无不可变，时时在变。究其原因，一方面张明正本身就是个"好变"的人，各国员工都称他为"Mr. Change"，这种个人特质已融入到整个企业中；另一方面，趋势科技所处的行业是最尖端的高科技产业，而且防病毒行业的特点之一也是不可预测性，企业需要随时应付各种病毒的产生，唯一不变的可能就是"改变"。

当然，"变"中仍有规律可循。内部"沟通"是成功变革的必要前提。比如，客户服务或者销售部门会把客户的需求反馈给研发部门，希望他们在某些地方做出改变，而研发部门也许无法准确把握种种变化，不能有效合理地利用、分配资源。此时，趋势科技知识管理七大平台的"未来需求库"便可以解决这个问题：项目经理统一收集整理客户的要求，并召集研发、客户服务、市场销售等部门的有关人员一起协调讨论，最终决定要实现哪些要求。在充分沟通的前提下，变革的成功率得到了保证。

趋势始终强调诚实的精神，不只是一味要求别人"相信自己"，而是要求自己首先"值得信赖"。为了让员工具有一致的文化认同，趋势在引进新的员工时，不论职位高低，首先注重的就是应聘人员的价值观是否符合 4C＋T 的文化。一旦应聘进入公司，趋势科技便会对其进行必要的培训工作，且配置一位导师，加强其对公司文化的认知。

同时，趋势也对员工的创新提供了优厚的物质回馈。在年度员工"派拉蒙"大会上，优秀员工还会受到公开表扬，成为公司员工学习的标杆。完善的激励制度，再辅以创新文化的熏陶，使得趋势科技形成了高效的共享社区，也使得 Gartner Group 连续 4 年把趋势科技评定为最具创新能力的防毒管理供应商。

6.2.3 发现知识：数据挖掘（Data Mining）

数据挖掘，又称为数据库中的知识发现（Knowledge Discovery in Database，KDD），就是从大量数据中获取有效的、新颖的、潜在有用的、最终可理解的模式的非平凡过程，简单地说，数据挖掘就是从大量数据中提取或"挖掘"知识。数据挖掘技术也已用来增强信息检索系统的能力，但并非所有的信息发现任务都被视为数据挖掘。例如，使用数据库管理系统查找个别的记录，或通过因特网的搜索引擎查找特定的 Web 页面，则是信息检索（information retrieval）领域的任务。这些任务是重要的，可能涉及使用复杂的算法和数据结构，但是它们主要依赖传统的计算机科学技术和数据的明显特征来创建索引结构，从而有效地组织和检索信息。数据挖掘能帮我做什么？Berry and Linoff（1997）的说法是：分析报告给你后见之明（hindsight）；统计分析给你先机（foresight）；数据挖掘给你洞察力（insight）。

数据挖掘利用如下一些领域的思想：（1）来自统计学的抽样、估计和假设检验，（2）人工智能、模式识别和机器学习的搜索算法、建模技术和学习理论。数据挖掘也迅速地接纳了来自其他领域的思想，这些领域包括最优化、进化计算、信息论、信号处理、可视化和信息检索。还有一些领域也起到重要的支撑作用。例如，需要数据库系统提供有效的存储、索引和查询处理支持，源于高性能（并行）计算的技术在处理海量数据集方面常常是重要的，分布式技术也能帮助处理海量数据，并且当数据不能集中到一起处理时更是至关重要。

1. 数据挖掘能做以下六种不同事情（功能）

- 分类（Classification）

- 估值（Estimation）

- 预言（Prediction）

- 相关性分组或关联规则（Affinity grouping or association rules）

- 聚集（Clustering）

- 描述和可视化（Des cription and Visualization）

- 复杂数据类型挖掘（Text，Web，图形图像，视频，音频等）

2. 数据挖掘分类

以上六种数据挖掘的功能可以分为两类，其中分类、估值、预言属于直接数据挖掘；后三种属于间接数据挖掘。

- 直接数据挖掘：目标是利用可用的数据建立一个模型，这个模型对剩余的数据，对一个特定的变量（可以理解成数据库中表的属性）进行描述。

- 间接数据挖掘：目标中没有选出某一具体的变量，用模型进行描述；而是在所有的变量中建立起某种关系。

数据挖掘的方法可粗分为：统计方法、机器学习方法、神经网络方法和数据库方法。统计方法中，可细分为：回归分析（多元回归、自回归等）、判别分析（贝叶斯判别、费歇尔判别、非参数判别等）、聚类分析（系统聚类、动态聚类等）、探索性分析（主元分析法、相关分析法等），以及模糊集、粗糙集、支持向量机等。机器学习中，可细分为：归纳学习方法（决策树、规则归纳等）、基于范例的推理 CBR、遗传算法、贝叶斯信念网络等。神经网络方法，可细分为：前向神经网络（BP 算法等）、自组织神经网络（自组织特征映射、竞争学习等）等。数据库方法主要是基于可视化的多维数据分析或 OLAP 方法，另外还有面向属性的归纳方法。

Data Mining 理论技术又可分为传统技术与改良技术两支。传统技术以统计分析为代表，统计学内所含序列统计、概率论、回归分析、类别数据分析等都属于传统数据挖掘技术，尤其 Data Mining 对象多为变量繁多且样本数庞大的数据，是以高等统计学里所含括的多变量分析中用来精简变量的因素分析（Factor Analysis）、用来分类的判别分析（Discriminant Analysis），以及用来区隔群体的分群分析（Cluster Analysis）等，在 Data Mining 过程中特别常用。在改良技术方面，应用较普遍的有决策树理论（Decision Trees）、类神经网络（Neural Network）以及规则归纳法（Rules Induction）等。决策树是一种用树枝状展现数据受各变量的影响情形之预测模型，根据对目标变量产生之效应的不同而建构分类的规则，一般多运用在对客户数据的分析上，例如针对有回函与未回函的邮寄对象找出影响其分类结果的变量组合，常用分类方法为 CART（Classification and Regression Trees）及 CHAID（Chi-Square Automatic Interaction Detector）两种。类神经网络是一种仿真人脑思考结构的数据分析模式，由输入之变量与数值中自我学习并根据学习经验所得之知识不断调整参数以期建构数据的型样（patterns）。类神经网络为非线性的设计，与传统回归分析相比，好处是在进行分析时无须限定模式，特别当数据变量间存有交互效应时可自动侦测出；缺点则在于其分析过程为一黑盒子，故常无法以可读之模型格式展现，每阶段的加权与转换亦不明确，是故类神经网络多利用于数据属于高度非线性且带有相当程度的变量交感效应时。规则归纳法是知识发掘的领域中最常用的格式，这是一种由一连串的"如果…/则…（If/Then）"之逻辑规则对数据进行细分的技术，在实际运用时如何界定规则为有效是最大的问题，通常需先将数据中发生数太少的项目先剔除，以避免产生无意义的逻辑规则。

Data Mining 工具市场大致可分为三类：1. 一般分析目的用的软件包：SAS Enterprise Miner、IBM Intelligent Miner、Unica PRW、SPSS Clementine、SGI MineSet、Oracle Darwin、Angoss KnowledgeSeeker；2. 针对特定功能或产业而研发的软件：KD1（针对零售业）、Options & Choices（针对保险业）、HNC（针对信用卡诈欺或呆账侦测）、Unica Model 1（针对行销业）；3. 整合 DSS（Decision Support Systems）/OLAP/Data Mining 的大型分析系统、Cognos Scenario and Business Objects。

Data Mining 在各领域的应用非常广泛，只要该产业拥有具分析价值与需求的数据仓储或数据库，皆可利用 Mining 工具进行有目的的挖掘分析。一般较常见的应用案例多发生在零售业、直效行销界、制造业、财务金融保险、通讯业以及医疗服务等。如果将 Web 视为 CRM 的一个新的 Channel，则 Web Mining 便可单纯看做 Data Mining 应用在网络数据的泛称。利用 Data Mining 技术建立更深入的访客数据剖析，并赖以架构精准的预测模式，以期呈现真正智能型个人化的网络服务，是 Web Mining 努力的方向。

CRM（Customer Relationship Management）是近来引起热烈讨论与高度关切的议题，Data Mining 应用在 CRM 的主要方式可对应在 Gap Analysis 的三个部分：1. 针对 Acquisition Gap，可利用 Customer Profiling 找出客户的一些共同的特征，希望能借此深入了解客户，借由 Cluster Analysis 对客户进行分群后再透过 Pattern Analysis 预测哪些人可能成为我们的客户，以帮助行销人员找到正确的行销对象，进而降低成本，也提高行销的成功率。2. 针对 Sales Gap，可利用 Basket Analysis 帮助了解客户的产品消费模式，找出哪些产品客户最容易一起购买，或是利用 Sequence Discovery 预测客户在买了某一样产品之后，在多久之内会买另一样产品等。利用 Data Mining 可以更有效的决定产品组合、产品推荐、进货量或库存量，甚或是在店里要如何摆设货品等，同时也可以用来评估促销活动的成效。3. 针对 Retention Gap，可以由原客户后来却转成竞争对手的客户群中，分析其特征，再根据分析结果到现有客户数据中找出可能转向的客户，然后设计一些方法预防客户流失；更有系统的做法是借由 Neural Network 根据客户的消费行为与交易记录对客户忠诚度进行 Scoring 的排序，如此则可区隔流失率的等级进而配合不同的策略。

发生在美国沃尔玛连锁店超市的真实案例一直为人们津津乐道。沃尔玛拥有世界上最大的数据仓库系统，为了能够准确了解顾客在其门店的购买习惯，沃尔玛对其顾客的购物行为进行购物篮分析，想知道顾客经常一起购买的商品有哪些。沃尔玛数据仓库里集中了其各门店的详细原始交易数据。在这些原始交易数据的基础上，沃尔玛利用数据挖掘方法对这些数据进行分析和挖掘。一个意外的发现是："跟尿布一起购买最多的商品竟是啤酒！经过大量实际调查和分析，揭示了一个隐藏在'尿布与啤酒'背后的美国人的一种行为模式：在美国，一些年轻的父亲下班后经常要到超市去买婴儿尿布，而他们中有 30％—40％的人同时也为自己买一些啤酒。产生这一现象的原因是：美国的太太们常叮嘱她们的丈夫下班后为小孩买尿布，而丈夫们在买尿布后又随手带回了他们喜欢的啤酒。按常规思维，尿布与啤酒风马牛不相及，若不是借助数据挖掘技术对大量交易数据进行挖掘分析，沃尔玛是不可能发现数据内在这一有价值的规律的。"

需要指出的是，所谓 OLAP（Online Analytical Process）意指由数据库所联结出来的在线分析处理程序。两者间是截然不同的，主要差异在于 Data Mining 用在产生假设，OLAP 则用于查证假设。企业创新正是来源于新的假设不断形成和验证的过程。

6.2.4 CRM：以客户为本的企业文化

共享文化在销售环节的实现——CRM（Customer Relationship Management）客户关系管理系统，正在成为企业管理软件市场上炙手可热的卖点话题。为什么在层出不穷的管理新概念、新术语中 CRM 会迅速脱颖而出，赢得多方的关注和推广呢？因为 CRM 的运用直接关系到一个企业的销售业绩，它可以重新整合企业的用户信息资源，使原本"各自为战"的销售人员、市场推广人员、电话服务人员、售后维修人员等等开始真正地协调合作，成为围绕着"满足客户需求"这一中心要旨的强大团队。CRM 的实施成果经得起销售额、用户满意度、用户忠诚度、市场份额等"硬指标"的检测，它为企业新增的价值是看得见、摸得着的。因此 CRM 的走红不同于对"又一个"新名词的媒体炒作，而是将×确实地改变企业的销售文化，让企业中每一个成员都切身感受到信息时代带来的机遇和挑战。①

①《CRM 与企业文化》，《管理世界》，http：//www. hroot. com/article/html/2004－11－22/20041122121558. htm。

①CRM 是什么？

现代企业都已经意识到了客户的重要性，与客户建立友好的关系可以说关系到企业的生存成败。但是在传统的企业结构中，要真正和客户建立起持续友好的个性化联系并不容易。原因很简单——技术上无法达到，观念上无法想象。

比如说售后维修有时间地点的限制，难于提供 24 小时的即时服务；或者某个客户的购买喜好只为单个销售人员所知，到了其他推广或售后服务人员那里就可能无法获得最适意的选择；一些基本客户信息在不同部门的处理中需要不断重复，甚至发生数据丢失。更重要的是，销售人员往往仅从完成销售定额的角度出发，在销售过程中缺乏和后台支持人员的沟通，让客户在购买之后才发现服务和产品性能并不像当初销售人员的描述那样，因而有上当受骗之感。这些常见的"企业病"都是由于企业的运作流程没有按照"以客户为中心"的宗旨去设计实施，而是各部门从各部门自身的利益出发，多头出击的结果，在短期内即使可以赢得订单，却损害了与客户的长期合作关系，最后仍然要由企业花费大量的时间和金钱来修补。

CRM 给企业增加的价值主要从两方面来体现：

1. 通过对用户信息资源的整合，在全公司内部达到资源共享，从而为客户提供更快速周到的优质服务，吸引和保持更多的客户；

2. 通过对业务流程的重新设计，更有效地管理客户关系，降低企业成本。因此，成功的 CRM 实施是系统资源和企业文化两方面的，只有这两方面同时满足，才能达到增加企业盈利和改善客户关系这一投资最优化效果。

我们在过去的 ERP（Enterprise Resource Planning，企业资源规划）实施中发现，决定 ERP 实施成败的根本，是企业的业务流程重组 BPR（Business Process Reengineering）是否与信息系统相协调。这一宝贵的经验同样可以运用在 CRM 的实施中。如果不能将业务流程与信息系统运用相匹配，就很难发挥出信息资源的价值，也往往让企业的投资落入"有去无回"的"黑洞"。

②CRM 相匹配的企业文化是什么？

CRM 的实施虽然在形式上表现为一些软件包的组合、调试、安装、测试和运行，但是蕴藏于信息管理核心的是一种新型的理念。

1. 传统型企业理念

如果给传统型的企业，尤其是制造业的企业，画一个流程图，就不难发现这些组织都是围绕着产品生产的。每一个产品型号都对应有一整套从原材料的购买、加工、组装、库存到销售、维修的多环节的单向流程，因此整个企业的销售策略就是"推出"式的。

推销，推销，如果不需要依靠大量的广告，没有库存产品积压的压力，销售又何必不断向外推呢？过去这种企业流程可以满足公司的生存发展需要，是因为多数情况下，客户没有足够的信息进行选择，尤其在朝阳工业中，客户基本上要跟随企业的创新节拍，不断进行产品的升级换代，因此这种"推销"和与之相匹配的"大众营销"（mass marketing）还不失为一种行之有效的经营策略。

2. 传统企业理念受到的挑战

但是现在客户越来越有自我选择权，也越来越不受大众媒体的影响。就是在高科技行业中，潜在客户也越来越少地坐在家中，等待别人把宣传册送到手上，仅仅根据谁的广告打得响来进行购买决策了。

以计算机销售为例，像 IBM、Compaq 这样的老牌计算机制造企业本来已经拥有了规模效应，而 Dell 这样的新兴企业通常很难在价格和销售渠道等方面与之竞争，但是 Dell 不但抢去了大型计算机制造商一定的市场份额，而且在新兴的网络销售方面也令人刮目相看，这很大程度上是因为当用户了解了计算机这种产品之后，完全可以根据自身需要，打个电话或用网络来决定买什么样的主机，要什么样的配件，这给那些提供个人化服务的小公司提供了降低成本和给客户提供自我配置，自我选择的可能。这只是一个众所周知的例子。当客户对产品的了解越来越多的时候，推销的"推"就会变得更加无能为力。"大众营销"则更可能为别人做了"嫁衣裳"，那些花钱做新产品广告的厂家不一定能够得到订单，因为它只是介绍了新产品，而客户可能自己去寻找其他的更能够满足他的特别需求的供应商。

3. CRM 理念

当用户掌握了足够多的信息之后，销售就从供应商的"推"变成了客户主动的"拉"，也就是说，当客户试探性地与公司推广或销售人员联系的时候，他心中很可能已经大致明确了他需要的产品和服务，并已经确定了他的预算；与其作大量昂贵的广告，无针对性地发大量的宣传资料，不如抓住这个客户主动发出的"拉"的信号。如果这时公司销售人员能够及时地探测到了这个潜在客户心中的需求，根据这些信息提供更有针对性的产品和服务，就可以准确无误地把客户的心抓住，发展成为忠实"回头客"。

加之由于因特网和各种通信技术的飞速发展，通过这种大量的持续的"一对一"的客户接触所需要的费用正在大幅度降低，如果把大众营销的开支平均到每个新客户来比较一下，我们可以发现用"拉"的方式效率更高，而效果也更令人满意。CRM 的效用正是这样体现出来的。

看一个例子：联想公司的主页制作大方精美，分类目录清晰，是中国同类公司主页中较好的一个。但是假如一位潜在用户想查询一下给正在读大学的孩子购买一台有上网设置的电脑而走入了联想主页，他将看到的是一大堆令人眼花缭乱的产品说明，系统集成、笔记本、路由器、调制解调器等纷乱的名词就可能让他失去方向，即使他终于找到了"家用电脑"的目录，也只能看见一个价格不菲的数字，对于什么型号（天鹤、天鹭、天禧还是天鹊）他无从选择，而实际上天禧电脑正是针对有上网需求的用户特别设计的，这个信息并没有有效地传达给潜在用户，本来可以抓住他的购买欲望的机会也就失去了。假设一下在联想的主页上如果按客户分类进行设计，将产品组合成不同客户的不同解决方案，在顾客进入主页的时候就得到提示：您想选择家用电脑还是商业电脑？进入家用电脑后再按购买预算进行分类：您的预算计划是小于 8000 元，大于 8000 元小于 12000

元，大于 12000 元？然后再进入相关目录后详细介绍各种配置，让客户选择他希望实现的功能，最后给出报价和详细的联系方式、电话、电子邮件、最近的代销商地点等，这个用户会不会就此向公司发出"我需要……"的讯号，最后成为一名忠实客户呢？

虽然上面这个例子仅谈到了主页设计的方面，实际上 CRM 系统还远远不止拥有这一种功能，不过它把同样的"为客户解决需求"的理念贯彻到电话服务系统（CTI）、自动销售系统（SFA）、市场推广系统和售后服务系统等与客户打交道的所有环节中，客户只要向企业发出任何联系信号，就会感觉像碰到了个老朋友，每个部门都知道他寻求的目标是什么，他的购买习惯是什么，他的付款偏好是什么，他最感兴趣的新产品可能是什么，和他类似的其他客户又都购买了什么，他们对产品和服务的评价是什么等，他对这个企业的感情和关系就这样一步步加深，而企业也不断地从中获益。因此，一个真正贯彻了 CRM 理念的企业一定也实现了销售文化的转变，即从以生产为中心转向以客户需求为中心，从以推销产品为目的转向为客户提供整体解决方案，而企业内部则从各部门的多头作战转向团队协作。

③如何成功地实施 CRM？

CRM 在北美、欧洲等发达国家市场上正方兴未艾。根据预测，单单在美国，到 2003 年用于实施 CRM 的预算就可以达到 168 亿美元。因此 CRM 从一个新名词到成为管理软件业的"新宠"是正在发生的事实。而且在中国市场上已经开始有完全汉化的 CRM 软件包推出。在现有的市场上，Siebel 的前端解决方案（Front Office Solution），Oracle 的 CRM3i 已经领先一步，不少软件提供商也紧跟其后，将陆续提出各自的 CRM 解决方案。

和 ERP 的实施工程一样，没有一个详细周到的系统实施试用阶段，仅仅购买软件包并不能保证 CRM 充分发挥它的潜能。在 ERP 的实施中我们经常发现客户对信息系统的意见容易表现在技术层面上，问题的实质则不是技术上的，而是在管理理念方面。如果总习惯于用手工操作的思维方式去套用信息系统，就容易陷入到实施工程的"死角"中。仅仅用计算机去模拟不同环节的手工操作，绝对不是发挥信息系统强大的数据存储和处理能力的最佳方式。管理方式的改变必须和软件应用同步进行。

在实施 CRM 的时候，这一点更加突出。这是因为实施 CRM 需要销售人员、市场推广人员、维修服务人员等的全方位参与，如果不能得到他们的信赖和支持，不能让他们放心顺手地在 CRM 中输入和查询数据，再好的系统设计也不能发挥效力。要做到这一点，最好在系统安装之前就开始面向全体终端用户的管理培训，尤其要获得企业高层管理者的鼎力支持。

在设计 CRM 的安装细则的时候，实施方还必须不断咨询终端用户，了解可能发生的特殊情况，设定在发生退货、拖延付款、售后服务纠纷等特殊流程下每一个"客户接触点"的责任和对策，然后把它制度化，用软件参数设定将其固定下来，这样企业的整体服务质量就不会因为具体的人事变动而发生大幅改变。

另外，CRM 的重要用户——销售人员常常在各地出差，他们很难随时随地把每次接触顾客的细节都记录在系统中，或者他们不愿意把长时间建立起来的"个人销售关系"公诸于众，因此产生抵触情绪。此时 CRM 系统除了要在技术上不断融合电话中心（Call Center），无线设备（Palm Device and Mobile）和远程接入（Remote Access）的新需求，还要在设计中尽量减少数据输入的工作量，尤其是要做好关于销售人员的提成和定额管理的安全设计，保证销售队伍形成明确的管理体系，最有效的信息可以在最短的时间内传达给正确的人，避免企业的内部竞争或商业机密的外泄。

和大规模的 ERP 项目比起来，CRM 的实施周期比较短，对数据库的内部修改也比较少，但是它的难度并不小，因为它涉及企业的收入、顾客的满意度和忠诚度，是方方面面的企业管理人员关心的重要系统，它的用户也是在商场中"摸爬滚打"的精明队伍，因此 CRM 的实施要求头脑灵活、有经验、可信赖并且熟悉本地市场的咨询人员深入到企业中，挖掘企业已有的信息资源，用各种生动的、深入浅出的方式推行"以客户为中心"的新文化，充分介绍 CRM 系统的强大查询和数据开采功能，才能顺利地开展实施工程。一直在 ERP 实施中发挥重要作用的世界五大咨询公司和一些优秀的中国本地咨询公司都给予 CRM 这一新兴市场极大的关注。软件开发商的努力加上咨询公司的经验和培训，必将帮助中国企业在客户关系管理上再上一个台阶，以迎接中国入世和网络经济时代的到来。

6.3　强化异质优势的组织学习、服从、信任、沟通

下文继续讨论知识管理的个体层面或微观方法，讨论形成竞争优势的组织学习和相关的服从、信任、沟通几个组织的基本特征概念，这些论述具有组织行为学的背景，比起新兴知识管理理论有更强的经典和人文性质。

6.3.1　组织学习

①学习型组织

1. 学习型组织的概念

学习型组织（learning organization）是在系统动力学基础上发展起来的管理理念，最初的构想源自于佛瑞斯特在 1965 年发表的《一种新型的公司设计》一文，经彼得·圣吉（P. M. Senge）等学者深入研究，不断完善后以《第五项修炼——学习型组织的艺术与实务》（The Fifth Discipline）一书问世为标志，被人们称为第五代管理的核心理念。

"第五项修炼"一书中提出五项修炼内容：以自我超越、改善心智模式、建立共同愿景、团队学习及系统思考为核心，倘能有效运筹这五项修炼的内容，并充分掌握其核心精神与应用之道，则对于学习型组织的建立，将有实质影响。正如达尔文所言，在激烈变化的环境中能够存活下来

的物种是那些最懂得适应的物种。未来最成功的企业将是"学习型组织"——一种灵活、有弹性，不断以学习创造持久竞争优势的组织。

2. 学习型组织的特征

a. 组织成员拥有一个共同愿景。

b. 组织由多个创造性个体组成。

c. 善于不断学习。（本质特征）

d. "地方为主"的扁平式结构。

e. 自主管理。

f. 组织的边界将被重新界定。

g. 员工家庭与事业的平衡。

h. 领导者的新角色。

3. 学习型组织的核心能力

学习型组织的核心能力主要包括三个领域：

a. 热情或者说志向（Aspiration，包括个人的愿景 Personal Vision 和共同愿景 Shared Vision）。

愿景是人们想要创造的未来图像。建立共同愿景是逐步发展永不止息的流程。共同愿景的整合，涉及发掘共有"未来景象"技术，帮助组织培养成员共同真诚的投入，而非被动遵从。

b. 反思性对话（Reflective Conversation，包括心智模式 Mental Models 和对话 Dialoge）。

"心智模式"是深植于心灵之中，是关于我们自己、别人、组织以及世界每个层面的形象。有时它就好像一块玻璃微妙的扭曲我们的视野，无法理智的看清事实。改变心智模式，就是要学会不断的反思，让固有的心智模式浮出台面，借助开放的讨论，借着反思、对话、逐渐改善思维模式。

c. 理解复杂性（Understanding Complexity，系统思考 Systems Thinking）。

不仅要看到眼面前的影响，还要看到深层的影响或后果。他列举了世界卫生组织为在肯尼亚消除疟疾所采取的措施及其后果的例子，就说明了这个道理。系统是我们所感觉得到的整体，系统中的元素彼此纠结，并朝着共同的目标运作。系统思考是从广角镜看世界，它是一种思考模式、是一个架构、也是了解行为系统之间相互关系的方式。系统的思考能让我们看见渐渐变化的形态而非瞬间即逝的一幕。

②组织学习

1. 组织学习的含义

组织学习是组织整体或团体的学习而不是组织成员的个人学习：组织学习不是组织成员的个别学习而是组织成员之间的相互作用的学习，组织中的所有成员都应该参与到一定的学习活动中来。

同时组织学习还是一种高层次水平的学习：外部的知识不仅获得了理解，而且转化为主体的一定的能力和态度，尤其是创新能力和合作的态度，这样的学习是最有意义的学习。

组织学习既是一种解决问题的方法，又是一种组织发展和创新的战略。它通过组织成员相互作用的学习活动解决一定的问题，更重要的是它培养了组织成员的创新和合作的能力和精神，这种能力和精神是组织持续发展的动力源泉。

2. 组织学习的目的

组织学习的目的是解决组织面临的问题。组织学习可以分为微观和宏观两个层次，从微观层次上来看，组织学习是为了解决一定的问题而展开，这些问题是综合复杂的，依靠个人无法得到解决，必须要求组织成员之间的配合。从宏观的层次上来看，组织学习是为了增强组织及组织成员适应变化的学习能力和进行创新的能力，培养组织中合作学习的氛围，并且形成组织学习的机制，从而保证组织的持续性发展。

3. 组织学习的内容

组织学习的内容是一种综合知识的学习而不仅仅是知识的学习。现代的知识观认为除了概念化的逻辑体系的知识之外，还存在一种很重要的但是没有被组织起来的知识，即一定的时间、环境、地点下如何做事的知识，可以将它称之为策略性知识。策略性知识有比逻辑体系知识更强的灵活性，更能够适应环境变化的需要，组织学习除了要学习一定的体系化的逻辑知识之外，更重要的是要进行策略性知识的学习，这样组织成员和组织才能灵活地对发展和变化做出反应。

4. 组织学习的形式

组织学习的形式是灵活的，如组织学习可以是一定数量的教师组成的工作小组或小队的学习，也可以是整个学校的成员都参加的学习，可以是定期的也可以是不定期的。

组织学习采取的方法也是多样的，可以是交谈、讨论、讲座、深度会谈等多种形式，其中深度会谈是一种很重要的方法，深度会谈是人家以多样的观点探讨复杂的问题，每个人摆出心中的假设，并自由地交换他们的思想，不是赢得对话，驳倒对方，而是要获得优于任何个人的意见，是一种"双赢"的交流。

③组织学习与可持续发展

学习型组织是一个可持续发展的组织。学习对方的优点，你可以和对方一同进步，同时还要了解对方不足并有效改之，这样才可以战胜对方，超越对方。学习型组织的三项核心能力对于促进人类的可持续发展具有重要意义和应用价值。

组织学习是在一定的组织中为了适应变化，创新发展而进行的组织成员之间相互作用的一种特定的学习活动。组织学习对于现代组织来讲，不仅是组织的一项重要职能，而且为全面提升组织效能提供了解决方法，并成为组织生存和发展的前提与基础。信息社会和知识经济时代，组织学习变得越加重要。传统的学校组织中组织结构不能满足创新的要求，即使教师们认识到学习对于他们工作和个人发展的重要性，但是这种学习只是教师们的个人学习或是接受一般的培训，而缺乏全体组织成员都参加的学校组织内部的组织学习活动。

"组织学习"的概念实际上是从"个体学习"借鉴中而引来的。组织是由个体构成的，个体学习是组织学习重要的前提和基础。另外，组织不是个体的简单相加，组织学习也不是个体学习的简单累计。组织具有记忆和认知系统，通过这些功能，组织可以形成并保持特定的行为模式、思维准则、文化以及价值观等。组织不仅仅是被动地受个体学习过程的影响，而且可以主动地影响其成员的学习。因此，个体学习与组织学习之间存在相互影响、相互制约的互动作用。组织学习主要是具有共同思维模式的个体行为的结果。组织学习过程比个体学习过程更为复杂。

要了解一个组织是否在学习，必须满足以下三个条件：（1）能不断地获取知识，在组织内传递知识并不断地创造出新的知识；（2）能不断增强组织自身能力；（3）能带来行为或绩效的改善。因此，组织学习是一个持续的过程，是组织通过各种途径和方式，不断地获取知识、在组织内传递知识并创造出新知识，以增强组织自身实力，并产生效能的过程。

④解决问题的组织学习过程案例

阿德勒-莫德马克特时装公司成立于 1960 年，是一种家庭式的企业，它生产男女和青少年服装。

1. 1987 年的形势

该公司的生意由 7 名经理来掌管，他们中的多数人自 1970 年就加入了公司，彼此关系不怎么好，董事会议沉闷乏味，时常毫无结果。组织框架高度复杂，商店管理人员的报告要经过好几个不同行政部门传递才能到达董事之手。董事们在总部干职能部门的事：采购与分派、后勤以及人事管理、法律咨询、广告、财务以及一般行政事务。

2. 变革的过程

阿德勒公司的新董事长引入了以特定的基本概念和结构模式为标志的变革过程。整个概念有 4 个明确的重点：

a. 部门和管理部门的规划重点面向未来；

b. 专家、管理人员和从全公司广泛选出的雇员一起积极参与鉴别和传播知识的工作，从而把总概念提升到能发生学习的层面；

c. 广泛投资于相互交流和培训的工作，确保在公司内的知识传播具有广度和深度；

d. 整合和修正公司知识中发挥领导与合作的作用。

第 d 要点的一个重要方面是引入评估机制，将评估小组作为整个过程的"检查站"。评估组进一步为学习创造基本条件，例如对承认错误和表示怀疑持宽容态度并提供反思的机会。从整体来看，总概念承认了组织学习的重要背景条件和行为条件，如平等化、查询、透明度。

董事会在与顾问、管理人员和各类雇员商量后，明确了 5 条成功的战略要素：①创新规划以及人们真正关心的创新感觉；②有吸引力的独特商店布置；③价格打折；④公司自己的品牌；⑤特别服务项目。这 5 个成功的战略要素是对总体的界定，接着把焦点放在强调运作经营决策上，如广告，对销售及场地类型的要求，商店内部设计，价格政策，产品范围，商品陈列展示，商店陈设，以及开发和引入特别服务内容（比如裁缝商店）。这一战略也同样开发了新的经营领域。战略最后分析了它对各种职能部门的具体含义——销售、采购、仓储、人事、检验、财务会计、组织、数据处理以及后勤工作等。

这一战略在本质上构成了远景规划的实践形式，并形成和建立了进入市场的运作要素。在阿德勒公司，关于市场和顾客的知识已经通过对环境的分析而得到更新。进一步的专门分析就是检验和完善这些观念。

a. 市场与客户的定位：市场和客户的定位既是在 21 个计划中所做的无限制自由讨论以及阿德勒公司战略开发的基础，也是其结果。因此，它构成了真正的重点，而不是时髦的管理词汇，为了使这个结果转化为雇员的日常行动，用适合一线雇员看的简单易懂的专门文字写了一份详细阐述成功的战略要点的内部文件，其幽默的解说增强了文件的吸引力。

对阿德勒公司来说，市场和顾客定位同样意味着强化与顾客的联系以及向顾客学习，例如对于常客提供特殊优惠条件（如：在清仓削价销售时对他们提早开门服务，还提供优惠券）。向要求直接邮购的客户征询为什么自某日以来不能来商店购物。正如阿德勒公司的一位市场经理所说的，"我们收到了许多来信，从中学到了东西"。许多商店设立特别桌子以使商店经理与常客见面交谈。

b. 领导与合作：1987 年，董事会内部的气氛和合作状况，以及董事会与其他管理人员和雇员之间的合作表现出"挫折"。董事会成员之间未能彼此交谈，没有创造革新或动态相互作用的空间。董事会与管理人员和雇员之间的壁垒就像董事会成员本身之间的障碍一样明白可见。没人愿意冒险，大家都打防守球。所有参与者都坚持认为自己是对的，不容有新的解释存在，阻止任何处理危机的努力。争辩持续到凌晨而问题依旧没有解决。彼此筑沟设防，思想僵化，指令思想盛行，不允许来自下面的批评，拒绝接受来自外界的思想。组织权力阻碍了必要的学习，不利于大家抛弃陈腐观念。

在这个关头，新任命的总经理的权力帮助克服了这些障碍。为了疏通这种阻碍，首先必须使管理人员培养一种能使人们自定方向自我激励的领导哲学，这一哲学可以被理解为公司远景规划的合乎逻辑的结果，它强调团队思维、齐心协力使公司转向预期轨道，以及雇员的自我责任感。当然不是所有的管理人员都能接受这一哲学。许多不能接受的就决定离开公司。

在许多讨论会上，数百名阿德勒公司的雇员清楚地阐述了他们认定的"公正领导"标准（在他们看来是"正确"的领导）。所有管理小组都有代表出席的委员会在此基础上形成了管理与合作的十条原则（"积极领导方案"）。这些原则而后都印发给全公司。雇员把它认作行动的指南，判断标尺。所有管理人员都得参加一个领导研讨班，在研讨班上这些原则和管理哲学经大家讨论并以日常实例予以验证。如今阿德勒公司这种领导研讨班已成为管理发展计划的基本部分。这些管理原则也是评估中心的指导纲领。1990 年起，该评估中心参与了挑选新雇员。

这一领导概念与领导者既学又教的概念是类似的：领导应该是授权给雇员并鼓励他们学习、进行团队合作和积极参与的人。在这个意义上，管理人员既是学习的促动者又是学习的行为榜样。

c. 内部评估检验：完全实施过程的一个重要特点是对此负责的人不断组织研讨会，与会者分析和评估远景规划中哪些部分实现了；"什么理念已转化为行动,哪方面进展顺利?""实施中的问题在哪里?""能够而且必须加以调整和改进的有哪些?"这些都有专门的建议针对性研究。

阿德勒发展公司战略的方法形象地显示了这类评估过程。1989年公司将战略向所有雇员公开。"不过那时已经清楚这一战略并不是最终战略。基于远景规划的战略必须不断针对市场需求加以调整",一位市场主管在采访中说。为了做到这点,1993年组成了一个计划小组,其成员选自公司的各个部门,从培训人员到董事会成员都有。计划小组依据公司环境(环境与顾客)变化的最新数据,依据与雇员的多次讨论,重新形成了公司战略,新的小册子马上出版并做广泛讨论。

d. 阻力:阻力来自各级管理人员,他们或者担心接受不了新的工作任务,或者不能也不愿相信新观念会一直实施下去。一名高级管理人员说:"有一年之久,半数管理人员不相信它"。阿德勒人才资源经理也说,阻力也来自于年轻的管理人员,"他们仍旧相信传统的升迁阶梯,但在那方面我们已经不能再像过去那么做了。重新构建组织便减少了向上升迁的等级机遇。"那些不能认同在远景规划中所说的新的公司、新的战略目标以及新的管理原则的管理人员也离开了公司。大量的阻力也来自一群高级管理人员,他们好几次敦促公司董事会终止全部过程。最终他们要么被董事会说服,要么就离开公司。

在开始阶段有"相当多"的人持等着瞧的态度,阿德勒公司人才资源经理说。因此强化统一和进行大量的沟通交流是很必要的,目的在于劝说他们参与到学习和变革中来。"我们的坚持不懈以及正获得的成功在这方面帮助很大。"

3. 沟通过程

公司的全部变革过程一直伴随着强化沟通交流的努力。正如管理部门的一名成员所说的,如果有谁不努力,整个过程便会发生动摇。促进交流的努力怎么评价都不过分。许多信息必须一遍遍重复。在起始阶段沟通交流不够。我们低估了它的作用。这一观察结果印证了科特关于一百多家公司策动变革的努力程度的分析。他的研究结果表明,沟通交流的因素总是被低估为"只占 10 分的因素"。为了解释战略、远景和个别规划，以及对许多研讨会进行评价，公司采取多种渠道，包括小册子，多次小组学习班和研讨会以及众多雇员会议。例如从 1989 年 5 月到 1994 年 4 月的雇员报纸《阿德勒报》，除了三期外，每期都详细而突出地刊载了与远景、战略及管理原则有关的论题诠释文章。报纸报道了计划与进展，刊载了评估的结果（例如雇员调查表关于管理行为和公司已知优缺点的评估），对取得的成就以大量篇幅予以叙述。这一沟通过程确保了透明度，这是组织学习的重要条件。但是沟通决不是单向的。一些部门开辟了新的论坛，例如雇员和部门的讨论会，要求地区销售经理来审定这些会议是否以及怎样在他们管辖的商店里举行。

此外，新任命的总经理随后建立了在公司远景规划中要求的公开沟通的过程模型。他初次亮相时便向管理人员及雇员谈了数字和计划，那种坦诚使一位参加会晤的高级管理人员感到吃惊，因为这样的信息"从前从来不是雇员和管理人员的事"。总经理的成功方法给阿德勒公司的管理人员留下深刻的印象。因此，公开的有针对性的信息成为一种新的组织力量。

4. 关键学习

a. 哪些错误？何种学习？实施过程中自然也有错误发生。表达远景规划的第一本小册子不得不重新审视。文字的表达方式大多数雇员看不懂，在会议、研讨会和学习班上，受到普遍批评。一位高级管理人员说，"我们学习了——这给人们留下印象。"一些雇员也有同感，说道"董事会表现了可信性。"新版小册子已经第 4 次印刷，其中关于远景的阐述容易理解了。

在组织观念产出的过程中也犯了错误。从根本上来说，要适当指导全部 21 个计划小组是不可能的。这些小组的成员都是"精心思索观念的行家里手"，有位经理这么解释道。接着他又说，他们不是专职的计划管理人员，要把连接各个小组的观念予以提升并付诸实际行动，还存在困难。他认为，"如果对计划小组予以密切督导，公司本可以从这种思想碰撞中获得更有效的益处。计划小组的工作大大提高了雇员的期望值。我们不得不确定时间维度，不得不在观念的创造性产出与现实之间建立联系。"

b. 学习的成果：从 1987 年一直到 1994 年，阿德勒公司变了。重要的是，用经济术语来说，再次成为高度成功的公司——成为学习的一个极富实践成果的标志。

5. 一起工作的新方法

管理与合作原则体现在彼此相处的新方法中。一名高级管理人员说，"如今对我们来说把人与事区分开比较容易了。在一场冲突以后，我们不像过去那样相互关系搞僵。"

定期举行的部门讨论对雇员来说既是信息的来源，同时也是相互学习的手段，从而"推动了对话"。这些讲座在一年前已安排好，每个月的某日某时都已确定，作为一个"神圣的约会"，所有有关人员都在他们的日历上标出来。讨论过程中参与者系统地回顾他们的工作方法及其业绩。

人员之间的坦率交流沟通不仅表现在雇员与部门的讨论中，也出现在公开公司的计划设想或成绩数据上。这在以往从不向董事会外透露。管理人员会收到一份"管理人员小册子"，其中含有大量信息（然而必须保密）。"老规则如'知识就是权力'，'我们不可让雇员知道什么'或者'这不关他们的事'都已属于过去。"在访谈中一些高级管理人员说："我们不再那样相互对待了。"弗里德曼等（本书）描述的学习背景和行为条件，如：问询、平等与透明，已被上述态度很好地解释清楚。

a. 支持远景规划的新手段和工具：为了支持学习过程，阿德勒公司引进了新的手段与工具，彻底修正了运作规程、人事管理以及相互关系的现有工具。例如改变整个年度计划规程，阿德勒公司的雇员以往常接收来自上层的指示（中心化规程），现在计划过程作为一种分权、参与的规程由下向上流动。行政部门与商店雇员呈上他们自己的计划，他们与上级领导一起讨论这些计划。由总部编纂修订后，再次与主管领导讨论。这样的计划规程已经不是纯指令式，而更接近协商式。它增加了领导完成任务的信心。

1993 年雇员与管理部门协议设立公司建议箱。目的是通过所有员工创造性的通力合作来简化程序并减少成本，而且能及时发现运作中的弱点，找出办法予以补救。在人事政策领域除了先前提到的雇员讨论会，还组织了定期的雇员学习小组，主要讨论部门内部或部门之间的情况，目的是找出缺点，共同找出解决方法。

在宣传方面，《阿德勒报》形象完全更新。从不定期出版到每两周出一次。把远景要点的讨论与交流作为重点；雇员能通过这一渠道始终体验远景的意义。

b. 人事管理：阿德勒公司人事管理从纯行政管理转变到积极的人才资源管理。这一转变表现为先前提到的雇员讨论会、团队日与学习小组。对公司培训计划的一项分析显示，公司举办的关于领导、交流、协调工作与其他非技术性技巧的研讨会数量增加。根据阿德勒的人才资源经理的说法，如今人才资源管理工作应理解为是"将远景规划与管理原则转化为行动"，就像在从事那种"不断地学习——没有确定结果"的工作。

与过去相比，基本培训和深入培训得到了重视。其价值不仅表现在所举办的研讨班的扩大，而且还体现在阿德勒技术人员数量的增多上。例如专业销售专家在增加。这种培训由商业协会给予资格证明，公司免费提供给雇员。

c. 雇员的激励与认同：变革中很重要的是雇员与部门的讨论会以及转岗研讨会，会议的参加者制定出对悬而未决问题的解决办法。如果问题未解决，就会影响雇员动力。有时候有人会问（纵然不是系统地），他们为什么喜欢在阿德勒工作，什么可以得到改进。这些调查的结果不时发表在《阿德勒报》上，管理部门对批评的每个问题也作简要的回答，谈论为解决问题正在做的工作，或者解释哪些问题不能立即解决。

d. 对学习的评估：远景规则"热爱变化"极富象征意义，学习也被赋予了与以往完全不同的重视。这一变化也是整个管理与协作原则的体现，其中清楚明了地写着："错误是学习的机会"。"我们对待别人的错误时能表示理解，同样重要的是，对我们自己的错误既要承认又要向错误学习。这个座右铭是想象力的，并从此只犯新的错误。承认自己的错误就是提高了人格，巩固了地位。作为管理人员我们无论怎样决不可将错误秘而不宣，正面改正错误才是好的态度。"在变革过程中，公司多次采用该原则。对采用的措施作即时评估，使得直截了当地公开改正错误成为可能。例如，自1987年以来，采购与销售部门人员组成了合作小组，该小组根据商店管理人员和地区销售经理传递的关于顾客调查和竞争者的情况，定期讨论市场与客户趋势。

e. 新的权力群：阿德勒公司内部的权力群随之变化。根据许多管理人员的说法，过去常是总经理"一切说了算，没人可真正向他们挑战。"而且他们常用高高在上的处理方式（宏观管理）。然而如今，来自各级的工作小组、计划小组以及专家在决策中有相当大的影响。这一安排已鲜明改变这个领域的理解与诠释，也改变了对什么是重要和不重要问题的看法以及对工作的理解。

f. 结论：阿德勒公司成功做到从根本上改革制度框架与文化构成，因为关于自我观念、未来导向、领导关系以及合作关系，现在的模型与1987年都存在显著差异。因为学习过程既是原因又是目的，知识基础和控制潜能也得到了改观。结果，引入了新的思想方法，它们明显地影响了内部和外部的行为。

这个过程有两个要点。一个要点是公开的环境监督的存在，那是对在组织相关环境内发展的感情。公司的开明、容忍以及对环境的认知是至关重要的。另一要点是该组织内部的种种关系，它们是由冲突、交流与学习决定的。在所有可能性中，假如对组织环境的监督是透明的，那么在组织环境内会产生关于发展的不同观点。对成功的组织学习过程来说，为了解决问题而允许冲突与交流的文化具有关键作用。在这种背景下，作为变化的决定因素的学习意味着公司的各级人员——雇员与管理人员——均包括在内。

6.3.2 学习型组织的服从、信任、沟通理念

①服从的效率——克服抵触

服从是执行前提，但执行≠服从。① 如果不了解企业的内部文化，每天只是在开会的时候说：执行，一定要执行。如果企业一味地强调服从，那么，可能会在创造性，以及员工的积极性上受到一定的挫伤。想企业只是要听话的员工不断的执行上级的方案与命令，员工哪里来的创造性与积极性？员工自然会想这都是上面的事与我无关，我只要把工作做好就可以了。领导的思想与方案更多的是来源于一线，如果失去一线员工的动力作用，很难想象企业的发展是怎样的前景。服从只是完成工作的一个前提条件，但绝不是"干好"工作的前提条件。但执行绝对不是"没有任何借口"的服从。执行就是指领会工作的要领，把工作做好、做对、做出结果来。

现在服从不是很时髦，容易使人联想到"残酷的泰勒制"，把人当做机器的时代，甚至联想到法西斯专制。现在流行的管理理念是"团队精神、发挥员工的创造力、要领导不要管理、构建学习型组织。"总之是强调个人，强调主观能动性，而不是执行和服从。但我认为国内企业更多要强调服从，尤其是营销型企业。在军队，强调服从是军人的第一天职，强调绝对服从只适用于军队。但是我们从这个"第一天职"里面知道遵守服从第一的群体效率是最高的，否则就可能在战场上流血牺牲②。

"服从第一"的理念，对企业同样有参考价值，上面讲的案例就是分公司的老总没有服从意识，老板也没有让下属服从的意识，所以政策总是得不到准确地贯彻和实施。没有服从理念的公司是没有发展前途的，在市场战斗中一定会失败。所有团队运作的前提条件就是服从，有时可以说，没有服从就没有一切，所谓的创造性、主观能动性等都在服从的基础上才成立，否则再好的创意也推广不开，也没有价值。

为什么企业的员工服从意识比较少呢？中国市场经济才三十多年的时

① 《执行≠服从》，中国企业战略策划网：http：//management．mainone．com/ceo/2007－05/99900＿1．htm。

② 《企业文化——服从》，《管理世界》，http：//www．hroot．com/article/html/2006－7－28/20067282055．htm。

间，我们没有经过工业文明的洗礼，很多员工和老板没有把什么是真正的企业想透，所以老板不像老板，员工不像员工。我们从小受到的教育是老板就是剥削阶级，是个对立面，从而使得企业的执行力度降低，最终受害的是整个企业……国内企业大多处在初级阶段，IBM、HP、MOTORO-LA等可以说企业是员工的，中国的企业有几个有这个资格，大多数企业是老板的。企业里面如果思想不统一，每个人都有自己的想法，这就像很多马拉的马车，没有统一的指挥，每匹马都有自己的方向，车原地不动，或者在倒退。还是要有赶车的人，统一群马的方向，群马也要服从指挥，马车才能前进。

所以要把服从，作为核心理念来看待，老板就是老板，员工就是员工，服从是第一生产力。每个人都要有意识地服从老板、服从上司。如果有不同意见，可以在老板没做决策前，给出建议，一旦老板决定了，就要服从决定，虽然这个决定违背我的本意，也要"盲从"。"令行禁止"的企业才有高效率，才有竞争力。

②信任

没有什么时候人们对"信任"问题如此关注。从西方到东方，从安然到银广厦，大家被这些骇人听闻的骗局吓呆了。普华永道在去年因违规被罚款500万美元后，这周四又有一名审计师因诚实问题收到美国监管局终生禁令。语言可以是假的，合同可以是假的，钱可以是假的，身体的零件可以是假的，连经过全球最权威的会计师事务所审计过的账目，也有问题，这个世界上还是什么可以信任的？所有的人都知道信任的好处，不信任的成本，全球都在呼喊信任回来，结果呢？世通、泰科和郑百文、周正毅等更多的企业和企业家在愚弄大家的信任。信任到底是个什么东西？

1. 信任的"囚徒困境"

信任是一种心理状态。在这种心理状态下，第一，信任者愿意处于一种脆弱地位，这种地位有可能导致被信任者伤害自己；第二，信任者对被信任者抱有正面期待，认为被信任者不会伤害自己。简单地说，就是信任来源于对对方不采取机会主义和败德行为的信心。与其说信心不如说赌注，没有人知道别人会不会利用我的信任来伤害自己。

信任可能会被别人利用，防止不信任交易则发生成本，到底应该怎么办？并没有标准答案。想想如果你要投资建一个高尔夫球场，你怎么决定？无非是先预算成本，再看预期收益，两者相减是否有利可图？信任的问题也是如此，我们应该用投资的眼光去看待信任，而不是简单的道德约束。因为你信任了别人，别人也必须信任你的想法是苍白无力的，因为受了骗，转而去骗别人的做法是拙劣卑鄙的。从经济学的角度来看，有收益必然有成本。信任的收益很容易理解，那么什么是信任的成本呢？CISCO的CEO钱伯斯在2001年为此付了22.5亿美元。

2. 钱伯斯的信任成本

钱伯斯所领导的CISCO是美国商业的奇迹，他所倡导的诚信文化创造了一个时代，被很多企业追捧。在业内CISCO以客户对他的高度信赖闻名，它和很多合作伙伴的关系往往只有非书面协议。在互联网最热闹的时候，它创造了"所有的库存在路上"的神话。但当网络泡沫破灭的时候，客户不得不取消订购计划，由于连书面的协议都没有，CISCO自然无法要求对方履行合同，更无从谈及赔偿了。22.5亿美元库存的苦果只能自己咽下。钱伯斯把这叫做"信任的成本"。但签几份合同，真需要花22.5亿美元吗？信任的定义告诉我们，选择信任必然也就选择了被欺骗的可能，被欺骗必然就有损失。

信任的预期成本＝被欺骗所带来的损失×发生欺骗的可能

从这个公式我们可以看出降低信任的成本的主要方法是削减欺骗发生所带来的损失或者减少发生欺骗的可能。很多企业在做项目的时候没有后备方案，选合作伙伴的时候没有后备单位，同样选经理人的时候没有后备力量。因为从来没有想过失败，所以一个方案失败后只有傻眼。用人方面更是如此，一个领导人的离开往往令企业措手不及，除了大骂对方不讲信用之外只能是手忙脚乱。

"疑人不用，用人不疑"是很多人挂在嘴边的一句话，但事实往往是以大家相互猜疑结束。这句话本意是说信任的程度和时间问题，是方法论层面的东西。但如果把它认为是操作指南就问题大了。没有约束的信任其结果必然是不信任。现在没有体现的原因是还没到利益冲突的时候，或者说利益冲突还不够大。首先，信任绝对不是不怀疑，相反建立在防止欺骗可能发生基础上的信任才更持久，中国的古训叫"先小人，后君子"。其次，让欺骗者不再欺骗的最有效方法就是加大不信任的成本，对违反原则的人进行制裁。没有多少人敢做假币的生意，因为抓到了除了没收财产很可能会招来杀身之祸。很多人对销售假货肆无忌惮的原因是被发现后最多没收财产，对比卖假货的收益，这点点的风险根本不算什么。对欺骗者的姑息其实就是对信任的践踏。第三，要用动态的观点去看欺骗的可能。你10年前的好朋友忽然出现在你面前，面露难色的找你借钱，但钱到手后，他就不知去向，这样的事情每天都在发生。你借给他钱是基于你对他过去行为的信任，但拿走钱的是现在的他。在合作和项目执行的过程中一定要随时观察情况的变化，在越恶劣的情况下，大家越信任，那是励志图书上说的把戏。"大难临头各自飞"是生物求生的本能，即使背靠 CISCO 这样的大树，当情况恶劣的时候很多客户也只能选择不认账。

3. 重复博弈和循序渐进

老家的村子里有个卖肉的老张头，村民小李去他那里去买肉，但因一时没钱想记账。老张头该不该接受小李的赊账呢？其实这是个最简单的信用问题。假设一，老张信任小李，小李也按时还钱，交易发生，而且还将持续下去；假设二，老张信任小李，小李却不还钱。这时老张亏大了，小李占了便宜；假设三，老张不信任小李，这时虽然没有谁被欺骗，但是交易也没有发生。如果小李只想吃一次肉，不还钱是对他最有利。同样如果老张知道小李只吃一次肉，也不会赊账给他。这种情况下大家都采用防御型的不信任。一次博弈的结果往往以不信任收场。但如果这村子里只有一个肉铺，小李如果选择赖账，他将无法再吃到肉。这就是破坏信任所受到的惩罚。如果小李想长期有肉吃，他必须要让老张信任他。重复博弈的结果是必须建立信任。另外若是这个村子里不止一家肉铺，情况就复杂得多。信任必须建立的基础就被削弱了。要是村子不大，信息传递很快，一旦小李赖账大家都能迅速得知的话，小李就无从骗取第二次信任。这时信任建立的基础又被加强了。

上面的这个例子说明了要建立信任：第一要有足够多的合作可能，第二，要有耐心，时间越长双方可信程度越高，第三，信息传递速度要快。

长期合作伙伴则提供了长时间的合作经历和足够的合作可能。而这种合作所产生的信任存在双方的感情银行的账户上，会因为更多成功合作和时间积累不断升值，而这种存储就使信任的成本降低，当一方想破坏信任的时候，不信任的成本自然增加。在一开始的时候我们可以从一个信任成本比较小的事情做起。这方面我们可以借鉴银行的信贷系统，根据你过去的还贷能力。逐步放大你的信用额度。所以当我们陷入信任泥塘的时候，让我们想想是不是可以从小东西、从一部分开始？而这往往是高度信任项目合作的前提。

人们说犹太人是世界上最好的商人，他们成功的原因之一是良好的商业信誉。但很少有人知道，这种信誉是建立在种族内部严格的信用惩罚基础上的。一旦他们被认定在生意中有欺诈行为，所有的犹太人都不再和他做生意。失去种族内部的生意合作和联系，他将寸步难行。对比机会成本，他们不敢也不愿去尝试欺骗。对一个中小企业来说，加入成熟的行业协会可以帮助它避免信用风险。重复博弈是信任建立的基础和原因，循序渐进的方法是建立信任的最佳途径。

中国正在从熟人社会进入生人社会，越来越多的事情需要你和不熟悉的人去打交道，而在这之中如何建立信任关系是第一位的。用投资的眼光去看信任是最有效最安全的做法，把信任作为长期投资终将获得丰厚的回报。

③沟通

大道无形，企业文化是个看不见、摸不着的东西，不少人都感觉"虚"，不知道文化建设从哪入手，重点在哪，所以也导致了很多企业把企业文化建设与CIS混为一谈，口号标语满天飞，但企业的文化建设却总是不入门，在门外徘徊，根本无法提高员工的凝聚力和归属感，无法提升管理水平。

通过大量的研究和咨询实践证明，企业文化建设的关键在于要让文化经历从理念到行动、从抽象到具体、从口头到书面的过程，要得到员工的理解和认同，转化为员工的日常工作行为。海尔总裁张瑞敏在谈到自己的角色时说："第一是设计师，在企业发展中使组织结构适应企业发展；第二是牧师，不断地布道，使员工接受企业文化，把员工自身价值的体现和企业目标的实现结合起来。"可见，对于企业高层管理者来说，如何让员工认同公司的文化，并转化为自己的工作行为，是关系企业文化成败的关键。

1. 让员工参与企业文化建设

a. 广泛征求意见

任何企业都有文化，尤其对于许多大中型的国营企业，在经历了这么多年的风风雨雨后，员工对文化总有许多自己的看法，很多企业在引入组织变革或再造时，往往忽略了对本企业文化的考虑，结果往往造成了"手术很成功，但病人死了"的尴尬。麦肯锡兵败实达，就是最好的案例，虽然方案很科学，但实达的文化不能融合，结果是一败涂地。

很多人把企业文化认为是老板文化、高层文化，这是片面的，企业文化并非只是高层的一己之见，而是整个企业的价值观和行为方式，只有得到大家认同的企业文化，才是有价值的企业文化。要得到大家的认同，首先要征求大家的意见。企业高层管理者应该创造各种机会让全体员工参与进来，共同探讨公司的文化。不妨先由高层制造危机感，让大家产生文化变革的需求和动机，然后在各个层面征求意见，取得对原有文化糟粕和优势的认知，最后采取扬弃的办法，保留原有企业文化的精华部分，并广泛进行宣扬，让全体员工都知道公司的企业文化是怎么产生的。

b. 与员工的日常工作结合起来

企业确定了新的企业文化理念后，就要进行导入，其实也就是把理念转化为行动的过程。在进行导入时，不要采取强压式的，要让大家先结合每个员工自己的具体工作进行讨论，首先必须明确公司为什么要树立这样的理念，接下来是我们每个人应如何改变观念，使自己的工作与文化相结合。

操作中先让基层员工自己讨论工作中的问题，然后结合企业文化，提出如何进行改善和提高，包括工作的流程和方法，最后是自己应该怎么做。通过这样的研讨，让每个员工都清楚地知道公司的企业文化是什么，为什么要树立这样的文化，为什么自己要这么做。

2. 企业高层以身作则，最为关键

a. 企业高层的角色

作为企业文化的建筑师，高层管理人员承担着企业文化建设最重要也最直接的工作。一些企业高层管理者总感觉企业文化是为了激励和约束员工，其实更应该激励和约束的，恰恰是那些企业文化的塑造者，他们的一言一行都对企业文化的形成起着至关重要的作用。企业的高层领导往往既是文化、制度的塑造者，同时又是理念、制度的破坏者。

b. 从点滴做起

企业文化的精髓更集中在企业日常管理的点点滴滴上。在思科，广泛流传着这样一个故事，一位思科总部的员工看到他们的总裁钱珀思先生，大老远地从街对面小跑着过来，这位员工后来才知道，原来钱珀斯先生看到公司门口的停车位已满，就把车停到街对面，但又有几位重要的客人在等着他，所以他只好几乎是小跑着回公司了。因为在思科，最好的停车位是留给员工的，管理人员哪怕是全球总裁也不享有特权。再比如 GE 公司，他有一个价值观的卡片，要求每个人必须随身携带，就连总裁，也随时都拿出这个卡片，对员工进行宣传，对顾客进行讲解。试想我们国内的许多公司高层管理者，你有这些世界一流公司总裁的理念和作风吗？

3. 理念故事化，故事理念化，并进行宣传

a. 理念故事化

企业文化的理念大都比较抽象，因此，企业领导者需要把这些理念变成生动活泼的寓言和故事，并进行宣传。蒙牛集团的企业文化强调竞争，他们通过非洲大草原上"狮子与羚羊"的故事生动活泼的体现出来：清晨

醒来，狮子的想法是要跑过最慢的羚羊，而羚羊此时想的是跑过速度最快的狮子，"物竞天择、适者生存"，大自然的法则，对于企业的生存和发展同样适用。

b. 故事理念化

在企业文化的长期建设中，先进人物的评选和宣传要以理念为核心，注重从理念方面对先进的人物和事迹进行提炼，对符合企业文化的人物和事迹进行宣传报道。在一家合资公司的企业文化咨询项目中，我们帮助他们按照企业文化的要求进行先进人物的评选，并在公司内部和相关媒体进行了广泛的宣传，让全体员工都知道为什么他们是先进，他们做的哪些事是符合公司的企业文化的，这样的榜样为其他员工树立了一面旗帜，同时也使企业文化的推广变得具体而生动。

4. 沟通渠道建设

企业理念要得到员工的认同，必须在企业的各个沟通渠道进行宣传和阐释，企业内刊、板报、宣传栏、各种会议、研讨会、局域网，都应该成为企业文化宣传的工具，要让员工深刻理解公司的文化是什么，怎么做才符合公司的文化。

如果员工不能认同公司的文化，企业就会形成内耗，虽然每个人看起来都很有力量，但由于方向不一致，所以导致企业的合力很小，在市场竞争中显得很脆弱。长期来看，没有强有力的企业文化，企业也就无法形成自己的核心竞争力，在竞争日益激烈的市场上，是无法立于不败之地的[1]。

---

① 王吉鹏：《如何让员工认同企业文化？》，《管理世界》，http：//www. hroot. com/article/html/2006－6－30/2006630125617. htm。

6.4 建立持续激励的企业制度：
动态（文化资本）产权配置

组织制度文化的激励长期化，同时也实现了文化资本的产权配置，通过成员的人力资本增值、控制权和响应的收益增加等方式。通过第 5 章的论述我们看到，利益共享的激励规则集合，是组织文化资本的制度形式，一个自适应变革型的制度文化能够形成保持长期核心竞争力生产关系。制度文化的建设的中心思想在于权益配置，实现团体理性的利益公平激励。除了基本的经验原则，科学及时的文化资本产权配置依赖于一个良好的个体价值观测量工具的开发。

6.4.1 企业制度文化

制度文化是企业文化的重要组成部分，是企业文化的中坚和桥梁。培育先进的制度文化，必须调整职工接受制度的文化心态，缩短贯彻执行制度的差距，发挥制度文化对职工群众的约束力。[①]

①何为企业制度文化

企业文化分为三个层面，表层的物质行为文化，中层的制度文化，深层的精神文化。所谓制度文化，是围绕企业核心价值观，要求全体职工共同遵守的，按一定程序办事的行为方式及与之相适应的组织机构、规章制度的综合。制度文化体现了企业管理的刚性原则，是支撑企业发展的相对稳定的制度安排，它既有相对独立性，又是连接物质文化与精神文化的中间环节，缺少制度文化，企业难以形成良好的运作机制，内外层文化建设也很难长久和落到实处。加强企业制度文化建设与否，关系到企业文化能

---

① 苏宝坤：《创建企业文化构建和谐社会》，《时代潮》2006 年第 3 期。

否有生命力，能否持续长久，也是一个企业是否成熟的重要标志。

②企业文化是制度和机制长期坚持和积累的结果

在某种意义上说，企业文化就是要创造一种氛围，形成一种默契，达成一种预期。对于一个小公司或小企业，比较容易形成默契，但对于大公司尤其是跨国大公司来说，要沟通与形成默契，只有靠一套科学合理的制度来维系。

"长虹"推行企业文化建设，建立和完善了六十多种管理规章制度，从上到下严格执行，一丝不苟，久而久之，员工养成了习惯，形成了良好的行为规范和文化理念。

"思科"为实现"客户满意是我们第一大责任"的理念，每年都聘请一个顾问公司进行调查、打分，其结果直接关系到员工的薪水，长此以往，这个理念就慢慢形成了制度文化。

"海尔"企业文化的成功也与成熟的制度、机制密不可分。"海尔"的机制有二：一是竞争机制，从根本上保证海尔文化的进取性，让每个员工都有发展空间，变"伯乐相马"为"赛场赛马"；二是合作机制，从基础上确保海尔文化的一致性，集团内部实行计划经济，而在集团外部则实行高度的市场经济。由此可见，企业文化是制度和机制长期坚持和积累的结果。

③企业制度文化建设的作用

企业规章制度，是企业经营活动保持稳定运转的信号系统，它把企业周而复始的行为，以明确、具体的程序和标准固化，使企业精神、理念通过制度形式表现出来。企业制度文化规定了企业行为中，哪些应该做、好好做，哪些不该做、不能做，顺"规"者昌，逆"规"者罚，通过鼓励与约束、赞赏与惩处，最终达到企业控制的目标。如果说企业精神是软约束，那么企业制度常常发挥着一种硬约束的作用。由此可见，制度文化的作用，主要是通过行为偏差修正来实现的。那些成功地实现企业哲学、经营理念，遵从制度规范的员工及其行为都会受到表扬，而那些违背企业核心价值观的员工则会受到相应的惩戒。所以说，制度文化建设平台是企业文化建设的支撑基础。

④企业制度文化建设的标准

企业文化作为亚文化现象，无时不在受社会文化传统与社会制度形态的影响。因此企业文化应以"以人为本"的思想为指导，以先进文化为引领，以适（合）应现代企业制度为核心，以增强企业核心竞争力为目标，以团结敬业为纽带，全方位营造先进的企业文化氛围。因此，搞好企业制度文化建设的标准有四：

一是要坚持科学性、实践性和群众性。没有科学性，不体现企业生产经营规律，不体现变化了的市场环境，就容易走形式，步入误区；没有实践性，不从实际出发，没有可操作性，就不能长期坚持，难以形成机制，真正贯彻下去；没有群众性，不尊重群众的首创精神，不符合员工心理需求，就难以得到群众的认同。

二是要以人为本，体现人文关怀，既要给人以约束力，更要给人以动力，为职工自我升华、自主管理打好基础。

三是要有利于加快现代企业制度建设、有利于推进企业体制、机制创新，使企业政策、机制建立在公开、公平、公正的原则基础之上，把传统的人治管理变为科学合理的制度管理。

四是要有利于建立学习型组织，不仅要让管理层知识化，而且要让所有员工知识化，将个人创新、协作创新纳入企业的日常管理和绩效评估中，使学习和创新持久化、制度化，为形成高品质的、有竞争力的强势企业文化奠定基础。

⑤企业制度文化建设要与时俱进

企业规章制度不是一成不变的。在全球经济一体化带来的巨大变化中，企业面对众多不确定的机遇和风险，尤其需要调动每个员工的积极性、创造性，弘扬创新精神，挑战既有规章制度，这是企业文化能否适应市场变化越来越快的关键所在。要让员工勇于创新，必须建立催人奋进的制度，没有鼓励创新制度的企业文化会导致企业的麻木和老化。所以，企业规章制度要与时俱进，顺应时代，顺应市场需求，不断充实、修改、补充和完善，鼓励职工以企业发展为目标不断创新。

⑥企业制度文化建设要激发职工的内动力

企业真正有价值、有魅力、能流传下来的东西，很大一部分是文化，尤其是被员工认同的制度文化。企业制度未被员工认同，只能是管理者一相情愿的"文化"，至多只是管理规范，只是对员工外在的约束。企业制度只有真正被员工接受并自觉遵守，它才变成了一种有力量的文化，才能使企业成为制度共守、利益共享、风险共担的大家庭。要做到这一点并非易事，企业制度文化建设必须在激发职工的内动力上下工夫，培育和创造一种符合企业实际、催人向上、开拓创新、永争一流的团队精神。

"海尔"从1998年以来，对中层以上管理干部实行红、黄牌制度，每个月都评出绩效最好的挂红牌（表扬），最差的挂黄牌（批评），并同年终分配挂钩；在班组，每天都评选最好和最差的员工，在日考核栏上公布，最好的员工在其照片下面画笑脸（红色），最差画哭脸（黄色）。这一做法的成功之处在于：一是经常化、公开化、制度化的表扬与批评，使员工每天都有新的目标、新的进步，不断追求更新更高的扬弃、提升和超越；二是制度面前人人平等，通过外在制度的约束，帮助职工养成一种习惯、一种自觉、一种内在需要，不用扬鞭自奋蹄，以良好的主人翁精神为企业发展竭忠尽智。

⑦企业制度需要的模范倡导者和实践者

"海尔"文化能成为企业发展的利器并广为人称道，张瑞敏本人在企业文化建设中的个人行为和修养功不可没。IBM公司的创始人，老托马斯·沃森把"营销导向"作为企业理念，把关心用户、关心社会作为公司价值观的支柱，从公司各级领导到各制造厂的工人们，都要接受企业规章制度的严格培训，从而把"IBM就是服务"的理念灌输到每一个员工的思想之中。

如果企业的制度规范形同虚设，一个重要原因是领导者人格境界不到位，不能认真的、不折不扣地去执行制度，要求别人做到的自己却做不到，有时还在有意无意破坏这些规章制度。因此，要使企业制度建设得以持续健康推进，领导干部必须既当好"导演"、"编剧"，更要当好"演员"，通过各级管理者的身体力行，带头示范，形成制度面前人人平等的良好氛围，形成人人自觉遵守企业制度的良好习惯，使企业制度的激励约束作用落到实处，真正成为维系企业文化核心价值观的重要因素①。

6.4.2　以员工人为本的管理制度变革

创新活动有赖于制度创新的积淀和持续激励，通过制度创新得以固化，并以制度化的方式持续发挥着自己的作用，这是制度创新的积极意义所在。

优秀企业的持续成长，绝不是仅仅有全面的制度就能够解决的。制度能够保障企业的健康运行，但是，从发展角度看，只有制度门槛的不断提高，才有企业的竞争力持续提升和企业的持续成长。而制度门槛的提高，却不是制度自身能够解决的，需要组织中的先知先觉者的自觉行动作为启动力量。因此，企业的规则要下大力气培育能够不断超越企业制度、自我驱动的员工—自由发展的人，在第5章第1节里，我们已经把动态平衡利益关系和长期化激励的制度进行了分析，这里补充三个方面的关系问题②：

第一，员工成长与企业成长的关系

许多企业的文化手册里都提到"让员工与企业共同成长"的观点。企业成长了，员工就一定能够得到成长吗？企业的成长依靠什么？如果没有员工的成长，企业是否会持续稳定成长？我们都认可人力资源是企业的核心资源这样一个观点，也都明白中国革命的成功依靠无数的"奴隶"成长为"将军"的道理。那么，企业的成长，是员工成长的累积过程，或者说，只有员工的成长——自由与全面的发展，才有企业的成长。

第二，员工成长与制度提升的关系

---

① 王兆善：《也谈企业制度文化建设》，《光明日报》2005年10月22日。
② 《企业文化与自由发展的人》，《IT管理世界》，http://www. hroot. com/article/html/2006－7－3/20067312933. htm。

单纯的制度约束，可以培养守纪的战士，但却很少能够培养出主动进取、自我发展的领军人物。企业竞争力的持续提高，不是看你的制度有多么严谨，而是看你的制度是否能够持续变革、创新与提升。而制度的提升，就涉及了员工的自由与全面发展的问题了。

我们都知道，自由王国是人类社会发展的最高境界和终极目标，而人类社会的发展过程，就是每一个人都获得自由而全面发展的解放过程；反过来说，社会的每一进步，都标志着人的解放。而人的每次解放的成果，都会以制度的形式得到巩固和保存。推动人类解放的制度，就是人作为主体的自由度不断增加的制度，也就是通过制度的创新，获得自由的人数将不断增加。因此，企业制度提升的前提，一定是企业中的先进分子用智慧的思考与持续的实践、不断超越现有制度与规则并取得实效的结果。一家企业里，这样的先进分子越多、其思考与行动的频率越快，企业的制度提升周期就越快、门槛就越高，企业的成长也就越快。从这一点上说，这就是作为高级动物的人与其他生物的根本区别——人类心灵具有的自我革新能力，能够经常使个体认知模式发生突变，从而引致社会秩序的变革。

所以，企业文化建设的一项重要任务，就是不断识别、激励、培育能够通过自我发展的员工，让他们对组织管理的依赖越来越低，自我管理的能力越来越强，并成为企业制度提升的先行者与标杆。著名历史学家吉本在《罗马帝国衰亡史》中提到，人类社会的改进有三条道路，其中之一就是"诗人或哲学家依靠个人的努力来教育自己的时代和国家"，就是上面要表达的意思。

第三，个体员工成长与员工群体成长的关系

从根本上讲，企业制度的变迁是一种集体选择和路径依赖，但是，从时间过程看，制度变迁的启动者却不可能是集体选择。相反，在变革启动之初，"集体"还可能是一种守旧的阻碍力量。因此，变革启动只能是个体认知模式变化的结果。也就说，是企业员工群体中具有权力、能力或者智慧的人或少数人群价值选择变化的结果，这或许就是企业家精神。即便我们不能将企业的大多数人比喻为沉默的大多数，但是，从企业实践的现实看，大多数人依赖规则驱动，只有少数人靠自我的理想和价值驱动。而正是这些少数人，从精神和行为上拉动了企业的持续进步。如果一家企业从领导到员工全是一些循规蹈矩的人，那么，它最多能够成为一家不会死掉、但也无法长大的企业。

上面对三个关系的阐述，试图说明关注员工的成长是企业文化建设的核心任务这一命题。其实，对于先进人物的培养和学习，一直是我国企业的强项。但是，树立先进和学习先进时，犯了否定人的异质性的两个错误，一个错误是对先进人物的"圣人化"，二是对先进人物的"劳动化"。

"圣人化"就是将先进人物道德化、精神化和非物质化。一旦作为学习的榜样，我们就力图从各个层面上对其进行拔高，"拔"得连先进人物自己都不太认识自己了。这种"圣人"式的榜样，就像不食人间烟火的神仙一样，自然会让广大的员工"敬而远之"甚至产生逆反心理。因此，学习先进人物的根本，是从现实的"家长里短"说起，越是朴实的，越是大家能够理解和愿意学习的。

"劳动化"就是先进人物大多数都是"劳动"好，他们在企业里都能勤勤恳恳、踏踏实实地工作，但是可以总结的也就是怎样做好具体的工作了。对于员工的工作来说具有一定的启发和指导价值，但是这种指导是具体的、相对低层次的，不能从高层次上给予学习和追随者以更高的影响和感召力。也就是说，我们力图培养的先进人物，大多数可以成为合格的"兵"，而不能成为统领一方的"将"甚至"帅"。这样的先进人物虽然是我们所需要的，但对企业的贡献相对较小。

1955年10月10日，美国学者西摩·圣约翰在的《星期六周报》上发表了"第五种自由"一文，在众所周知的"脱离贫困、无恐惧、宗教、言论"这四种自由之外，他提出了另外一种自由，这就是达到自己最佳水平的自由（The freedom to try our best）。简单地说，这个"第五种自由"就是每个人都有使自己的能力达到最高水平、成就达到顶峰的机会。

1989年布什总统在给我国著名的平民教育家和乡村建设家晏阳初先生的生日贺词中说，"您使无数的人认识到：任何一个儿童绝不只是有一张吃饭的嘴，而是具备无限潜力的、有两只劳动的手的、有价值的人。"这句话，或许就是我们的企业领导应该在企业文化建设中反复讲给员工们听的。

6.4.3　组织权力与 CCO

一、权力及其治理

权力是一种能力，是对他人和资源的支配能力。正由于此，它具有极大的魅力，引发个人、家族、王室、党派和集团之间的权力角逐，也引起学者对权力问题的广泛讨论。英国著名哲学家伯特兰·罗素（Bertrand Russell，1872—1970）就是对权力给以高度关注的学者之一。

权力历来被认为是一种"必要的恶"，具有积极和消极两方面的作用。从积极角度看，它是组织社会、维持秩序、实现公共政策目标不可缺少的手段；从消极方面讲，它也是谋取不正当利益、实施专制和暴政、发动战争的工具。因此，人们在认识和肯定其积极作用的同时，力图对它做出必要的规制。

罗素的《权力论》围绕上述问题展开讨论。罗素从分析权力欲入手，论述了教权、王权、革命权力、经济权力、支配舆论权力等各种权力形态，以及权力与政体、权力与道德、权力与组织和个人的关系，他认为，人对经济的需求尚可得到满足，但对权力的追求则永不满足；正是对权力的无止境的追求，引发多种社会问题。社会科学的任务就是要探索权力欲的产生和发展规律，以便找出规制权力的方法；只有节制个人、组织和政府对权力的追求，才能真正实行民主制度，防止战争，保障个人自由和平等。针对正统经济学家认为经济利益是人的基本动机的观点，罗素提出，"当适度的享受有了保证的时候，个人与社会所追求的是权力而不是财富：他们可以把追求财富作为追求权力的手段，他们也可以放弃财富的增加来确保权力的发展"。

罗素认为：从宏观角度看，权力的大小和实施程度以及权力的来源方法，在不同的社会都有不同的表现。例如，军事专制国家、神权国家和财阀统治国家，其不同组织和集团的影响力各不相同；而教权、王权、民权以及战争等诸种权力形式，其来源方法也迥然各异。但从微观角度讲，权力服从的根源基本相同。权力分配不均的现象在人类社会一向存在，而领袖和追随者则构成了每个社会所具有的最基本的权力关系。那么，权力服从的根源是什么？罗素指出，"一切服从的现象，根源都在于恐惧，不论我们所服从的领袖是人还是神"。使人服从领袖从而成为追随者的动力在于其内心深处的恐惧，服从可以获得安全；而促使人发号施令成为领袖的动力在于精英因其地位、信仰或技能而产生的超凡自信心。

那么现实权力何以构成？罗素为我们提供了许多分类方法。"对人的权力"和"对无生物或非人类的生物的权力"是最基本的两种分类。他认为，我们对待动物时所采用的权力形态最简单明了，因为那时我们无需伪装或借口。所以，考察人对动物的权力形式对于分析社会的权力构成最有帮助。基于以上分析，罗素进一步分析了现实社会中教权、王权、暴力、革命的权力、经济权力、支配舆论的权力和作为权力来源的信条等不同权力形态，区分和论述了基于组织制度的组织权力和基于"学问"和"智慧"（不论是真的还是信以为真）的个人权力，并在考察不同社会历史和现实的基础上，分别论述了传统的权力、革命的权力和强暴的权力的不同形式。

在迈克尔·曼的权力视角下，人类社会的演化被抽象为有四个来源的社会权力，以符合每一权力来源的技术特征对社会加以整合而形成的异质社会网络之间交错重叠复杂关系的发生学原理。这四种可能的来源，按照英文名称的第一字母，分别是"I"（意识形态的）、"E"（经济的）、"M"（军事的）、"P"（政治的）。按照曼对人类社会史的经验研究，意识形态的权力，在许多历史情境内表现为弥散而强烈的影响力。具体化到当代社会，根据王建然的研究报告，权力的有三大来源——暴力，财富和信息。这是权力的三个维度，也是权力的三个支撑点[1]。

---

[1] 《论权力的三大来源：暴力、财富和信息》，《营销中国》2007年第10期，http://www.china-train.net/main/news_details.asp?id=4109。

罗素深刻认识到权力具有不断扩张的特性，明确提出要节制个人、组织和政府对权力的追求。他并不仅限于寻求"权力制约权力"、"法律约束权力"、"多元社会团体规制权力"这些政治学层面的一般路径，而是以更加宏大的视野，提出了全面的社会救治方案。他认为，权力规制需要具备4个方面的条件，或者说，需要从政治条件、经济条件、宣传条件、心理与教育条件共同入手来改善权力。所谓政治条件，就是要在政治上建立多数人统治和保护少数的机制，通过实现中央与地方分权、公共部门内部分权制衡以及促进各种社团的繁荣，来约束公共权力；所谓经济条件，就是指实行民主性的社会主义，通过土地和资本的国有化，实现对经济管理权力的监督；宣传条件则是指，社会应该倡导言论自由，弘扬宽容精神，在科学、文化、艺术领域不强求一致；而心理和教育条件则是指，要教育人民避免激动狂热情绪，消除恐惧、憎恨心理和破坏性，要具有理智生活中的科学气质。此外，罗素还对权力行使者加以道德性规劝。他告诫人们要始终把权力当做手段而不是目的，要让权力结出善果，首先需要有某种善良的目的。这种目的必须在实现后能有助于满足别人的愿望，而且实现目的所用的手段不可使附带的流弊超过目的实现后所可得到的良果。①

不难看到，罗素关于权力的必要、特性、根源、分类、节制等，对我们所要探讨的是组织权力革命以及新设置一种权力有着积极的启发和指导意义。

二、设立 CCO：企业文化机制新革命

CCO 的提出意味着一项新的权力的形成。企业文化资本理论的系统化将为 CCO 的成长提供肥沃的土壤，管益忻（2005）对此提出过基本的思路：从某种程度上来说，中国整个经济的发展全在于企业的发展，没有企业的发展，所谓经济的发展是无从谈起的，而现在整个发展最大的难题是企业的战略管理，尤其是企业文化。这么多年来应该说我们在学习西方先进的管理模式、先进的战略理论和方法上有了很大的进步，企业文化也

---

① 李友梅：《权力与规则——组织行为的动力》，上海人民出版社 2005 年版。

有了长足的发展，但总的看来与我们企业总体发展与创新的要求差距还比较大。可以说，现在已经到了应该对原有的企业文化进行机制与制度性革命的时候了。[①]

1. 企业文化上升为企业的第一资源

企业文化是企业的第一资源。一个企业作为市场主体，要自主经营、自负盈亏、自我发展、自我约束，就必须是一个独立地为客户创造价值的经济组织。严格地讲，企业是一个进行资源配置为客户创造价值，从而为社会创造财富的组织。企业进行资源配置，最终是为客户创造价值。只有为客户创造了价值，企业生产的产品才能卖出去，才能赢得利润，否则，一切都是徒劳的。企业资源包括生产线、专利、设备、技术、厂房、水电、管理、文化商誉品牌等，大体可分成两大类：一类是硬资源，一类是软资源。在企业发展的初、中级阶段，硬资源往往是短缺的，也是不成熟的。而在企业发展的高级阶段，软资源如企业文化所支撑的创新蓝图则上升为最重要的资产。事实早已证明，现代企业第一资源是文化资源，而不再是那些硬件资源。由此可见，在现代市场经济中企业的第一资源配置已相应转化为理念配置，也就是软资源——企业文化资源的配置。配置的最难之处就是特别需要建立 CCO（首席企业文化官）职能，建立、优化CCO匹配运作机制。

企业文化大致从 1983 年开始引入中国。从企业（微观）层面上来讲，不管什么样的技术，什么样的设备，什么样的先进生产线，或者什么样的专利、高级人才，总得要进行资源配置，生产产品，并将产品卖出去，赢得客户认同，它们才成为现实的生产要素，生产力。可以看到，在这些配置当中，企业文化的配置是关键。更为具体地讲，就是人心配置是关键的关键，企业经营说到底是人心经营。美国管理学大师加利·哈默把企业经营干脆划分为三个层面：一是"人手"的经营；二是"人脑"的经营；三是"人心"的经营。"人手"指的是劳动力；"人脑"指的是知识（我们常

① 《打造 CCO：企业文化的机制新革命》，《现代企业教育》2005 年第 5 期。

说的知识经济）；"人心"就是人格、魅力、道德情操、价值观等。企业的核心价值观是中心，因此，价值观这个资源配置最重要。

2. CCO 职位具有深刻的战略意义

第一个战略意义，管好创新知识和制度变革，更加合理地为企业进行资源优化配置，以实现更为有效、更为科学的运作。在今天，在中国，打造优秀的 CCO 群体，正是中国企业亟待展开大手笔推进的人心资源配置、文化资源配置的最迫切需要。

第二个战略意义，是建立健全公司治理机制，优化和再造治理机制的迫切需要。治理机制中有 CEO，还有 CKO、CIO，为什么就没有 CCO，就是因为忽视了企业文化机制的重要性。国外一些著名企业提倡的共同参与，一些学者提出的共同治理，实际上都需要通过企业文化机制（乃至整个核心能力机制）作为主线来实施和实现的。其他的治理机制类似一个一个的"节点"，而作为核心能力灵魂的企业文化机制则是一条最根本的生命线，通过它的作用，这些节点相互串联，形成一个完整的公司治理网络。因而企业文化机制是管理念、管灵魂，是整个治理机制的统帅。CCO可以直接影响和帮助 CEO。CEO 主要有三项管理任务，第一是管战略；第二是管灵魂、管理念、管企业文化；第三是管班子，领导团队。作为精神领袖 CCO 最终决定企业文化，因此，变革企业文化，关键是改变 CEO的理念、价值观和决策系统。这就需要启动 CCO 的职能和功能。

第三个战略意义，培育 CCO 是企业文化发展的迫切需要。企业文化要有一个专门的统帅，除了 CEO 之外必须专门有一个人负责，也就说企业文化建设必须走上职业化的道路。企业文化是企业在运营中产生的，特别是在同（外部、内部以至社会）客户互动中产生和发展的，CCO 的作用是能善于识别什么样的内容对企业有推动作用，并加以概括提升，形成有条理性的东西在内部推广。比如说，企业是搞战略创新的单位，可是战略创新一般是从个别人的头脑中开始的，后来才需要团队，需要领导，需要资金及人力物力支持等，这些东西都需要 CCO 来识别来发现。期间，他有发现、识别、条理化，给予界定和推广的过程。还有，企业创名牌，迫切需要更有效地推进名牌战略。这些属于企业文化，它需要 CCO 来主持指挥。

第四个重大战略意义，是当代世界上最前沿的企业文化管理理论本土化的需要。CCO 这个职位的设计能单独列出来，说明这个机制的形成本身就是一种本土化过程。如何把别人先进的东西拿过来，迫切需要有专门的人来组织和提炼。从这一点来讲，培育 CCO 还可以说是中国企业文化迈向一个新阶段的基本战略举措。同跨国公司的较量，一方面我们需要在硬件上尽快树立优势，但特别需要的就是软件上的企业文化。

3. 中国 CCO 职业是一项理念革命

CCO 在国外受重视的程度要远远高于国内，尽管它还没有 CEO、COO 及 CFO 那么时髦和显赫。CCO 诞生于 19 世纪 80 年代，被视为是一项朝阳职业。世界 500 强，几乎每一个企业都设置了专职企业文化管理人员。也许可以这样说，这些公司已经完成了从"人治"到"法治"，再到"文治"的发展过程，率先进入到了文化管理新阶段。现在中国首届 CCO 的培育和打造正在进入一个新的阶段，新的热潮。但相比于国外公司，中国 CCO 大大滞后。

解决 CCO 的职业化需要在理论上、在企业的战略管理上形成一个运行机制，在组织上、管理体制上向前提升一步。尽管许多企业都设有企业文化部门，但企业文化领袖人物可能是老总，也可能是书记等专职一把手，与职业化 CCO 的要求差距很大。如果有 CCO 牵头，就能保证整个企业文化体系总体上职能不漏项，机制不缺位，而且运行顺畅。此次还要解决的问题是，企业运行内涵上的核心化问题。理念革命是决定企业成败的关键。人的素质的升级换代其核心就是企业文化的升级换代、核心理念素质的升级换代，没有这个升级换代一切都无从谈起因此应该通过打造CCO 来使我们的企业文化来一场大的革命，把整个企业文化大大向前推进。

4. CCO 培养是迈向客户时代的新战略任务

这就是企业文化建设的客户化。企业的核心理念到底是什么？从企业来讲，首先要为客户创造价值，这是企业的核心理念。"核心理念就是为客户创造价值，客户是衣食父母"，企业的责任就是想客户之所想，急客户之所需。CEO 当然要抓这一点，但现实的发展越来越要求专职的 CCO 专供此职。而现在要解决的问题就是，这个核心理念的形成发展，是通过这个核心理念解决三个互动问题来实现的：一个是企业同客户的互动；一个是内部领导同员工的互动，也包括管理团队或者作业团队；还有一个大的问题就是整个企业和这个社会的互动。现在全世界正在搞未来 500 强，未来 500 强即使是企业和客户都满意了，但恶化了环境还是不行。从总体上看，本质上都是客户化问题，都要由职业化的 CCO（协助 CEO）来主持。

因此，新的 CCO 培养需要在理念及素质方面都进行提升。加大培训的力度。培训必须突出它的创新性。培训课程包括两方面，基础理论是企业文化导论、全方位的企业战略管理文化解读、运营理念、经济学管理学基础等；第二块是实际操作，包括知识管理和制度管理。内容设计应是一个完备的体系，要实现全面的子系统完备的教学课程设置，还要有一系列最前卫、最经典、最具操作性的案例教学。应该建立有一个相对系统的理论，就是作为企业文化学这个学科体系。还要强调专家团队的权威性。专家要传授自己的最尖端的学术成果，不能重复那些老生常谈、老掉牙的内容。教授之间、教师与学员之间，以及学员之间要进行高深度会谈。教学要做到中国企业文化的国际化，和国际企业文化的中国化的"两化"对接。只有通过开创性和拓荒性的培训，以 CCO 人才为战略目标，在大中小企业中有步骤的推开，才能实实在在地为中国企业打开一条通向 CCO 之路，或者说是为中国企业文化建设翻开新的一页，为中国的企业文化从整个的战略管理步入一个新的阶段奠定坚实的基础。

三、企业文化师①

---

① 和企业文化性质相近的一个新职业是：信息分析师，将科学的理论与方法引入企业、事业单位和政府机关，为决策活动提供科学有效的依据，是企业（机构）建设和知识管理的骨干人员。信息分析又称情报研究，是一类基于信息的知识生产和智能活动，广泛存在于人类活动的各个领域和各种层面。

在新经济条件下，文化已成为企业的灵魂；企业文化是企业最重要的无形资产，是推动企业持续成长、高速运转的强大精神力量。没有企业文化的创新，再高明的管理手段也难以成功。企业的文化管理是企业生存的基础、行为的准则、前进的动力、成功的法宝。毫不夸张地说，企业文化直接决定着企业的兴衰成败乃至生死存亡。为在全社会范围内规范企业文化管理人员的职业行为和职业能力，保证这支人才队伍的健康成长和发展，2005年3月劳动和社会保障部中国就业培训技术指导中心与中国企业文化促进会在全国合作开展"全国企业文化管理师试点培训"证书，2006年起国家劳动和社会保障部根据国家职业资格证书制度，适时制定并颁布了《企业文化师国家职业标准》。目的在于为我国企业文化管理人员的职业培训和资格认证提供科学规范和法律依据，从而积极、健康地推动我国优秀CCO人才的大批涌现。

企业文化师国家职业资格认证标志着我国企业文化管理人员的职业培训及资格认证有了统一规范和科学依据，并已正式纳入国家考试制度这一法制轨道（与其他政府部门认证、行业认证有法律意义上的本质区别）。反映的是中国企业文化管理从业人员知识和能力水平的国家职业标准。企业文化师国家职业资格认证颁发的是《中华人民共和国职业资格证书》，简称《国家职业资格证书》。

《企业文化师国家职业标准》包括基础知识部分和四大职业功能模块（企业文化调研、企业文化建设规划、企业文化建设实施、企业文化建设评价）。基础知识部分包括企业的本质、企业管理职能及管理要素、组织行为基本知识、中国企业文化传播、建设与管理和企业文化的含义五部分内容；四大职业功能模块均按级别划分为工作内容、技能要求和相关知识三部分内容。整个《标准》涵盖了企业文化建设的全部工作环节，并对相关"技能"和"知识"做出了明确要求。《标准》以国家法规的形式详细规定了我国企业文化建设从业人员应该具备的复合型、综合性技能和知识水平，并明确对相应的职业培训和资格考试的形式、要素和方法进行了规范。可以说，《标准》既是用人单位衡量企业文化建设从业人员知识和能力水平的法定依据，又是企业文化人才培养和资格认证的基本纲领。企业文化师国家职业资格培训和鉴定考试完全依照《企业文化师国家职业标准》开展。显然，这既反映了国家考试制度的基本要求，又预示着企业文化师国家职业资格证书是目前中国企业文化建设人才培养领域最规范、最科学、最权威从而最热门的资格证书。

CCO 能够指导人力资源部门搭建人力资源战略框架，帮助员工在价值观方面达成共识，打造出一支价值观统一的团队，对内要进行企业形象管理，对外要与市场部门共同做好企业宣传和品牌的塑造工作。具体来说应该包括三方面工作内容：第一，指导人力资源部门搭建人力资源战略框架。"我"要帮助员工在价值观方面达成共识，打造出一支价值观统一的团队。第二，通过 CIS 系统设计推广企业形象。这就要求企业文化师对内要进行企业形象管理，对外与市场部门共同做好企业宣传和品牌的塑造工作。第三，推行企业文化体系建设，具体的工作有：负责企业文化战略起草及部署，制定企业文化建设的调研工作等。若想成为企业文化师中的优秀成员，首先要具备足够的理论基础，经济学、人力资源管理、社会文化学、甚至计算机等理工科知识。其次，理论与实践经验兼备也非常必要，因为企业文化体系的建设需要"我"与员工充分沟通才可能实现。此外，企业文化师还必须具备很强的研究能力，能够针对企业发展不同阶段出现的各种问题，找出解决之道。

近几年来，专业化、职业化的企业文化管理人才越来越受到企业及其经营者的高度重视和青睐。据透露，如今年薪 20 万元请不到企业文化总监在业内已不是一件稀奇的事情。由于人才紧缺，很多企业都会重金聘请咨询公司的咨询师来充当企业文化咨询顾问，给付年薪一般在 10 万—50 万元之间。该职业成了市场上新崛起的高薪一族。中国企业文化研究会秘书长孟凡驰说："在国外，企业文化师（月）收入最高有五六千美元。我国的企业文化师收入高的可以 8 千、1 万元，一般也有四五千元。"据统计，目前，我国最少缺少 10 万名企业文化师。未来几年中上海企业 CCO 的缺口将达 5 万名，人才短缺的矛盾更加突出。2008 年 1 月中国企业文化促进会广东培训基地正式落户广州，企业文化管理师（CCO chief cultural officer）特别受珠三角企业的青睐。中国企业文化促进会有关负责人表示，目前很多企业都达成了共识——"没有企业文化的创新，再高明的管理手段也难以成功"。可以预见，更加系统专业和实用的培训正是社会的需求。

6.5　分析和适应文化生态环境：比较文化论

构建合作型劳动关系的长期激励型利益共享制度，除了管理规则和权利安排等制度形式之外，组织还是存在于特定的社会环境当中，有各种传统、习俗、常理等社会文化形式。也就是说，组织文化是在区域文化、民族文化、国家文化、时代文化等条件下存在的，是由内涵不同的部分构成的。如果有利于组织管理制度建设，则从交易成本角度看提高了效率，相反，不适应环境的管理制度则会需要增加巨大的制度建立或变革的交易成本。

下文归纳了中国社会文化和各国文化及企业文化的主要特点，这些价值观影响广泛并且历史深远，极其深刻影响着个体的需求偏好和行为方式，在不同环境下组织制度文化建立是"乘风破浪"还是"背道而驰"，这些都是必不可少的参数。

6.5.1　中国传统文化的三大主脉

人类生于天地之间，自然规律孕育了生命，也塑造传承了不同地域的文化价值观，成为超越了时代的精华，发挥着神奇巨大的社会发展方向的推动力量。这些价值崇尚让人类除了竞争的理性之外，选择了不同的价值、不同的美、不同的满足，使稀缺资源的分配更优化更可持续。

中国传统文化源远流长，其传统的价值观是百家争鸣的庞大思想体系，有着深厚的底蕴，可以说这是一个比任何煤田和金矿都更有意义的用之不竭的资源宝藏。反观中国落后的年代，异域文化曾经作为"洋"文化冲击国人，使国人感到迷茫。随着国力的增强和民众自信心的提高，国内出现了中国传统文化回归的现象。易中天的《品三国》和于丹的《论语说》受大众欢迎，就是很好的证据。国际上中华文化热也在升温，中国为什么发展起来成为思考的焦点。这个释道儒三家学问为主干、文学艺术戏剧音乐武术菜肴民俗婚丧礼仪等为枝叶的传统中国文化体系，在当代被称为国学（"国学"其实是"五四"以后，面临"西学"的冲击而立名的）。受到各方面的喜爱。

中国文化的根是儒、道、佛三家，反映了中国人的价值观、人生观、世界观：

①儒家思想：仁义礼信，规矩方圆

儒家思想也称为孔孟之道，从政治观点看，反对征战，实行仁政。宋代以后儒家思想成为官方哲学。"四书"《论语》、《孟子》、《大学》、《中庸》不超过2万字，是中国读书人的"圣经"，对中国文化的影响十分深远。"先天下之忧而忧，后天下之乐而乐"，"修身治国平天下"是儒家思想的体现。

②道家思想：上善若水，厚德载物

道家就是老子和庄子的思想。他们主要思考人与自然的关系。道就是自然规律，德就是守道。最后都归于和"有"对应的"无"。因此做人要逍遥，治政要"无为"。上善若水，以柔克刚。

③佛教思想：善渡轮回，精神极乐

佛学在中国是影响最深远的世界观，形成的时间和道、儒相近并早于其他两大世界宗教。东汉后传入中国，佛教虽诞生在印度但却在中国发展得很丰满，它和中国思考生命的各种神话相结合，形成了精神永生的观念。佛家思想其实是一种哲学思想，提倡人生苦难，轮回涅槃，普度众生，摆脱束缚的思想。

④"少学儒，中学道，老学佛。"

儒家以"穷则独善其身，达则兼善天下"为座右铭，以"正心、修身、齐家、治国、平天下"为完美的人生理想，是尘世间最真、善、美的理想体系，是传统中国人在人间作为完人的行为准则。但是，对形而上的探讨，或者说对于宇宙终极真相和个人生命最终归宿的问题，则缺乏了解和研究。

而佛道两家则正好是对儒家理论空缺部分的有力补充，从做学问的立场上看就比儒家高明和精辟了许多。所以古往今来那些既要立身于红尘，又不愿老死于红尘而"终与草木同朽"的智者，往往都采用"阳儒暗佛"、"阳儒暗道"，或者说"内用黄老、外示儒术"的方法。

在明清以来，这三家其实更倾向于相互融合，正如某位高人说的"道释儒是谁分开"。

水有源、树有根，这三个价值体系是中国原生的基本价值观、人生观、世界观。

6.5.2　美日韩文化以及企业文化比较

每一片土壤都生长着口味不同的精神硕果，国际化、网络化建立了一个地球村，文化的交融分享让人类从未如此精彩……

①美国的冒险平等文化

如果稍微对美国社会和美国人的生活做一点观察，就会发现宗教深深植根于美国社会之中，并对美国社会生活的各方面有着极为广泛的影响。美国的钞票上，赫然印着"我们信仰上帝"。美国的国歌里，有"上帝保佑美国"的歌词。美国总统就职，要手按《圣经》进行宣誓。国会参众两院的每一届会议都是以国会牧师主持的祈祷开始。美国的军队里有牧师、神甫等各种不同宗教的随军神职人员，身穿军官制服，在军中提供宗教服务。美国的大学校园里，活动着大量的学生宗教团体。美国的医院、监狱、机场及其他许多公共与民间机构中也都有专职或兼职的宗教职业人员提供宗教服务。美国85%以上私立中小学校的学生就读于教会学校。哈佛大学、耶鲁大学、普林斯顿大学等许多著名的美国大学最初都是由教会创办的。今天，美国有 1200 多家宗教广播电台播放宗教节目，每 12 家电视台中就有一家是宗教电视台，在 20 世纪的最后 10 年里，美国的宗教节目增加了 75％。美国的宗教报刊杂志有 5000 多种，《新约圣经》在美国的印数超过了 1 亿册，宗教音乐的音像制品销售量远远超过了爵士乐、古典音乐及其他各种流行音乐。一半以上的美国成年人参加过宗教组织的慈善服务活动或做过志愿者，在纽约、芝加哥、洛杉矶、费城等大城市中提供社区服务的主要力量是宗教团体。大多数美国人的婚礼是在教堂举行的，而他们的丧礼要由牧师、神甫主持。此外，人们也许并不了解讲求实际、讲究金钱、喜欢新奇、刺激和追求物质享乐的美国人，每年观看橄榄球、棒球、篮球、网球、赛车等各项体育比赛的人数总和约有 4 亿人次，而参加宗教活动的高达 52 亿人次。美国人在 20 世纪 90 年代每年奉献给宗教事业的捐款约为 500 亿美元，而花在棒球、篮球、橄榄球上的费用不到 50 亿美元。可以说，美国人生活的各个方面都和宗教有着密切的关系，正如美国著名神学家尼布尔说的那样，美国是世界上最世俗的国家，也是宗教性最强的国家。

宗教在美国有着如此广泛的影响并不是偶然的。翻开美国的历史，早在美国建国之前的 17 世纪，为了自由地信奉自己的宗教，横渡大西洋来到北美，建立北美殖民地的清教徒们，就满怀强烈的宗教激情，以"上帝送民"的身份开始了在北美殖民地实现其宗教理想的实验。美国建国之后，虽然宪法明确规定实行"政教分离"，美国没有国教，但宗教始终与美国历史的进程紧紧地交织在一起，对美国的政治、法律、文化、外交、伦理等各个方面发挥着巨大影响。美国著名社会学家理查德·纽豪斯说，"关于美国的一个最基本的事实是，在美国人自己的概念中，他们大多数都是基督徒，他们和许多非基督徒都认为，美国社会的道德基础是犹太—基督教道德"。这是美国"国情"的一大特色。

正是由于存在着这样一种强大的宗教道德基础，美国才得以在由来自世界各地各种背景的移民及其后裔组成的社会里，形成自己的价值观和凝聚力，美国人在看待自己和外部社会时才会有一种特殊的"使命感"，一种基于宗教道德的理想主义,美国社会才可能产生出一种能够在世俗化进程中保持精神平衡的自我调节机制。美国不是一个以神权为中心的宗教国家,但离开了宗教,很难想象会有今天的美国。宗教对于美国,不是可有可无,而是须臾不可或缺。事实上,许多美国人感到自豪和骄傲的,并非美国在物质方面的强大,而是他们丰富坚实的精神信仰。尽管在行动上,许多人对自己的信仰并不能认真实践、身体力行,但作为美国人的精神支柱,宗教在美国社会中的地位并没有因此而改变。因此,要了解美国,就不能不谈美国的宗教。

美国的宗教,五花八门,有许多特点,但最主要最基本的特点是以基督教新教为主导。基督教是一个大系统,其中又可分为罗马天主教、东正教与新教三大分支若以宗派数量与信徒人数而论,新教当数第一。但新教内部不存在着像罗马天主教教会内部那样统一的教会体制与领导核心,新教的宗派无论大小,都是平等独立的。新教不是一个单一的教会,而是无数具有新教特点的独立宗派或教会的总称。但无论从哪个角度看,新教都是美国基督教、乃至美国宗教中最活跃、最重要的因素。过去有人用“WASP”,来表示美国主流社会的中坚分子,所谓“WASP”,就是“白人中信仰新教的盎格鲁—撒克逊人”。美国的总统,除了个别例外,基本上皆为新教教徒,新教的影响可见一斑。[①]

但新教之外的罗马天主教、东正教,基督教之外的犹太教、伊斯兰教、佛教,还有其他各种东方宗教,以及形形色色的新兴宗教,也是美国宗教大家庭中各具特色的成员,它们都在美国宗教的景观中扮演着各自独特的角色。新教之内,又有浸礼会、卫理公会、长老会、信义会、安息日会等众多的派别。同一种宗派或教派中,又因种族与文化背景的差异,形成了不同的教会。因此,美国的宗教又是多元的。近50年来,随着美国人口构成的变化,美国宗教的多元化程度日趋增加,这是美国宗教的另一

---

① 董小川2002年在《20世纪美国宗教与政治》一书从多个角度很深入地研究了宗教与政治的问题。

个十分显著的特点。

此外，各个宗教团体，无论背景如何、规模大小，其存在和发展都取决于基层教会。除少数教派外，基层教会决定着宗教团体的面貌。从社会服务到海外宣教，宗教团体的各种丰富资源均源于基层；从宗教观点到政治立场，宗教团体的大政方针均须得到基层教会的支持和认可。为了最大限度地减少教会内部的层次，避免教会的僵化和教会机构的官僚化，宗教团体的机构大多都是越往上越虚。还有许多教会宁可长期保持其独立的地方教会的特色，也不愿隶属于任何教派团体。教会的活力在基层，没有众多的基层教会，不可能有强大的全国性宗教团体；而有无全国性的宗教团体，基层教会并不介意。因此，各级宗教团体都把眼睛瞄准了基层，力争在宗教市场的竞争中尽可能地代表基层教会的利益。基层教会则把工作的重点放在反映教徒的意见、为教徒提供服务、促进教会的发展上。宗教团体的这种层层向下的"草根性"，也是美国宗教的一大特点。[①]

特殊的历史和宗教背景造就了美国文化精神：[②]

第一，个人主义精神，强调以个人为本位的人权、民主、自由平等、博爱等个人权利，强调个人成就和个性至上的精神；

第二，创新精神；

第三，勤奋工作和冒险精神；

第四，物质追求与实用主义；

第五，道德关心和人道主义；

第六，民族主义和爱国主义。

与此相适应，美国企业文化的特征表现为：

1. 以人为中心的价值追求

在 20 世纪七八十年代后，美国企业摈弃了"人并非生产力中关键因素"的陈旧观念，认识到人是企业发展的根本，所以在企业的组织管理中

---

① 刘澎：《当代美国宗教》，社会科学文献出版社 2001 年版。

② http://www.hroot.com/article/html/2006-4-18/2006418112327.htm.

突出强调对人的关怀、尊重、信任，以及激发员工的责任感和使命感。克服传统的单打独斗意识，强调集团意识即企业与员工的一体精神。

美国休利特—帕卡德公司是以人为核心的成功企业的一个范例。早在20世纪40年代，该公司提出他们不成为"雇佣人以解雇人的公司"。70年代的经济危机中他们没有解雇一雇员，而是自公司最高领导至全体雇员，每人减薪10％，休—帕公司对人的信任还表现在取消了使用上下班计时钟来监督职工的作法，让职工自由进入实验室，甚至将库房里的零件带回家，这样，分司上下都"献身于共同的事业，他们的立场、态度和方法都达到了很高的和谐一致。"

2. 管理体制的开放性

建立一种开放型的管理体制，更多运用人与人之间的默契合作来纠正硬化的行政协调措施，这样，以创新行为代替繁杂分析。在强调管理体制开放的观念中，可能最富革命性的是提倡内部企业竞争，以内部竞争补充内部行政协调，提高企业效率。

3. 强调顾客至上、树立企业形象

首先，成功的美国公司都尊重顾客，甚至不厌其烦地跟顾客建立了长久的联系，克服那种"价格越来越傲慢"和"技术傲慢"的思想。其次，做到对顾客充分负责，否定了过去生产"只要卖掉就是成功"的理念。再次，树立质量精益求精的精神。

②日本的纪律自尊文化

日本是个多宗教并存国家，主要有神道教、佛教、基督教三个大的宗教和许多小宗教。据日本内阁下属的文化厅统计，截至2000年12月31日，日本共有神道教信徒10523万人，佛教信徒9419万人，基督教信徒174.5万人，其他宗教的信徒1021万人，合计共有各类宗教信徒209273063人。同年日本的人口总数为118693000人。宗教信徒的总数是人口总数的近2倍。这是因为日本人可以同时信仰两种乃至多种宗教。考虑到世界历史上的十字军东征和当代世界上一些地区宗教之间互相敌视甚至互相仇杀的血腥现实，人们很可能会对日本的这一现象感到诧异，而这却是日本的真实写照，也是日本宗教的显著特征之一。

日本人的性格也呈复杂的两极化特征，一方面极端的自尊排外，另一方面又特别崇拜强者。日本有纪律社会之称，人们的行为举止受一定规范的制约。在正式社交场合，男女须穿西装、礼服，忌衣冠不整、举止失措和大声喧哗。日本人不喜欢针锋相对的言行与急躁的风格，把善于控制自己的举动看做一种美德，他们主张低姿态待人，说话时避免凝视对方，弯腰鞠躬以示谦虚有教养。谈判时，日本人用拇指和食指圈成"O"字形，你若点头同意，日本人就会认为你将给他一笔现金。日本人接待客人不是在办公室，而是在会议室、接待室，他们不会轻易领人进入办公机要部门。日本不流行宴会，商界人士没有携带夫人出席宴会的习惯。商界的宴会是在大宾馆举行的鸡尾酒会。在日本，名片的使用相当广泛，特别是商人，初次见面时有互相交换名片的习惯。按照日本人的风俗，饮酒是重要的礼仪，客人在主人为其斟酒后，要马上接过酒瓶给主人斟酒，相互斟酒才能表示主客之间的平等与友谊。日本人待人接物态度认真、办事效率高，并表现出很强的纪律性和自制力。约会总是正点，很少误时。总的来看，日本社会文化表现出这样的特点：

第一，民族的单一性与社会结构的同质性

日本民族一个最为显著的特点是它在日本岛上自始至终都是唯一民族。在漫长的日本民族历史上几乎没有民族大迁移以及不同民族之间的大残杀，社会结构较稳定和统一。80%以上的人世世代代生活在同质社会中，继承了日本社会传统的"集团走向性"及由此而产生的各种习俗。同种语言与文字，使其思考带有较强的共同性；强调集团主义与业绩主义相结合的献身价值和对纪律的高度重视又为组织目标的实现提供了保证。

第二，"文化滞后型"与兼容并蓄性

日本的农业诞生在公元1世纪，其社会经济文化比中国落后了几个世纪，这时日本呈现出"文化滞后型"状态。"滞后型文化"可以朝着截然相反的两个方向发展。一是封闭守旧，停步不前，抵制先进文化，从而文化更加落后；二是发扬文化革新精神，兼容并蓄地输入外来文化改造自身。日本选择了后者。公元前 7 世纪进行的"大化改新"运动，缔造出一个融合大唐文化的日本封建文化体。19 世纪进行"明治维新"运动，缔造出一融合了欧美文化的日本式资本主义文化体。第二次世界大战结束后，日本在美国占领的情况下实行了一系列的改革，从而为 20 世纪 60 年代以后实现经济腾飞创造了良好的条件。

日本企业文化表现出了以下特点：

1."和"的观念

"和"是被运用到日本企业管理范畴中的哲学概念和行动指南，其内涵是指爱人、仁慈、和谐、互助、团结、合作、忍让，它是日本企业成为高效能团队的精神主导和联系纽带。它最初渊源于中国儒家伦理，但又对儒家思想进行了发展。中国儒家理论强调的是"仁、礼、义"，而在日本则强调"和、信、诚"，由此使得日本企业文化中包含"和、信、诚"的成分，使得人们注重共同活动中与他人合作，追求与他人的和谐相处，并时刻约束自己，所有日本的企业都依"和"的观念行事。

在日本人看来，一个团体或企业界如果失败，多半由于缺乏"和"的精神。真正实行了"和"的团体，势必带来和谐和成功。理想的工作环境，使人的潜能得到良好的发挥，使得人找到人生的归宿，达到幸福的境界。"和"的观念很大程度上制约着和引导着日本企业的经营哲学。日本企业实行的自主管理和全员管理，集体决策和共同负责，人与人之间的上下沟通，乃至于情同手足，这些都与"和"的观念密不可分。

2.终身雇佣制

终身雇佣制在第二次世界大战后在日本进行全面推广，目前已作为一种制度沿用下来，尽管这种制度不是由国家法律规定的，终身雇佣制是贯穿日本员工生活与工作的纲领。日本的年轻人一旦进到一家大公司，就把自己一生交给了这家公司。工作归公司安排，出差由公司派遣，住家是在公司"园地"，休假则集体行动，结婚往往上司主媒，有的连蜜月旅行也由公司安排，退休的补贴自然由公司发给。这样公司成了员工的第二家庭或大家庭。既然企业成了员工的大家庭，那么情感的纽带，道义和责任的要求都使得企业不会轻易辞退员工。而且社会也给辞退员工的企业以一种文化的压力，使得这类企业形象不佳，经营难以成功。

终身雇佣制的作用是：1. 可以解除员工失业的后顾之忧，促使他们对工作采取从长计议和一往无前的态度，有利提高生产率。2. 有利于培养员工的集体主义精神。3. 企业可以有计划、有步骤地对企业员工进行培训，而不必像西方公司那样时时担心员工成为"熟手"之一后将"跳槽"而去。4. 迫使企业不断改善企业管理水平，以解决随技术的进步而导致的人力过剩的问题。

3. 年功序列工资制

这种工资制是依据职工的学龄、工龄、能力、效率等确定职工工资的工资制度。

4. 推行企业工会制度

日本企业工会组织形式分为两种。一是以企业单位成立的工会，工人一进工厂就自动加入工会成为会员，而科长以上的管理人员不是工会成员；一是按工种和行业组成的工会，这种工会占工会总数的比重很小。在欧美，企业工会多是在行业范围内组织，不同企业的工人可以与工会串通联系、协调行动，工会的力量比日本企业工会大，可以起到抑制资方滥用权力，联合劳动者为争取自身利益与资方对抗的作用。而日本企业工会多在一个企业里，力量有限，但他们容易与资方达成各种协议。因此，日本企业推行工会制度，以缓解劳资关系的紧张。日本企业工会的作用主要表现在：与资方商议职工福利、工资待遇、生产条件等问题，维护工会会员的利益。同时积极参与企业管理的各项活动，协助资方贯彻完成各项生产任务。

③韩国的第一主义文化

韩国的传统宗教主要包括佛教、儒教、道教、基督教、传统民间信仰。在当代世俗化、全球化、信息化的影响下，韩国形成的新宗教教理主张与传统宗教、民间信仰有着密切的内在关联，同时也不乏为因应变化中的社会的民众的宗教诉求而提出的新的主张和思想倾向。韩国新宗教的教理主张概括为：1. 后天开辟思想，就是否"先天"，建设后天的乐园世界；2. 人尊思想，"神报抵不过人报"，"人尊要大于天尊、地尊，人尊时代即将来临"，"神将歆享事人"；3. 选民思想，"我国是世界的上等国，真理将出自这里，我们民族即将得天下"；4. 解冤相生思想，如每年阳历5月1日定为"胜恨日"；5. 统合社会，"如吾道非儒、非佛、也非仙，吾道是儒佛仙的合一"；6. 末世思想，包括分为一般末世论和时限末世论。

　　传统宗教派生的新宗教包括佛教系新宗教、儒教系新宗教、基督教系新宗教，传统民间信仰中滋生的新宗教包括东学系新宗教、檀君系新宗教、一夫系新宗教、甑山系新宗教、觉世道系新宗教、水法系新宗教、巫俗系新宗教、灵通系新宗教、系统不明的新宗教。传入韩国的外来新宗教有日本系新宗教、欧美系新宗教、伊斯兰系新宗教等。一般来说，新宗教的教说与我们所熟悉的传统宗教相比，有几个较明显的特征，即关注现实问题，追求现世利益，顺应时代潮流，教说的个性化、通俗化等。因此，教理内容简明易懂，具有较强的时代性和针对性。但由于其教义内容多源自于传统宗教和民间信仰，尚处于形成阶段，教义主张混杂、易变，理性层次越高，不乏为哗众取宠、标新立异而提出的极端主张。积极参与这种运动者（教祖或信徒）多为难以接受变革中的社会新价值体系或苦于适应急剧变化的社会者，为能够在动荡不安的神会环境中确立自我，寻找出路，常常试图将社会现实矛盾投射到超自然的存在或力量来寻求答案。因此，新宗教比传统宗教更关注现实社会的矛盾和紧张关系，并试图有针对性地提出解决方案，以回应这部分群体的社会生活需要和宗教诉求。新宗教的教说就是在这种动态的社会环境中，教祖及其追随者们的共同努力下逐渐形成的。当然，因新宗教的每个教派、教团所处历史、社会环境之不同，再加上其规模、活动方式的不同，其教说极为个性化和多样性。因其过分关注现实，很难提升其理性层次，甚至不少新宗教长期处于形成或萌芽状态，显得不成体系甚至显得极为幼稚。①

---

① 金勋：《试论韩国新宗教的教理思想特征》，《世界宗教研究》2007 年第 2 期。

在这样多元兼容新兴的文化背景下，韩国经济发展与腾飞决非偶然。北大国际 EMBA 课程组织学员 2007 年去韩国进行了为期一周的游学式访问，期间参观了三星电子、韩国移动通信、现代汽车、浦项制铁、三星 BP 化学、友利银行等韩国企业，访问了韩国政府机构——韩国贸易振兴公社以及首尔大学商学院。结论是韩国政府的强有力领导和良好的经济政策很关键，但更重要的是韩国全民拼搏进取的民族精神，强大的内聚力造就了一大批像三星电子、浦项制铁和现代汽车这样的国际化大企业集团，这些企业的出现反过来又推动了韩国经济的飞速发展。这一点在某些方面和中国的情况有些相似，也具有很重要的可参考性。

韩国企业在继承和发展本国优秀企业文化的同时，积极吸收西方的先进企业文化，并将东方的儒家思想与西方的管理科学有机结合，培育出韩国特色的企业文化，在经济发展中产生了不可估量的作用。分析韩国企业文化的形成，不难看出，它主要是两种文化的综合，类似于我们的"洋为中用，古为今用"的思想，并做到了结合本国企业实际，博采众长。

1. 继承本国伦理秩序文化。从高丽时代起，韩国文化就开始有儒教文化的浸入，并经过了一个从盛行到正式定为国教的过程，韩国民族的思想理念和行为规范较多地传承了儒教文化，最突出的是五伦关系，即"君臣有义、父子有亲、夫妇有别、兄弟有情、朋友有信"，而君臣有义的文化精神被用于企业文化时，则表现为上下级关系是上对下恩威并施，下对上是尊敬服从。韩国家族企业则是以父子关系决定用人及继承事项，并由此血缘关系而延伸到同乡、同学即所谓的"地缘"、"学缘"等，在人事管理中以"缘"为中心。由于文化的传播及影响力，所以非家庭企业也不例外。

2. 第二次世界大战后受美国个性文化的影响很大。美国社会崇尚个性自由和个性张扬，以个人为中心的观念在推动社会物质财富的创造中发挥到极致。在管理上更注重差异化而激发创新，其约束主要是责任分工明确，讲究时间效率。作为以追求效益为最终目的的企业组织，美国的上述文化基因便自然地浸入到韩国的企业文化及管理中。在用人方面，不再是以资历为唯一条件，而更注重的是个人的能力、创造性和绩效。儒教文化的"集体主义"和美国文化的"个人主义"在韩国企业文化中并存，足见韩国企业文化蕴涵的智慧与力量。韩国大部分是家族式企业，但是涌现的新一代职业经理人，在企业发展中正在起着很大的主导作用。三星电子实行新经营战略，在公司战略管理层面具有美国式的西方视野，在公司的工厂、操作层面，更注重日本式的东方管理模式，整个公司实行东西方相结合具有自己特色的管理文化，并促进了企业的发展。

3. "彻底第一主义"精神是韩国民族文化的灵魂。认为韩国将会是世界的中心，表面上看像是美国竞争文化的产物，而实质上可理解为儒家文化的深刻挖掘。儒家文化讲"修身齐家治国平天下"，要做到天下第一，必须从自身做起，向内修炼自己，将自己做得最好，而每一个人在世界上都是唯一的存在，所以"彻底第一主义"是向自身挑战，只有竭尽自己所能，才是"彻底第一主义"。这样来理解，就不难看出韩国企业为什么在成立之初就有高标准、高目标，就是要在追求第一的过程中，使企业和员工不停滞地自我激励、自我挖潜，进而集合并成就内在强大的能量，迎接外界或市场变化不止的波澜，而得以长久生存与发展。三星集团创始人李秉哲就是"彻底第一主义"的典范，三星集团也真正走上了"三星要在所有涉足的领域里追求第一，成为这些领域中最先进、最好的企业"的理想。正是这样的企业家和企业支撑了韩国经济的高速发展，并将企业跻身于世界级的行列。①

6.5.3 组织文化生态环境论

近年来，与全球范围内对环境与生态危机的深入反省密切相关，中国哲学的"生态意蕴"成为学界关注的热点之一。所谓"文化生态"，是指由构成文化系统的内、外要素及其相互作用所形成的生态关系。"文化生

---

① 杨俊强：《企业强大的背后》，《财经界·管理学家》2008年第1期。

态模式"则是指维护文化生态生存、绵延的根本律则与运行机理。①

由于人是以类的方式存在于宇宙之中的社会动物,一个文化系统的文化生态必然涉及人与终极实在、人与自然宇宙、个人与他人以及人之身心之间的关系。正是这些方面构成了特定文化系统的基本存在形态,亦即文化生态模式的基本"世界图式"。中国哲学"文化生态模式"基本的世界图式可名之为"生机主义的万物一体"图式。在这一图式中,天地万物通过被生命化而统合为紧密相连的一体。中国哲学看待天地宇宙以及万物的基本范式就是"生命典范",即自觉地把天地宇宙以及万物均看做是类人的存在、有生命的存在。中国哲学之思想源头的《周易》哲学中即已奠定了这个基本精神方向。正是借助于生命典范,《周易》建构起了一个涵容天地人"三才"、足以"曲成万物"、"范围天地"而又以"道"一以贯之的机体网络系统。沿着《周易》哲学,以儒家和道家为主体的中国哲学进一步丰富和发展了这一以生命典范贯通天地万物的世界图式,从而形成了"生机主义的万物一体论"。在这一世界图式中,人、人类社会与自然界既各自构成相对独立的系统,又共同构成了一个紧密相连的整体。它们之中莫不包含了某种内在的生命力量亦即"道"或"天道"。"道"或"天道"构成了万物的存在根源,同时也是贯通万物的内在本性。以生命体存在的万物统领于"道"或"天道",共同构成了充满生机的大化流行。

在这一图式中,作为万物之灵的人既内在于自然,又有着自己的特殊使命。它强调,在归根结底的意义上人是内在于而非外在于天地万物的。《周易》哲学从两方面突显了天地万物对人的内在性。

其一,天地万物构成了人之所以为人的存在前提。《序卦》明确指出:"有天地然后有万物,有万物然后有男女。有男女然后有夫妇,有夫妇然后有父子。有父子然后有君臣,有君臣然后有上下。有上下然后礼义有所错。"这显然是把天地万物的存在看做是人、人类社会存在的前提。

其二,天地宇宙亦是人的价值之源,人之所以为人所应具的德性是

---

① 李翔海:《中国哲学"文化生态模式"特质与意义》,《光明日报》2005 年 8 月 9 日。

"法天效地"的结果。这从《系辞》"生生之谓易"与"天地之大德曰生"的论断中即可清楚地见出："生"不仅是天地之基本的存在形态，而且更是天地之最高德性，正是天地宇宙所昭示的"大德"为人类提供了价值的源头。由此，《周易》开启了后儒以"生"释"仁"，将人之本质属性与天地之德相联系，以为之确立形上根据的基本精神方向。《中庸》所谓"唯天下至诚，为能尽其性；能尽其性，则能尽人之性；能尽人之性，则能尽物之性；能尽物之性，则可以赞天地之化育；可以赞天地之化育，则可以与天地参矣"，说明人作为大宇长宙中唯一具有灵明者，又不是完全类同于其他万物的存在，而是具有一种特殊使命，即只有通过人的存在而不仅更为充分地实现天地之道，而且使之发扬光大。立足于"生机主义的万物一体"的世界图式，中国哲学"文化生态模式"表现出了和谐性、平衡性与稳态性等颇为独异的理论特质。

回到市场，垄断也是文化，竞争也是一种文化，我们要建设什么样的文化生态环境？要回答这个问题，不妨思考一下沙漠中能否长出"参天大树"。消耗大、贡献大的"参天大树"，能够在沙漠中成活吗？没有能够提供荫凉、改善环境、保持水土、维持水循环平衡的"参天大树"，长得最高的却是仙人掌，是外面都是刺、将所有的水分都吝啬地留给自己、不给过路人或者其他植物提供荫凉和帮助。

年代久远的"原始森林"中，充满了虎豹狼虫，充满了阴暗，并让很多人"丧生其中"。于是，学会在"原始森林"中生存的技能，并通过竞争进化，在"原始森林"中获得很好的生活，这就是多元的自由竞争的企业。而有的人选择了进行改造运动，铲除这些害人的"原始森林"，使"虎豹狼虫"全部被消灭，创造一个完美的垄断世界。

可是，当"原始森林"变成"沙漠"时，恐慌发生了。虽然没有虎豹狼虫及竞争的阴暗，但是因为整个生态崩溃，气候改变，没有谁能够生长了，大家正在走向"同归于尽"。当人们发现自己处于绝路上的时候，又希望找回过去的道路，尽快恢复到"原始森林"的状态。于是反向运动开始，重新创造"森林"环境。

人类智慧发现，"原始森林"的主要支撑物是大树。于是，人类智慧决定，先培养大树。于是，将能够进行分配的水分与养料都给了"大树"，并且希望大树能够通过自我循环，成为支持"人工森林"的主要力量。但是，当这些"大树"长起来以后，才发现它们不过是丑陋的"仙人掌"。这些在沙漠中显得"巨大"的"仙人掌"剥夺了其他植物应得的水分，同时通过硬刺和厚厚的角质层保护水分不散发到空气中，不能形成水分聚集。没有水分聚集，也就没有降雨。地上来的养分被仙人掌掠夺，天上又没有足够的水分，因此其他植物只能"干枯"而死。

"仙人掌"成为被仿效的对象，于是"仙人掌"成为最主要的生态特色。仙人掌永远长不成参天大树。当大的仙人掌通过垄断大的水分及养分来源获得自己的生长，成为 500 强时，小的"仙人掌"也同样通过垄断小的水分及养分来源，获得自己的空间。在"大大小小"的"仙人掌"垄断所有水分及养料时，其他的植物都无法获得生存空间，"仙人掌"们成为能够看到的"风景"。"仙人掌"体现的还是单一的枯竭的沙漠生态。

向"森林"的转型需要规则的"利剑"。"森林"生态中的规则是，要坚决砍断那些垄断的植物，使其他生物都有生存空间。在沙漠生态向森林生态转型过程中，只有用规则砍断"仙人掌"过度延伸的、极大侵害了其他植物生长的根，使其他植物也能获得营养。然后，砍掉它们的刺与角质层，让他们必须将储存的水分释放出来，进入生态循环系统。这样，循环的"森林"生态才可能开始形成。

给"仙人掌""放血"后，才能迫使其他植物仿效新的方式实现自己的发展之路。只有这样，我们在帮助企业发展时，才能够有效说服企业，采取真正市场化、符合商业规则、能够实现各方"共赢"的文化理念及组织体系，实现企业的可持续发展，真正实现"参天大树"的成长方式①。

---

① 王永为：《社会生态论与企业文化》，《IT 管理世界》，http://www. hroot. com/article/html/2006—7—27/2006727123413. htm。

6.6 结论和思考

6.6.1 本书主要结论

企业是一个工业时代开始后的历史现象，承担着历史赋予的使命，也肩负着社会责任，一个"好"的企业应该是具备这样一种全面文化能力或长期（利润）竞争力的：遵守社会道德不断创新满足市场客户的产品和服务需求、关注员工个体的人性需要和劳动关系和谐、促进劳动力收入水平提高和社会经济发展。

从法学角度，企业是依法成立、自主经营、自负盈亏、以盈利为目标的经济主体；从系统的角度，企业有清晰的边界，是由人、财、物、信息等多要素构成的闭合系统；从契约的角度，企业的本质是一种内部市场，交易成本降低是其存在的根源，因此其实也是一个社会活动和社会关系的缩影；从文化的角度，后工业竞争中的企业本质是一个创新知识包和一个利益调节器，并表现为一个共享价值网，知识创新和制度变革的文化战略降低了资本成本，带来了收益增长是企业的生命力，文化资本是当代企业黑箱生存"活力"的秘密。本文将组织文化资本定义为三个命题：（1）组织文化资本是信息对称的价值网络；（2）组织文化资本是专有创新的知识共享；（3）组织文化资本是持续激励的利益均衡。

组织文化资本具有三个基于经济规律的特点：1. 信息对称性，解释了减低风险或减少交易成本的共同文化意识是企业增值的源泉；2. 异质存在性，揭示了满足市场需求的专用性创新文化价值大小受到投资转换成本的影响；3. 载体流动性，描述了动态文化资本产权配置的制度文化能够带来创新能力的可持续性。这个组织文化资本概念假说从经济学分析出发打开了企业竞争力的黑箱，企业的本质就是一个创新知识包，同时是一个利益调节器，也是一个共享价值网。

组织文化资本的四个基本性质总结为：1. 制约性。其内涵主要包括、也受制于组织中每个个体的协作知识和价值观，以及连接个体的组织管理流程和制度体系两个方面；2. 层级性。组织文化是与社群文化、区域文化、民族文化、阶级文化、国家文化、时代文化等同时存在的、内涵不同的大文化构成部分，这是其外延规定性；3. 层级性。没有完全相同的组织文化，能够交易和模仿的就不是文化资本，也没有一个案例能用于任何时代和环境；4. 养成性。组织文化资本是投入和时间的积累，正如社会行为都有规则可循，其战略管理途径、必要的背景知识和关键经验的探讨也是可能和重要的。因此在管理实施应用方面，通过文化建立竞争力的观点发展了成本型企业理论，从文化角度对劳动关系理论进行了内部化解决的拓展，并通过经济分析导出竞争力目标的人力资源管理实施战略。

可持续创新的组织文化资本战略以运行能力和制度能力为目标。在这个知识创新和制度变革构成的多角度战略中，创新强调了以人（客户）的异质性需求为中心，制度强调了每个员工的差异化需求和人力资本提高，以人为本的思想贯穿了始终。"适合自己的就是最有价值的"，一个"有文化"（资本）的企业，能够突破理性经济人假设下长期利润为零的企业，获得长期的竞争力或生命力。

6.6.2 宏观政策建议

主观在一定的约束条件下选择着客观规律，人的能动性可以选择有效率的客观机制发生作用。城市经济和自然经济相比，阳光对经济的直接影响作用已经发生了变化；在对撞机实验室里，万有引力公式已经不再有效；在全球化的后现代竞争中，企业通过文化资本战略提高竞争力。

但是文化资本战略除了企业本身内在发展的驱动力之外，宏观政策营造国际化竞争的环境也是关键因素，也是文化资本效率的重要环境条件。政府也是一种历史现象，当代不同国家政体不同也决定了其政权的获取方式和范围程序不同，西方国家的政体由代表不同利益集团的政党通过竞争掌握政权，人民代表大会制度作为我国宪法规定的政权组织形式具有稳定的优越性，因此中国的企业发展环境比西方国家的企业发展环境更优越。

政策的引导包括把国家、企业、个人利益作为共同体，关注文化资本问题的研究，对文化资本投入实施给予评价和扶持，与农村的技术促进工作改变了生产效率一样，全面统筹促进经济的协调发展。最近《工人日报》标题为"金融危机面前更应突出企业文化建设"一文认为，企业生存与三个要素紧密相关，即环境、资源和文化，环境和文化的问题正越来越得到关注。

6.6.3　存在的不足

本研究的理论观点和战略实施手段需要长期的实践过程和反馈修正，通过实施推广和深化补充，继续向技术化和操作性推进。

同时还在思考除了法律完善约束，能否找到道德范畴的绿色创新的内部化解决方式，以及如何融入到文化资本战略中。

6.6.4　进一步研究的方向

中国民营企业的平均寿命不足 3 年，作为民族品牌的三鹿给国人当头一棒。可口可乐、西门子、通用电器等国际化企业寿命均超过 100 年。可口可乐公司创始人曾经说：即使世界所有可口可乐工厂全都烧毁了，可口可乐也可以在一夜之间重新站起来。这就是文化的魅力。国家也一样，有中国人的地方就有一片神奇的家园。什么样的国家文化能够带来长期的繁荣，而不是昙花一现的小龙？（领先科技，强化教育；法规变革，娱乐福利?）这个问题值得我们去深思。在历史的车轮下，多少经济富庶辉煌的时代都撵为尘土荡然无存，只留下一个个沧桑的文明痕迹，从这个观察意义上说，文化是能留下的终点，同时它也是起点，那么对人类来说也许精神才是第一性的存在？

对市场主体层的组织文化资本的研究，本文更多基于 10 年创业和实验观察后的深入理论探讨。在这个理论模型的基础上，一个极有意义的研究课题是找到如同纸一样很基本并且有简易操作性的组织中个体价值观测量工具，因为这个工具能够反映最底层的个体需求和变动情况，能够为组织的政策激励制度和流程管理起到指导作用，同时也是制定组织学习方案的最重要依据，从而将组织的发展真正建立在每个人的基础之上，实际上国家文化资本也依赖这种底层数据支持。这样整个文化资本研究就能成为覆盖微观、中观到宏观层的体系，形成更全面的解释力，起到更全面的竞争力促进作用。

参考文献

[1]《2002 年中国工会维护职工合法权益蓝皮书》,中国工人出版社 2003 年版。

[2] V·奥斯特罗姆、D·菲尼、H·皮希特:《制度分析与发展的反思》,商务印书馆 1992 年版。

[3] Y. 巴泽尔著,费方域、段毅才译:《产权的经济分析》,上海三联书店、上海人民出版社 1997 年版。

[4] 埃弗雷特·M·罗杰斯著,辛欣译:《创新的扩散》,中央编译出版社 2002 年版。

[5] 埃瑞克·G、菲吕博顿、鲁道夫·瑞切特:《新制度经济学》,上海财经大学出版社 1998 年版。

[6] 艾伦·鲁滨逊、萨姆·斯特恩著,国防译:《企业创新力》,新华出版社 2005 年版。

[7] 奥肯:《平等与效率》,华夏出版社 1987 年版。

[8] 贝尔:《发展经济学》,《世界经济译丛》1989 年第 1 期。

[9] 彼得圣吉:《第五项修炼》,上海三联书店 2002 年版。

[10] 卜慕东:《论现代企业的管理伦理学——以"文化资本"为例》,《经济体制改革》2001 年第 1 期。

[11] 波普尔:《猜想与反驳——科学知识的增长》,上海译文出版社 1986 年版。

[12] 卜长莉、金中祥:《社会资本与经济发展》,《社会科学战线》2001 年第 4 期。

[13] 布尔迪厄著,包亚民译:《文化资本与社会炼金术》,上海人民出版

社 1997 年版。

[14] 常凯：《劳动关系学》，中国劳动和社会保障出版社 2005 年版。

[15] 陈淮、樊纲等：《专家薛振纵论深华收入分配制度改革》，《中国劳动保障》2003 年第 11 期。

[16] 陈立辉：《什么是知识管理?》，《IT 经理世界》2005 年第 9 期。

[17] 陈全明、张广科：《科学人才观与我国人才资源能力建设》，《管理世界》2006 年第 9 期。

[18] 陈恕祥、杨培雷：《当代西方发达国家劳资关系研究》，武汉大学出版社 1998 年版。

[19] 陈耀、汤学俊：《企业可持续成长能力及其生成机理》，《管理世界》2006 年第 12 期。

[20] 陈宗胜：《发展经济学》，复旦大学出版社 2000 年版。

[21] 谌新明：《企业内部劳动力市场研究》，《暨南大学》2004 年第 4 期。

[22] 谌新明：《中小企业人力资源管理 5C 分析框架》，《经济管理》2003 年第 10 期。

[23] 程德俊、赵曙明：《资源基础理论视角下的战略人力资源管理》，《科研管理》2004 年第 9 期。

[24] 程立茹：《企业文化：构筑持续竞争优势的异质资源——基于 MargaretA. Peteraf 竞争优势模型的分析》，《商业研究》2005 年第 21 期。

[25] 程延园：《劳动关系》，中国人民大学出版社 2002 年版。

[26] 程延园：《我国劳动争议的发展变化与劳动关系的调整》，《经济理论与经济管理》2003 年第 3 期。

[27] 程延园：《政府在劳动关系中的角色思考》，《中国劳动保障报》2002 年 12 月 1 日。

[28] 储小平、李怀祖：《家族企业成长与社会资本的融合》，《经济理论与经济管理》2003 年第 6 期。

[29] 道格拉斯·C. 诺思著，陈郁、罗华平等译：《经济史中的结构与变

迁》，上海三联书店、上海人民出版社 1994 年版。

[30] 范红忠：《有效需求规模假说、研发投入与国家自主创新能力》，《经济研究》2007 年第 3 期。

[31] 风笑天：《私营企业劳资关系研究》，华中理工大学出版社 2000 年版。

[32] 弗里德曼：《自由选择》，商务印书馆 1982 年版。

[33] 傅允生：《工商业传统与区域经济发展关联分析》，《经济学家》2003 年第 5 期。

[34] 高波、张志鹏：《文化与经济发展：一个文献评述》，《江海学刊》2004 年第 1 期。

[35] 顾作义、钟庆才：《论非公有制经济的六大功能》，《南方经济》1999 年第 2 期。

[36] 郭纪金：《企业文化》，中山大学出版社 1991 年版。

[37] 郭庆旺等：《中国传统文化信念、人力资本积累与家庭养老保障机制》，《经济研究》2007 年第 8 期。

[38] 国家统计局人口和就业统计司：《中国劳动统计年鉴》，中国统计出版社 1998 年—2001 年版。

[39] 哈耶克：《个人主义与经济秩序》，北京经济学院出版社 1989 年版。

[40] 韩巍：《基于文化的企业及企业集团管理行为研究》，机械工业出版社 2003 年版。

[41] 何铮、谭劲松：《杂理论在集群领域的研究——基于东莞 PC 集群的初步探讨》，《管理世界》2005 年第 12 期。

[42] 赫伯特·A. 西蒙：《管理决策新科学》，中国社会科学出版社 1982 年版。

[43] 赫伯特·西蒙：《现代决策理论的基石》，杨砾、徐立译，北京经济学院出版社 1989 年版。

[44] 赫伯特·西蒙著，杨砾、徐立译：《西蒙管理行为》，北京经济出版社 1998 年版。

［45］亨廷顿：《变动社会的政治秩序》，上海译文出版社 1989 年版。

［46］胡宇辰：《基于企业再造的人来资源管理定位》，《管理世界》2005 年第 9 期。

［47］胡中梅、田丰：《企业文化创新与企业竞争力》，广东经济出版社 2005 年版。

［48］怀铁铮：《新世纪中国信息化发展道路》，《管理世界》2005 年第 5 期。

［49］黄静：《以人为本的企业文化》，武汉大学出版社 2003 年版。

［50］黄少安：《产权经济学导论》，山东人民出版社 1995 年版。

［51］加里·S. 贝克尔著，王业宇、陈琪译：《人类行为的经济分析》，上海三联书店、上海人民出版社 1995 年版。

［52］贾良定、李鹏飞、陈秋霖、戴广：《可占用性准租、投资专用性与企业层级结构》，《斯密论坛讨论稿系列》2004 年第 1 期。

［53］贾良定：《专业化、协调与企业战略——南京大学博士文丛》，南京大学出版社 2002 年版。

［54］姜子昂：《构筑我国天然气文化体系的战略思考》，《管理世界》2006 年第 9 期。

［55］杰夫·卡特赖特著，郁启标、姚志勇译：《文化转型——企业成功的基础》，江苏人民出版社 2004 年版。

［56］景凤春：《企业文化建设与应对入世挑战、提升企业核心竞争力》，《中国勘察设计》2004 年第 8 期。

［57］科斯：《企业的性质》，伦敦经济学院《经济学家》杂志 1937 年版。

［58］科斯：《社会成本问题》，1960 年版。

［59］莱曼 W. 波特、格雷戈里 A. 比格利、理查德 M. 斯蒂尔斯著，陈学军、谢小云、顾志萍等译：《激励与工作行为》，机械工业出版社 2006 年版。

［60］李非：《关于休谟的财产权理论》，《中山大学学报》（社会科学版）2004 年第 1 期。

［61］李非等：《企业的知识基础观：动态开放视角》，《情报杂志》2006年第8期。

［62］李建民：《人力资本通论》，上海三联书店1999年版。

［63］李善民：《控制权转移的制度背景与控制权转移公司的特征》，《经济研究》2003年第11期。

［64］李现科：《企业文化资本经营商机无限》，《经济论坛》1998年第12期。

［65］李新功：《以社会资本为契机提高区域科技创新能力》，《管理世界》2007年第1期。

［66］李永杰：《广东改革开放成功之路：制度创新——简评张思平、陈池等著〈体制转轨〉》，《南方经济》2003年第9期。

［67］李永杰：《论我国人力资源的市场配置》，《华南师范大学学报》（社会科学版）1994年第2期。

［68］李永杰：《浅谈企业改革与企业创新》，《交通企业管理》1999年第5期。

［69］李永杰：《社会主义市场经济的工资分配理论与工资制度创新》，《华南师范大学学报》（社会科学版）1995年第1期。

［70］李永杰等：《人文经济学的理论渊源、演进轨迹和发展趋势》，《江汉论坛》2008年第1期。

［71］李忠民：《人力资本》，经济科学出版社1999年版。

［72］梁哨辉、宋鲁：《基于过程和能力的知识管理模型研究》，《管理世界》2007年第1期。

［73］廖开际：《知识管理原理与应用》，清华大学出版社2007年版。

［74］刘东：《企业网络论》，中国人民大学出版社2003年版。

［75］刘刚：《企业的异质性架设》，中国人民大学出版社2005年版。

［76］卢现祥：《西方新制度经济学》，中国发展出版社1996年版。

［77］陆杰华、王茗萱：《流动人口服务管理与福利保障：现状、挑战与思路》，《人口与计划生育》2008年第6期。

［78］陆娟：《服务忠诚驱动因素与驱动机理——基于国内外相关理论和实证研究的系统分析》，《管理世界》2005 年第 6 期。

［79］吕景春、李永杰：《基于帕累托效率的和谐劳动关系研究》，《中国人力资源开发》2005 年第 10 期。

［80］吕景春、李永杰：《论和谐劳动关系的文化机制与路径选择》，《经济问题》2008 年第 4 期。

［81］吕景春：《企业社会责任运动与和谐劳动关系的构建》，《经济学动态》2006 年第 8 期。

［82］伦斯基：《权力与特权》，浙江人民出版社 1988 年版。

［83］迈克尔·波特：《竞争优势》，华夏出版社 2003 年版。

［84］迈克尔·茨威尔著，王申英、唐伟、何卫译：《创造机遇能力的企业文化》，华夏出版社 2002 年版。

［85］曼瑟尔·奥尔森著，陈郁、郭宇峰、李崇新译：《集体行为的逻辑》，上海三联书店、上海人民出版社 1995 年版。

［86］孟艳芬：《企业资源基础论的经济学基础》，《商业研究》2003 年第 20 期。

［87］诺思：《经济史中的结构与变迁》（中译本），上海三联书店 1991 年版。

［88］诺斯：《制度、制度变迁与经济发展》，上海三联书店 1994 年版。

［89］欧庭高、曾华锋：《企业文化与技术创新》，清华大学出版社 2007 年版。

［90］彭璧玉：《心理契约及其管理效应》，《华南师范大学学报》（社会科学版）2005 年第 4 期。

［91］彭璧玉：《战略薪酬模式的选择》，《中国人力资源开发》2004 年第 6 期。

［92］彭一：《信息化主管案头手册》，机械工业出版社 2004 年版。

［93］丘海雄、张应祥：《理性选择理论述评》，《中山大学学报》（社科版）1998 年第 1 期。

[94]《全球化下的劳工与社会保障》，中国劳动和社会保障出版社 2002 年版。

[95] 沈琴琴：《劳动经济》，中国工人出版社 2001 年版。

[96].沈艺峰、田静：《我国上市公司资本成本的定量研究》，《经济研究》1999 年第 11 期。

[97] 沈艺峰、肖珉、黄娟娟：《中小投资者法律保护与权益资本成本》，《经济研究》2005 年第 6 期。

[98] 斯宾诺莎：《伦理学》，商务印书馆 1983 年版。

[99] 谭崇台：《发展经济学的新发展》，武汉大学出版社 1999 年版。

[100] 汤因比：《文明经受着考验》，浙江人民出版社 1988 年版。

[101] 唐春晖：《企业竞争优势根源分析——资源基础论的一个经济学解释》，《沈阳师范大学学报》（社会科学版）2005 年第 1 期。

[102] 唐东方、张建武：《避免薪酬认识的误区》，《中国人力资源开发》2003 年第 4 期。

[103] 唐东方、张建武：《转变潜在的"小企业家意识"》，《中国人力资源开发》2003 年第 9 期。

[104] 汪炜、蒋高峰：《以信息披露、透明度与资本成本》，《经济研究》2004 年第 7 期。

[105] 王德禄：《知识管理的 IT 实现——朴素的知识管理》，电子工业出版社 2003 年版。

[106] 王辉、忻蓉、徐淑英：《中国企业 CEO 领导行为及对企业经营业绩的影响》，《管理世界》2006 年第 4 期。

[107] 王云峰、李杰、丁明磊：《从 ERP 成功要素透视中国企业信息化之路》，《管理世界》2005 年第 8 期。

[108] 王子成、张建武：《西方薪酬委员会制度研究综述》，《外国经济与管理》2006 年第 9 期。

[109] 威尔伯：《发达与不发达问题的政治经济学》，中国社会科学出版社 1984 年版。

[110] 吴育华、程德文、刘扬：《冲突与冲突分析简介》，《中国软科学》2002 年第 6 期。

[111] 席酉民、韩巍：《基于文化的企业及企业集团管理行为研究》，机械工业出版社 2003 年版。

[112] 席酉民：《和谐管理理论研究》，西安交通大学出版社 2006 年版。

[113] 席酉民：《基于文化的企业及企业集团管理行为研究》，机械工业出版社 2004 年版。

[114] 小艾尔弗雷德·D. 钱德勒著，重武译：《看得见的手——美国企业的管理革命》，商务印书馆 1987 年版。

[115] 谢洪明、罗惠玲、王成、李新春：《学习、创新与核心能力：机制和路径》，《经济研究》2007 年第 2 期。

[116] 熊烨、李永杰：《社会保障筹资手段改革的探索——试论我国社会保障税的开征》，《南方经济》2001 年第 9 期。

[117] 许晓明、徐震：《基于资源基础观的企业成长理论探讨》，《研究与发展管理》2005 年第 4 期。

[118] 亚当·斯密：《国民财富的性质和原因的研究》（上卷），商务印书馆 1972 年版。

[119] 亚当·斯密：《国民财富的性质和原因的研究》（下卷），商务印书馆 1974 年版。

[120] 亚诺·科尔内：《矛盾与困境》，中国经济出版社 1987 年版。

[121] 燕雨林、李永杰：《论我国养老基金保值增值的制度设计与路径选择》，《湖北社会科学》2003 年第 8 期。

[122] 杨杜：《企业成长论》，中国人民大学出版社 1996 年版。

[123] 杨柳新：《人文资本与中国乡村发展》，《当代世界社会主义问题》2001 年第 2 期。

[124] 杨其静：《企业与合同理论的新阶段：不完全合同理论——兼评 Hart 的〈企业、合同与财务结构〉》，《管理世界》2005 年第 2 期。

[125] 杨小凯：《劳动分工网络的超边际分析》，北京大学出版社 2002

年版。

［126］杨之曙、彭倩：《中国上市公司收益透明度实证研究》，《会计研究》2004 年第 11 期。

［127］姚从容、钟庆才：《先天能力与人力资本》，《广东社会科学》2007 年第 1 期。

［128］野中郁次郎、竹内宏高著，李萌、高飞译：《创造知识的企业》，知识产权出版社 2006 年版。

［129］叶红心、张朋柱：《社会面子与合作博弈》，《管理工程学报》2003 年第 2 期。

［130］袁锋、陈晓剑：《以资源为基础的企业战略理论及其发展趋势》，《预测》2003 年第 1 期。

［131］约翰・W. 纽斯特罗姆、基斯・戴维斯著，陈兴珠、罗继等译：《组织行为学——工作中的人类行为》（第十版），经济科学出版社 2000 年版。

［132］约翰・P. 科特、詹姆斯・L. 赫斯克特著，李晓涛译：《企业文化与经营业绩》，中国人民大学出版社 2004 年版。

［133］韵江、刘立：《创新变迁与能力演化：企业自主创新战略——以中国路明集团为案例》，《管理世界》2006 年第 12 期。

［134］曾国屏：《国家创新系统视野中的科学传播与普及》，《科普研究》2006 年第 1 期。

［135］曾湘泉、王剑：《社会伙伴关系理论与我国人力资源管理实践》，《中国人民大学学报》2007 年第 3 期。

［136］曾湘泉、周禹：《创新视角下的人力资源管理研究述评：个体、组织、区域三个层面的研究》，《首都经济贸易大学学报》2006 年第 6 期。

［137］曾湘泉：《价值理念、收入分配差距与社会保障制度构建》，《中国人民大学学报》2002 年第 3 期。

［138］曾湘泉等：《人力资源管理与企业绩效：国内外实证研究的评论与思考》，《经济理论与经济管理》2007 年第 6 期。

［139］曾湘泉等：《新形势下中国人力资源管理面临的三大问题 2008 年

中国人力资源管理新年报告会上的对话》,《中国劳动》2008 年第 2 期。

[140] 张德、潘文君:《企业文化》,清华大学出版社 2007 年版。

[141] 张东风:《再造民营企业的文化平台》,《经济论坛》2000 年第 23 期。

[142] 张焕勇、杨增雄:《企业异质性与企业家知识异质性的耦合性分析》,《财经问题研究》2006 年第 5 期。

[143] 张建武、李永杰:《构建城乡统筹就业机制的条件及对策》,《华南师范大学学报》(社会科学版)2002 年第 4 期。

[144] 张建武、隋建华:《现代企业的创新策略》,《山东农业》(农村经济版)2000 年第 3 期。

[145] 张建武:《略论劳动力市场的制度框架》,《岭南学刊》2000 年第 2 期。

[146] 张清:《管理哲理研究与路径依赖理论——〈路经以来、管理哲理与第三种调节方式研究〉评价》,《管理世界》2005 年第 10 期。

[147] 张维迎:《企业的企业家——契约理论》,上海三联书店、上海人民出版社 1995 年版。

[148] 张五常:《经济解释》,商务印书馆 2000 年版。

[149] 张峥、孟晓静、刘力:《A 股上市公司的综合资本成本与投资回报——从内部报酬率的视角观察》,《经济研究》2004 年第 8 期。

[150] 赵履宽:《劳动经济学》,中国劳动和社会保障出版社 1998 年版。

[151] 赵素琴:《企业核心竞争力与企业文化》,《平原大学学报》2004 年第 4 期。

[152] 钟庆才:《古典企业中的人力资本产权与运营》,《广东社会科学》2004 年第 2 期。

[153] 钟庆才:《评述熊彼特的"创新"理论》,《岭南学刊》1998 年第 6 期。

[154] 钟庆才:《评西方现有企业理论的局限性》,《岭南学刊》1998 年第 2 期。

[155] 钟庆才：《人力资本的经济学分析》，广东人民出版社 2005 年版。

[156] 钟庆才：《人力资本的社会学分析》，汕头大学出版社 2008 年版。

[157] 钟庆才：《人力资本和人力资本产权研究的综述》，《广东经济》2002 年第 11 期。

[158] 钟庆才：《西方现代企业激励——约束机制理论评析》，《岭南学刊》1998 年第 3 期。

[159] 钟庆才等：《企业可持续发展的灵魂：企业文化》，《广东经济》2001 年第 2 期。

[160] 周刚、曾巍：《企业发展的根本——企业文化》，《工程机械》2004 年第 12 期。

[161] 周建：《基于资源基础论的企业竞争力边界透视》，《当代财经》2004 年第 1 期。

[162] 周业安：《关于当前中国新制度经济学研究的反思》，《经济研究》2001 年第 7 期。

[163] 朱火弟：《企业经营者组合激励机制研究》，《管理世界》2005 年第 9 期。

[164] 朱卫平：《企业家本位论：中小企业所有权制度安排研究》，经济科学出版社 2004 年版。

[165] 朱宪辰、章平、黄凯南：《共享资源之路制度转型中个体认知状态的实证研究》，《经济研究》2006 年第 12 期。

[166] 朱翊敏、钟庆才：《广东省经济增长中人力资本贡献的实证分析》，《中国工业经济》2002 年第 12 期。

[167] 庄子银：《创新、企业家活动配置与经济长期增长》，《经济研究》2007 年第 8 期。

[168] Baker, W. E., and Sinkula, J. M., 1999, "The Sysnergistic Effect of market Orientation and Learning Orientation on Oranizational Performance", *Journal of Academy of Marketing Science*, Vol. 27, Iss. 4, pp. 411—427.

[169] Barney J B. Firm resources and sustainable competitive advantage. *Journal of Management*, 1991, 17 (1): 992120.

[170] Barney J B. Is the resource2based view a useful perspec2tive for strategic management research. *Academy of Management Review*, 2001. 26 (1): 41256.

[171] Barron, O; Kim. O.; Lim. S.; Stevens, D. 1998UsingAnalysts, Forecasts to Measure properties Of Analysts' information Environment, *The Accounting Review* (October): 421—433.

[172] Based businesses. *Journal of Business Venturing*, Volume: 20, Issue: 6, November, 2005, pp. 793—819.

[173] Bhattacharya, U.; Daouk, H. 2002. The world price of insider trading. *Journal Of finance*, 57 (l): 75—108.

[174] Botosan, C. A.; Plumlee, M. A. 2002. A reexamination Of disclosure level and the expected cost of equity capital. *Journal of Accounting Research*, 40 (l): 21—40.

[175] Bruton, Garry D, Ahlstrom, David. An institutional view of China's venture capital industry: Explaining the differences between China and the West. *Journal of Business Venturing*, Volume: 18, Issue: 2, March, 2003, pp. 233—259.

[176] Bruton, Garry, Ahlstrom, David, Yeh, Kuang S. Understanding venture capital in East Asia: the impact of institutions on the industry today and tomorrow. *Journal of World Business*, Volume: 39, Issue: 1, February, 2004, pp. 72—88.

[177] Chen, Zhiwu. Capital markets and legal development. The China case. *China Economic Review*, Volume: 14, Issue: 4, 2003, pp. 451—472.

[178] Clark, J., and Guy, K., 1998, "Innovation and Conpetiveness: A Review", *Technology Analysis and Strategic Mnagement*, Vol. 10, Iss. 3, pp. 363—395.

[179] Cochrane, Phoebe. Exploring cultural capital and its importance in sustainable development. *Ecological Economics*, Volume: 57, Issue: 2, May 1, 2006, pp. 318—330.

[180] CÔTÉ, JAMES E. Sociological perspectives on identity formation: the culture - identity link and identity capital. *European Journal of Combinatorics*, Volume: 19, Issue: 5, October, 1996, pp. 417—428.

[181] D. P. Ashmos and D. Duchon. Spirituality at Work: A Conceptualization and Measure. *Fournal of Management Inquiry*, June 2000, p. 139.

[182] D' Antoni, Massimo, Pagano, Ugo. National cultures and social protection as alternative insurance devices. *Structural Change and Economic Dynamics*, Volume: 13, Issue: 4, December, 2002, pp. 367 - 386.

[183] Dmanpour, F. , Szabat. K. A. , and Evan, W. M. , 1989, "The relationship between Types of Innovation and Organizational Performance", *Journal of Management Studies*, Vol. 26, Iss. 6, pp. 587—601.

[184] Dore, Ronald. The Distinctiveness of Japan. in Colin Crouch and Wolfgang Street (Eds). *Political Economy of Modern Capitalism*. London: sage, 1997.

[185] Dumaine. Creating a New Company Culture. *Fortune*. January 15, 1990, pp. 127—31.

[186] E. Ransdell. The Nike Story? Just Tell It!. *Fast Company*. January-February 2000, pp. 44—46.

[187] Frederking, Lauretta Conklin. Is there an endogenous relationship between culture and economic development. *Journal of Economic Behavior and Organization*, Volume: 48, Issue: 2, June, 2002, pp. 105—126.

[188] Gleason, Kimberly C, Mathur, Lynette Knowles, Mathur, Ike. The Interrelationship between Culture, Capital Structure, and Performance: Evidence from European Retailers. *Journal of Business Research*, Volume: 50, Issue: 2, November, 2000, pp. 185—191.

［189］Gorman, Gary G. Rosa, Peter J, Faseruk, Alex. *Institutional lending to knowledge*.

［190］Grant R. M. The Resource—Based Theory of Competitive Advantage: Implications for Strategy Formulation, *California Management Review*, Vol. 33, Iss. 3, spring, PP. 114—135, 1991.

［191］Helena Yli-renko, Erkko Autio&·Harry J. Sapienza. Social Capital. Knowledge Equisition and Knowledge Exploitation. *Strategic Management Journal*. 2001. (22): 587—613.

［192］John Godard. *Industrial Relations, the Economy, and Society*. 2 ［nd］ edition. North York: Captus Press Inc, 2000.

［193］John Godard. *Review of Change at Work*, by Peter Cappelli et al. British Journal of Industrial Reiations, 1998.

［194］Li Yongjie. Institutional Analysis and Innovation of Labor Relations in China. *Social Sciences in China*. 2000, 10.

［195］Lizardo, Omar. Can cultural capital theory be reconsidered in the light of world polity institutionalism? Evidence from Spain. Poetics Volume: 33, Issue: 2, April, 2005, pp. 81—110.

［196］N. J. Adler. *International Dimensionas of Organizational Behavior*. 4th ed. (Cincinnati: Southwestern, 2002), pp. 67—69.

［197］Oliver C. Sustainable competitive advantage: Combining institutional and resource-based views. *Strategic Management Journal*, 1997, 18 (8): 697— 713.

［198］P. N. Subba Narasimha. StrategT in Turbulent En. Vimnments: The Role of Dynamic Competence. *Managerial and Decision Economics*, 2001, (22): 201—21.

［199］Penrose E. T, *The Theory of the Growth of the Firm*. New York: John Wiley, 1959.

［200］Peters M. A. The Comerstones Of Competitive Advantage: A Resource—Based View, *Strategic Management Journal*, 14 (3), PP. 179—191, 1993.

[201] Prahalad C K&Hamel G. The Core Competence of the Corporation. *Harvard Business Review*. 1990, (5/6): 79—9.

[202] Romano, Claudio A, Tanewski, George A, Smyrnios, Kosmas X. Capital structure decision making: A model for family business. *Journal of Business*, Venturing Volume: 16, Issue: 3, May, 2001, pp. 285—310.

[203] Saussier, Stephane, 2000, "When Incomplete Contract Theory Meet Transction Cost Economics: a Test", In Institutions, *Contracts, and Organizations: Perspectives from Institutional Economics*, Edited by Claude Menard, Edward Elgar Publishing Limited.

[204] Sclznick P. *Leadership in Administration: A Sociological Interpretation, Row, Peterson and Company*. New York: Free Press, 1957.

[205] Simon, H. A. *Administrative Behavior-A Study of Decision Making Processes in Administrative Organization*. New York: Macmillan Publishing Co, Inc, 1971.

[206] Stephen P. Robbins. *Essentials of Organizational Behavior* (7th Edition). Prentice Hall. 2003.

[207] Suzuki, Kan-ichiro, Kim, Sang-Hoon, Bae, Zong-Tae. Entrepreneurship in Japan and Silicon Valley: a comparative study. *Technovation*, Volume: 22, Issue: 10, October, 2002, pp. 595—606.

[208] Wemerfeh B. A resource—Based View ofthe Firm, *Strategic Management Journal*, 5 (1), PP. 171—180. 1984.

[209] Y. Wiener. Forms of Value Systems: A Focus on Organizational Culture. *Acadymy of management Review*, October 1988, P. 536.

ABSTRACT

In the era of the internet economy, under the post — modern research background of reflecting the ration and rational economic man, because (1) in the post—modern market, the competition requires the support of the theory of the non—rational cultural strategies, (2) the multi—culture brought about by economic globalization leads to the lack of the organizational ethics, (3) the connotation of sustainable cultural economic growth is lack of micro—enterprise level of culture, which manifests the average life span of the small and medium enterprises in China is 3—5 years. The phenomenon from a country's social relations, employment and the development of competitiveness is dangerous.

To solve this problem, we must start from the root of the culture and bring into a sustainable and innovative business model of production — the strategies of the organizational culture capital, which advocates really that the market—oriented enterprises in China, particularly, about 2,000,000 private enterprises —more than half of the total number of enterprises— enter into the "cultural enterprise" to break through the long—term zero—profit business model under the assumption of the rational economic man, and to establish the scientific and sustainable innovational production methods in order to making china's GDP continuing to perform miracles. The strategy is based on the assumption of the three key propositions: (1) the organizational culture is a valued network, which links with the heterogeneity individuals; (2) organizational culture capital is the spiritual essence of the knowledge—sharing innovation; (3) the organizational culture capital is an incentive mechanism of the balance of interests. The core of this definition is the organizational cooperating knowledge. And the definition includes three levels: substance basement, inspirit essence, and system form. The export of the definition includes two things, one is knowledge management of productivity and production relation, and the other one is the strategy path of system change.

The main method of this article is theoretic analysis. In the absence of a high degree of matching study, on the basis of the analysis of the literature, we demonstrate the three assumptions in detail, including from the heterogeneous individual to the organizational culture capital — sharing growth; from the individual knowledge to the organizational culture capital — proprietary innovations; from the enterprise system to organizational culture capital — long—term incentive. We construct the new concept of the organizational culture capital; and we make it as the base of the operational strategy. The concept model of organizational culture capital making enterprises create sustainable value is different from the views of the behavioral science school, CI design, cross — cultural study, the theory of traditional culture. Of course it is based on economics, management and informatics and so on.

Firstly, from the theoretical sense, the concept of organizational culture capital reveals the secrete of enterprise's competition, the nature of the enterprise is an innovative package of knowledge, an adjustment of interests, and also a sharing valued network, It can be found in its 3 characteristics: (1) the symmetry of information explains that the source of value—added enterprises is sharing innovation which can reduce risk, reduce transaction costs; (2) the existence of heterogeneity reveals the size of the value of cultural innovation is affected by the investment conversion costs. (3) The carrier mobility shows that dynamic allocation of property rights forms corporate innovative sustainability.

Secondly, in the management of the implementation of the application of theory, the point of view which establishes competitiveness through culture develops the theory of the firm, exploits labor relations theory and exports the new implemented strategy of human resources management by economic analysis. All of which embodied in the four basic nature of the organizational culture capital: (1) constraints. It includes and subjects to the individual in collaboration with the knowledge and values, as well as the organization's management processes and systems; (2) levels. Organizational culture co—exists with regional culture, national culture, national culture, age culture but different connotations, which is the extension of the provisions; (3) originality. There is not exactly the same organizational culture, and it is not the cultural capital which can transact and imitate. There is no case which can be used in any era and the environment; (4) forming. Organizational cultural capital is accumulated by time and investment. It is impossible and important to probe into the way of the strategic management of organizational cultural capital and to mast the necessary background knowledge and key experience, like social behaviors, which have rules to follow.

A further research deals with the measurement instruments of individual values under the assumption includes the system of the national capital and organizational culture capital.

Keywords: organizational culture capital, enterprise capital, incentive system, knowledge management, labor relations, sustainable development.

后 记

　　本书由我的博士学位论文修改而成。论文的撰写与当初报考的初衷是一致的,那就是对自己的困惑进行学习和思考,自己忙碌而有限的生命里,究竟该做些什么?什么才是有价值的事?经过了 18 年青涩奋斗的学生年代、近 14 年在大学跨专业的教师生涯、同时也是最近 10 年残酷的商业竞争生涯,我忽然感觉面对太多的不同价值观、面对学生疑问的脸庞,面对自己以后的目标追求时,思想充满了那么多的不确定和矛盾冲突,于是我不得不在繁忙中选择了对自己进行知识的整理和目标的探索。

　　本书也包含了对自己知识的整理,从而使自己看问题更为开阔和平静,也逐渐建立了不再随波逐流的宽容和自信。在这 4 年来的大量阅读思考中,我把很多观点运用在所管理的公司中,对团队的整合优化和效率起到了显著的作用,也使得公司在竞争环境发生变化后快速地重建渠道,成为细分行业中唯一生存和快速发展的企业,我希望把这些心得与所有关注企业竞争力问题的人士一起分享学习。我希望未来走的路是有智慧的,能通过给他人谋福利以及为学生授业解惑而快乐,也期望能有点滴思想融入浩瀚如海的人类知识宝库中去,寄托一份对永恒生命的崇敬。我很欣慰于这几年的努力,心中充满了各种深深的感谢和快乐。

　　2004 年由于课程需要,我开始涉及经济学,当时我的知识背景是新兴的信息管理专业,刚开始打开经济学的著作,我有了一种兴奋和强烈的兴趣,我知道这能为我日常面对的许多问题和矛盾提供重要的解决工具。我首先要感谢的是导师李永杰教授,为了打基础,他让我作为本院教师在考前参加了一年的博士生课程听课,这也让我在此期间获得了更多良师益友和不同学术氛围的熏陶;在写作过程中,李永杰教授和导师张建武教授以及他们的朋友钟庆才处长，多次认真分析了我的观点、框架和思路，帮助我逐渐把一些模糊的灵感推向有解释性的观点，很多标题在他们的提问和回答过程中得出，合作精神也体现在了激烈的争论中。我感谢能遇到他们的指导帮助，同时也很欣赏他们朋友式的亲和待人方式，还有积极的人生态度。

汤在新教授、赵学增教授、许卓云教授、杨永华教授、彭璧玉教授、吴超林教授、屠新曙教授、刘志铭教授、彭文平博士等老师在所开设的课程中展示了他们的学术造诣，感谢他们不但为我的论文写作打下基础，而且还给予我许多闪光的启发。还要感谢在中国人民大学访学期间的指导教师曾湘泉教授，他使我有机会参加了多次研究生讨论活动，开拓了阅读的思路，特别在专门安排关于我的论文讨论中，获得了很多同学的建议；论文的初步选题就是在人大期间与包括哲学专业在内的年轻学子精英们的激烈讨论中形成的，难忘那个在访学生寝室讨论到深夜的 2005 年春天，难忘曾湘泉教授对论文的严词批评和鼓励。

当然还要感谢我亲爱的同学们，师兄李强、张华初，同窗吕景春、刘伟、汪义荣、肖晓军、吴蕾、张帆、赵书虹和王正虎，还有师弟吴乐意，有了他们，我对艰苦的学习有了更大的信心，在我泄气的时候总能听到刘光辉同学的鼓励。小同学刘伟帮助我解决一些细节问题，同乡赵书红给我带来许多共鸣的温暖，年龄接近的吕景春最能理解人，李强是很好的模范师兄……我将和这些友好的同学们一起加油迎接更加美丽的未来。

最后，要感谢我的家人。丈夫吴丹杨在这四年里为我的学习做出了很多牺牲，为了给我更多的时间和力量，他宽厚坚韧地默默把我丢下的担子扛起，使我的心里满存举案之敬。儿子吴靖民和我一起开始上"一年级"，我想要告诉他人要不断自律自强，他那像海绵一样吸收知识的小脑袋是我最大的动力和幸福，我为他而写。父母时时的牵挂让我充满着让自己更有价值的信念，我满怀感激他们的养育之恩和伟大的爱。

2008 年 12 月于花城

责任编辑:陈鹏鸣

装帧设计:徐　晖

图书在版编目(CIP)数据

打造企业的可持续竞争力:组织文化资本研究/邬锦雯著.
-北京:人民出版社,2009.6
ISBN 978－7－01－007915－8

Ⅰ.打… Ⅱ.邬… Ⅲ.企业-竞争-可持续发展-研究　Ⅳ.F270

中国版本图书馆 CIP 数据核字(2009)第 065726 号

打造企业的可持续竞争力:组织文化资本研究
DAZAO QIYE DE KECHIXU JINGZHENGLI ZUZHI WENHUA ZIBEN YANJIU

邬锦雯　著

人民出版社 出版发行
(100706　北京朝阳门内大街 166 号)

北京瑞古冠中印刷厂印刷　新华书店经销

2009 年 6 月第 1 版　2009 年 6 月北京第 1 次印刷
开本:710 毫米×1000 毫米 1/16
字数:340 千字　印张:18.75

ISBN 978－7－01－007915－8　定价:38.00 元

邮购地址 100706　北京朝阳门内大街 166 号
人民东方图书销售中心　电话 (010)65250042　65289539